"十二五"职业教育国家规划教材

经全国职业教育教材审定委员会审定

全国职业教育规划教材·财务会计系列

会计软件操作——用友 ERP-U8（第二版）

主　编　孙百鸣
副主编　郎　琳　李剑飞
参　编　吴彦文
主　审　赵宝芳　李英琦

内容简介

本书根据会计信息化职业能力培养要求，以工学结合为切入点，以企业广泛应用的用友 ERP-U8（V8.72）软件为蓝本，融入会计软件应用（用友平台）高级电算化员级职业资格考试内容，对接会计工作过程来设计教学过程。书中采用项目导向、任务驱动的方式构建教材内容体系，突出会计信息化职业能力的培养。

本书主要内容包括会计信息化实施与会计软件选择、用友软件系统安装及系统初始化、总账系统业务处理、薪资管理系统应用、固定资产管理系统应用、采购与应付账款管理系统应用、销售与应收账款管理系统应用、会计报表编制 8 个项目和 28 个电算会计的典型工作任务，便于教师开展一体化教学。

本书可作为高职高专院校、成人高校的会计类、管理类专业的专业课教材，也可作为各类财会人员会计信息化或会计软件应用的培训教材及财务人员的自学参考书。

图书在版编目（CIP）数据

会计软件操作：用友 ERP-U8 / 孙百鸣主编. — 2 版. —北京：北京大学出版社，2015.8
（全国职业教育规划教材·财务会计系列）
ISBN 978-7-301-26034-0

Ⅰ. ①会… Ⅱ. ①孙… Ⅲ. ①财务软件—高等职业教育—教材 Ⅳ. ①F232

中国版本图书馆 CIP 数据核字（2015）第 156121 号

书　　　名	会计软件操作——用友 ERP-U8（第二版）
著作责任者	孙百鸣　主编
策划编辑	温丹丹
责任编辑	温丹丹　郗泽潇
标准书号	ISBN 978-7-301-26034-0
出版发行	北京大学出版社
地　　　址	北京市海淀区成府路 205 号　100871
网　　　址	http://www.pup.cn　　新浪微博：@北京大学出版社
电子信箱	zyjy@pup.cn
电　　　话	邮购部 62752015　发行部 62750672　编辑部 62765126
印　刷　者	三河市博文印刷有限公司
经　销　者	新华书店
	787 毫米×1092 毫米　16 开本　18.5 印张　435 千字
	2006 年 3 月第 1 版
	2015 年 8 月第 2 版　2015 年 8 月第 1 次印刷
定　　　价	38.00 元

未经许可，不得以任何方式复制或抄袭本书之部分或全部内容。
版权所有，侵权必究
举报电话：010-62752024　电子信箱：fd@pup.pku.edu.cn
图书如有印装质量问题，请与出版部联系，电话：010-62756370

第二版前言

教育部在《关于推进高等职业教育改革创新引领职业教育科学发展的若干意见》中提出，要深化工学结合、校企合作、顶岗实习的人才培养模式改革，实现专业与行业（企业）岗位对接，教学内容与职业标准对接，教学过程与企业的生产过程对接，学历证书与职业资格证书对接，职业教育与终身教育对接；校企合作共同开发专业课程和教学资源；推行项目导向、任务驱动等学做一体的教学模式。2013年教育部评审立项了6 500种职业教育（高职）国家规划教材，支撑高职高专教学改革。由此可见，开发一套对接《高等职业学校专业教学标准（试行）》、最新会计制度及《会计从业人员资格考试大纲（修订）》的工学结合特色教材就显得尤为重要。

本书依据会计从业人员《会计电算化》考试大纲，对接会计信息化工作过程来设计教学过程，以企业广泛应用的用友 ERP-U8（V8.72）软件为蓝本，构架了"项目+任务"式教材体系，主要内容包括会计信息化与会计软件选择、用友软件系统安装及系统初始化、总账系统业务处理、薪资管理系统应用、固定资产管理系统应用、采购与应付账款管理系统应用、销售与应收账款管理系统应用、会计报表编制 8 个项目和 28 个电算会计的典型工作任务。本书采取工学结合的学习方式，强化学生会计信息化的应用能力培养，教材主要特色如下。

（1）对接标准，确定教材编写思路。本书从高职高专教育的特点出发，按照高职高专教育"以服务为宗旨，以就业为导向，注重实践能力培养"的原则，对接教育部新修订的《高等职业学校专业教学标准（试行）》和《会计从业人员资格考试大纲（修订）》，融入会计软件应用（用友平台）高级电算化员级职业资格考试内容，重新构建项目导向、任务驱动的教材体系，突出学生会计信息化应用能力的培养，实现教学内容的针对性和实用性，使岗、证、课深度融合，学生可考取会计电算化证书、ERP 工程师证书，提高会计信息化应用能力。

（2）校企合作，组建教材开发团队。由多所高职院校具有副教授以上职称和具有会计职业资格的教师及用友新道科技有限公司黑龙江分公司技术人员组建教材开发团队，深入企业调研，找准会计软件操作课程改革的关键节点，摸清电算会计职业对工作人员的知识、能力、素质要求，校企合作开发会计软件操作教材编写大纲和体例框架。

（3）工学结合，开发教材内容体系。教材以企业会计信息化工作过程为导向开发教材内容体系，依据会计从业人员《会计电算化》考试大纲和会计软件应用（用友平台）高级电算化员级职业资格考试内容，对接电算会计岗位工作过程安排教学过程，对电算会计的典型工作任务，设计了 8 个项目和 28 个任务，使得学习内容与工作内容有机结合，学生可以在做中学、在学中做。

（4）仿真环境，突出职业能力培养。本书采用仿真的职业环境，设计学习项目。从培养学生会计信息化的应用能力出发，以真实的电算会计典型工作任务组织教学内容、安排学习项目，与实际工作完全接轨。对每个特定的任务，采用直观生动的软件画面、清晰的操作步骤说明和典型的应用实例，指导学生完成学习任务，使得本书具有较强的可读性，便于学生自学使用。

本书由哈尔滨职业技术学院的孙百鸣任主编，哈尔滨职业技术学院的郎琳和李剑飞任副主编，黑龙江生态职业技术学院的吴彦文参加了编写。孙百鸣对全书编写体例进行了整体设计和策划，编写的具体分工为：孙百鸣编写项目1～3，郎琳编写项目4、8及附录1，吴彦文编写项目5及附录2，李剑飞编写项目6、7，最后由孙百鸣老师总纂成书。

本书由哈尔滨职业技术学院赵宝芳教授和用友新道科技有限公司黑龙江分公司经理李英琦主审，在审定过程中提出了许多宝贵的意见，在此表示衷心的感谢。

在编写过程中，得到了用友新道科技有限公司黑龙江分公司及各编写单位领导的大力支持，在此一并表示谢意。在编写过程中，我们参考了有关文献资料，在此一并对作者表示感谢。

由于编者水平有限，加之时间仓促，书中错误和不当之处在所难免，敬请广大读者和同行提出宝贵意见（发送至 sbm66@163.com 邮箱），以便今后修改。

编　者
2015 年 7 月

本教材配有教学课件，读者如有需要，请加 QQ 群（279806670）或发电子邮件至 zyjy@pup.cn 索取，也可致电北京大学出版社（010-62765126）。

目 录

项目 1　会计信息化实施与会计软件选择 ························· 1
　　任务 1　会计信息化的实施 ······································ 1
　　任务 2　会计软件的选择 ······································· 12
项目 2　用友软件系统安装及系统初始化 ························ 21
　　任务 1　系统运行环境配置 ···································· 21
　　任务 2　安装软件系统 ··· 26
　　任务 3　系统管理 ·· 38
　　任务 4　基础档案设置 ··· 52
　　任务 5　会计科目设置及余额录入 ···························· 65
项目 3　总账系统业务处理 ·· 80
　　任务 1　总账系统参数设置 ···································· 80
　　任务 2　总账系统凭证处理 ···································· 87
　　任务 3　总账系统出纳管理 ·································· 102
　　任务 4　总账系统账表管理 ·································· 111
　　任务 5　总账系统期末处理 ·································· 122
项目 4　薪资管理系统应用 ······································ 138
　　任务 1　薪资管理系统初始设置 ····························· 138
　　任务 2　薪资管理系统本期业务处理 ······················· 150
　　任务 3　薪资管理系统期末业务处理 ······················· 155
项目 5　固定资产管理系统应用 ································· 164
　　任务 1　固定资产管理系统初始设置 ······················· 164
　　任务 2　固定资产管理系统本期业务处理 ·················· 176
　　任务 3　固定资产管理系统期末业务处理 ·················· 184
项目 6　采购与应付账款管理系统应用 ························· 191
　　任务 1　采购与应付账款管理系统初始设置 ··············· 191
　　任务 2　采购与应付账款管理系统本期业务处理 ·········· 204
　　任务 3　采购与应付账款管理系统期末业务处理 ·········· 212
项目 7　销售与应收账款管理系统应用 ························· 217
　　任务 1　销售与应收账款管理系统初始设置 ··············· 217
　　任务 2　销售与应收账款管理系统本期业务处理 ·········· 226
　　任务 3　销售与应收账款管理系统期末业务处理 ·········· 235
项目 8　会计报表编制 ··· 242
　　任务 1　会计报表初始设置 ·································· 242

任务2　报表数据处理 …………………………………………………………… 252
　　任务3　会计报表输出 ……………………………………………………………… 257
　　任务4　现金流量表编制 …………………………………………………………… 259
附录1　会计软件综合实训项目 ……………………………………………………… 269
附录2　会计软件实践技能考核项目与标准 ………………………………………… 287
参考文献 ……………………………………………………………………………… 290

会计信息化实施与会计软件选择

【项目导入】

北京鹏达电子技术有限责任公司（以下简称"鹏达公司"）是高科技企业，公司规模越来越大，业务越来越广泛。为了提高财务管理效率，更好地满足企业经营管理需要，公司决定从 2014 年 1 月 1 日起实施会计信息化。在此之前，要开展相应的准备工作，设计会计信息化系统，选择会计信息化系统硬件和软件，进行会计信息化系统使用培训。

【学习目标】

1. 了解会计电算化、会计信息化的概念和作用；
2. 了解会计信息化系统的组成要素与运行管理流程；
3. 了解会计信息化后会计岗位划分的基本要求；
4. 了解会计软件的概念、功能及分类；
5. 掌握会计软件选择方法。

【项目实施】

任务1　会计信息化的实施

任务解析

通过完成本任务，使学生了解会计电算化、会计信息化的概念、任务及意义，了解会计信息化实施的基本条件，掌握建立会计信息化系统的步骤和主要内容，了解会计信息化后各会计管理岗位基本要求。

 **知识链接**

一、会计电算化与会计信息化的概念

1. 会计电算化的概念与作用

会计电算化是应用电子技术和信息技术处理会计业务过程的通俗称呼。"会计电算化"一词是1981年中国会计学会在长春召开"财务、会计、成本应用电子计算机专题讨论会"上正式提出来的,目的是强调用计算机代替手工会计核算,现已成为计算机在会计工作中应用的代名词。会计电算化是指利用计算机程序编制财务软件,并利用财务软件代替手工进行记账、算账和报账,以及对会计信息进行分析和利用的工作过程。

会计电算化对于提高会计核算质量,促进会计职能转变,提高经济效益和加强经济管理等方面都有十分重要的作用。会计电算化的主要优势有以下几点。

（1）减轻财会人员的工作强度,提高会计工作的效率。实现会计电算化后,只要将原始凭证信息输入到记账凭证中,大量的数据计算、分类、存储等工作都由计算机完成。这样就可以把广大财会人员从繁重的记账、算账、报账中解放出来,从而大大提高会计工作的效率,使会计信息的提供更加及时有效。

（2）促进会计工作的规范化,提高会计工作的质量。由于会计电算化对会计数据及处理过程提出了一系列规范化的要求,在很大程度上解决了手工操作中的不规范、易出错、易疏漏等问题,使会计工作更加标准化、规范化,从而提高会计工作质量。

（3）促进会计工作职能的转变。在手工会计时代,会计人员整天忙于记账、算账、报账,重复性核算工作较多。实现会计电算化后,重复性核算等会计业务由计算机完成,从而提高了会计工作效率,使财会人员有时间充分利用会计信息积极参与管理、参与经营决策,从而促进会计职能的转变。

（4）促进财会人员素质的提高。实现会计电算化,要求广大财会人员学习掌握有关会计电算化的新知识,以便适应会计工作要求,从而使广大财会人员知识结构得以更新,能力和素质不断提高。

（5）促进会计自身的不断发展。会计电算化不仅是会计数据处理手段的变革,而且已经对会计核算的内容、方式、程序,以及会计核算资料的保存等会计实务和理论产生了深远的影响,并促进了会计自身的不断发展。

（6）提高企业管理现代化水平。会计信息占企业管理信息的很大一部分,而且多是综合性的指标。首先,实现会计电算化后,为企业管理手段的现代化奠定了重要基础,可以带动或加速企业管理现代化的实现;其次,行业、地区实现会计电算化,大量的经济信息资源可以得到共享,通过计算机网络可以迅速了解各种经济技术指标,提高经济信息的使用价值。

2. 会计信息化的概念

随着电子技术和信息技术迅猛发展,与"工业化"相对应的"信息化"逐渐被人们所接受。1999年4月在深圳举行的"首届会计信息化理论专家座谈会"上,专家们提出"从会计电算化到会计信息化"的发展方向,并明确提出"会计信息化"的概念。所谓

"会计信息化"，是指采用现代信息技术、电子技术，结合现代企业财务管理需求，建立会计信息化系统的过程，并使会计业务处理高度自动化，信息高度共享，能够主动和实时报告会计信息。

3. 会计信息化与会计电算化的区别

（1）技术手段不同。会计电算化是以计算机技术为主要手段；而会计信息化则以现代信息技术、通信技术为手段。

（2）系统功能不同。会计电算化以计算机代替手工核算为目的，实现会计业务处理自动化；而会计信息化则是在会计电算化的基础上，实现会计业务全面信息化，供会计信息管理和决策使用。

（3）系统地位不同。会计电算化是财务管理部门的会计业务处理，是部门级业务；而会计信息化是整体企业信息化系统的重要组成部门，是企业级业务。

（4）信息处理方式不同。会计电算化系统信息输入与输出均由财务管理部门自行输入和打印、存储；而会计信息化的数据输入可以从企业内外部其他系统中获取，信息数据可以在授权允许的情况下在企业内外部共享使用。

二、会计信息化系统的组建与运行

会计信息化系统的建设是一项复杂的系统工程，是基层单位会计信息化系统建设工作的具体实施过程。会计信息化系统的组建包括系统规划、硬件配备、软件购置、制度建设、人员培训等内容。

1. 会计信息化系统的基本概念与特点

（1）会计数据与会计信息。在会计工作中，从不同渠道获得的各种会计事实称为会计数据，包括数字数据和非数字数据，如各种原始资料、原始单据、记账凭证等都属于会计数据。按一定的要求经过加工处理后的会计数据称为会计信息，如会计报表、会计分析资料等。只有将会计数据通过加工生成会计信息后才能满足管理的需要，为管理者所用。

会计信息按用途可以分为财务信息、管理信息和决策信息三类。财务信息是指反映已经发生的经济活动的信息，如凭证、账簿所反映的内容；管理信息是指管理所需要的特定信息，如对比分析信息、客户信用等级信息等；决策信息是指为预测决策活动直接服务的信息，如量本利盈亏临界点分析信息等。

（2）会计信息化系统。会计的各项活动都体现为对信息的某种作用：取得原始凭证是对信息的获取，原始凭证的审核是对信息特征的提取和确认，设置会计账户是对信息的分类，填制记账凭证和登记账簿是对信息的传递和储存，成本计算是对成本信息的进一步变换和处理，会计管理与决策是对会计信息的进一步应用。

会计工作过程构成一个有秩序的信息输入、处理、存储和信息输出的过程，这一过程可分为若干部分，每一部分都有各自的任务，所有部分互相联系、互相配合、服从于一个统一的目标，形成一个会计活动的有机整体，这个有机整体就构成了会计信息化系统。

会计信息化系统（Accounting Information System，AIS），是指利用会计信息技术，对会计信息进行收集、存储、处理及传送，完成会计核算、监督、管理和辅助决策任务的信息系统。

会计信息化系统要采用一定的信息处理技术，用来收集原始会计数据，对会计信息进行处理、存储及传送。采用计算机和网络信息处理技术的会计信息化系统通常称为电算化会计信息化系统。

会计信息化系统是企业管理信息系统中的一个重要的子系统，与管理信息系统的其他子系统相比，具有数据量大、数据结构复杂、数据加工处理方法要求严格、数据的真实性和准确性要求高、数据要具有可验证性等特征，而且会计信息化系统兼有监督和管理的功能。

(3) 会计信息化系统的特点。

① 及时性与准确性。现代信息处理方式下的会计信息化系统，对会计数据的分类、汇总、计算、传递及报告的处理异常迅速，对会计数据处理更加及时、准确、精确，避免了许多手工处理出现的人为错误。

② 自动化与集中化。现代信息技术下的会计信息化系统，各处数据处理和核算工作都由计算机自动处理。在网络系统中，会计信息可以实现充分的共享，数据处理更加集中。

③ 人机化与内控化。会计信息处理是会计人员手工处理与计算机系统处理的有机结合，二者缺一不可。同时，会计内部控制制度在会计信息化系统下有了明显的变化，新的内部控制制度更强调手工与计算机结合的控制方式，控制要求更加严格，控制程序更加严密。

2. 会计信息化系统与手工操作的区别

无论是手工会计操作，还是采用会计信息化系统，对会计数据的处理和所提供的会计信息都要符合国家统一的会计制度的规定。但是，计算机和互联网环境下的会计信息化系统与手工会计操作有很大的差别。

(1) 改变了原有的组织体系。在手工操作中，以会计事务的不同性质为依据进行划分会计工作组织体系，一般财务部门分为若干个业务核算小组；在会计信息化系统中，以数据的不同形态为依据划分会计工作组织体系，一般要设置数据录入、审核、处理、输出和维护等岗位。

(2) 改进了会计核算形式和方法。会计信息化系统中，在符合国家统一的会计制度规定的前提下，可以从所要达到的目标出发，设计出业务流程更加合理、更加适合计算机处理、效率更高、计算更为精确的会计核算形式和核算方法。在使用时，会计人员不必再考虑具体的核算方法，只要财务软件提供的核算是正确的，执行指定的功能，计算机就可以高速、快捷、及时、准确地完成相应的工作。

(3) 改变了原有的内部控制制度。在会计信息化系统中，原来的内部控制方式部分被改变或取消。例如，原来靠账簿之间互相核对来实现的查错纠错控制基本上已经不复存在，而代之以更加严密的输入控制。控制范围已经从财务部门转变为财务部门和计算机处理部门；控制的方式也从单纯的手工控制转化为组织控制、手工控制和程序控制相结合的全面内部控制。

(4) 改变了账表存储方式和增加了输出过程。在会计信息化系统中，类似手工的凭证、账簿和报表的格式及数据在计算机中并不现成存在，账簿、报表所需的数据是以数据库文件的形式保存在光、电、磁介质上的。当需要查看这些账簿或报表时，需要执行相应的会计信息输出功能，系统按事先设计的程序，自动从数据库文件中取得数据并进行筛选、分类、计算、汇总，然后按照国家统一的会计制度规定的格式，将指定的凭证、账簿或报表在计算机屏幕上显示或通过打印机打印出来。

（5）使会计的管理职能进一步强化。在会计信息化系统中，管理人员借助先进管理软件工具，可以将已有的会计管理模型在计算机中实现，同时又可以不断研制新的管理模型，使管理人员利用模型迅速地存储、传递以及取得大量的会计信息，进行各种复杂的数量分析，及时、准确、全面地进行会计管理和决策工作。

3. 会计信息化系统的构成要素

会计信息化系统的构成要素有硬件设备、软件系统、人员、规程和数据，它们是会计信息化系统的实体，是系统的物理组成。

（1）硬件设备。硬件设备的作用是实现数据的输入、处理、输出等一系列根本性的操作。一般来说，硬件设备包括输入设备、数据处理设备、数据存储设备、输出设备和网络通信设备。输入设备主要包括键盘、鼠标、扫描仪等；数据处理设备主要包括计算机主机等；数据存储设备主要包括磁盘、光盘、移动硬盘、U 盘等；输出设备主要包括打印机、显示器等。计算机硬件设备的不同组合方式，构成了不同的硬件体系结构，也决定了不同的计算机工作方式。硬件体系结构主要有单机结构、多用户结构、网络结构等。

（2）软件系统。会计信息化系统的软件包括系统软件和应用软件。系统软件主要是操作系统和数据库软件；应用软件是计算机处理财务数据的专业软件，主要包括通用应用软件和会计软件。在会计信息化系统中会计软件是最重要的部分，没有会计软件现代会计信息化系统就无法实施。

（3）人员。会计信息化的人员是指从事会计信息化研制开发、使用和维护的人员。这些人员一般可分为两类：一类称为系统开发人员，包括系统分析员、系统设计员、系统编程和测试人员；另一类称为系统的使用和维护人员。

（4）规程。是指各种法令、条例、规章制度。规程主要包括两大类：一是政府的法令、条例；二是基层单位在会计信息化工作中的各项具体规定，如岗位责任制度、软件操作管理制度、会计档案管理制度等。《中华人民共和国会计法》（以下简称《会计法》）规定："使用电子计算机进行会计核算的，其软件及其生成的会计凭证、会计账簿、财务会计报告和其他会计资料，也必须符合国家统一的会计制度的规定""使用电子计算机进行会计核算的，其会计账簿的登记、更正，应当符合国家统一的会计制度的规定"。

（5）数据。会计信息化系统的主要任务是向企业内外部提供会计信息。由于会计信息牵涉广泛且数据量大，因此对数据的收集、存储、加工、使用等都必须符合国家统一的会计制度的规定。

4. 会计信息化系统的总体规划

会计信息化规划是对近几年单位会计信息化工作所要达到的目标，以及如何有效地分步骤实现这个目标而作的规划。包括确定会计信息化的总体目标，确定单位会计信息输入、输出需求，确定信息化系统的总体结构，划分各子系统，并确认它们之间的联系，确定会计信息化工作目标实现的阶段和步骤，以及建立各子系统的先后顺序；确定会计信息化管理体制及组织机构方案以及资金来源与预算等内容。实施计划指根据确定的目标和规划，确定人力、财力、物力资源的具体安排和工作时间表。实现会计信息化的步骤如下。

（1）明确建设目标。会计信息化工作系统建设目标主要有近期目标和远期目标。单位会计信息化的近期目标以应用软件系统实现账务处理、报表处理及工资核算、固定资产核算、应收核算、应付核算和进销存核算等为主。近期的目标建立后，还应制定远期目标，以核算为主向管理信息化方向发展，提高会计信息处理的时效性和准确性，提高会计信息辅助决策应用水平，更好地促进企业管理信息化工作的开展。

（2）规划建设途径。会计信息化系统建设是一项系统工程，有许多种建设途径，但最基本的途径有两种，即自行开发会计信息化系统和购买商品化会计信息化系统。开发一般分为自我开发、联合开发和委托开发三种形式，企业要根据自身条件和开发能力，选择适合的建设途径。

（3）明确系统结构。单位开展会计信息化工作，必须明确系统的功能结构和业务处理范围，即总系统有哪些功能，能处理哪些业务，包含哪些子系统等；子系统又包括哪些具体功能和处理的业务范围及各子系统与总系统的关系等。

（4）确定组织机构。一方面，会计信息化工作是企业级管理，涉及企业的人、财、物多个方面及供、产、销多个环节，所以需要明确管理体制，形成组织机构，统一协调；另一方面，会计信息化系统的建立改变了会计工作方式和会计业务处理规程，必然引起人员分工变化和内部控制制度的改变，因此，必须建立会计信息化实施的组织机构和相应的工作流程及岗位工作标准，以便顺利推进会计信息化工作。

三、会计信息化岗位分工要求

按照《会计电算化工作规范》的要求，会计信息化以后的会计工作岗位可分为基本会计岗位和会计信息化岗位。基本会计岗位包括会计主管、出纳、会计核算、稽核、会计档案管理等工作岗位。会计信息化岗位包括会计信息化主管、软件操作员、审核记账员、信息化系统维护员、信息化审查员、数据分析员、档案管理员等工作岗位，详细介绍如下。

1. 会计信息化主管

会计信息化主管负责协调计算机及会计软件系统的运行工作，要求具备会计和计算机知识，以及相关的会计电算化组织管理的经验。会计信息化主管可由会计主管兼任，具体职责如下。

（1）负责会计信息化系统的日常管理工作，监督并保证系统的有效、安全运行，在系统发生故障时，组织有关人员恢复系统的运行。

（2）协调会计信息化系统各类人员之间的工作关系，制定岗位责任制，规定信息化系统各使用人员的权限等级，负责对信息化系统各类人员的工作质量考评，提出任免意见。

（3）负责计算机输出的账表、凭证数据正确性和及时性的检查和审批。

（4）负责系统各有关资源（包括设备、软件、数据及资料）的调用、修改和更新的审批。

（5）完善企业现有管理制度，充分发挥信息化的优势，提出单位会计工作的改进意见。

2. 软件操作员

软件操作员负责记账凭证和原始凭证等会计数据的录入，各种记账凭证、会计账簿、报表和进行部分会计数据的输出及会计数据处理工作，要求具备会计软件操作知识，达到会计信息化初级知识水平。具体职责如下。

（1）负责所分管业务的数据输入、处理、备份和输出。

（2）对审核记账人员提出的错误会计数据进行修改。

（3）系统操作过程中发现故障，应及时报告系统维护员，并做好故障记录及上机记录等事项。

（4）当天的日记账数据做到当天登录，做到当日账当日清。

3. 审核记账员

审核记账员负责对输入计算机的会计数据进行审核，操作会计软件登记机内账簿，对打印输出的账簿、报表进行确认，要求具备会计和计算机知识，达到会计信息化初级知识水平，可由主管会计兼任。具体职责如下。

（1）对不真实、不合法、不完整、不规范的凭证退还各有关人员更正、补齐，再进行审核。

（2）审核记账凭证，包括各类代码的合法性、摘要的规范性、会计科目和会计数据的正确性以及附件的完整性。

（3）对通过审核的凭证及时记账。

（4）进行结账操作。

（5）打印有关的账表。

4. 信息化系统维护员

信息化系统维护员负责保证计算机硬件、软件的正常运行，管理计算机内的会计数据。此岗要求具备计算机和会计知识，经过会计信息化中级知识培训。采用大型、小型计算机和计算机网络会计软件的单位，应设立此岗位，在大中型企业中系统维护岗位应由专职人员担任。具体职责如下。

（1）实施对系统硬件设备的日常检查和维护，以保证系统的正常运行。

（2）在系统发生故障时，及时排除故障，使系统恢复运行。

（3）在系统扩充时负责安装、调试，直至运行正常。

（4）在系统环境发生变化时，随时做好适应性的维护工作。

（5）会计核算软件不能满足需要时，与软件开发人员或开发商联系，进行软件功能的改进。

5. 信息化审查员

信息化审查员负责监督计算机及会计软件系统的运行，防止利用计算机进行舞弊，要求具备会计和计算机知识，达到会计电算化中级知识培训的水平，此岗可由会计稽核人员兼任。采用大型、小型计算机和大型会计软件的单位，可设立此岗位。具体职责如下。

（1）监督计算机及会计软件系统的运行，防止利用计算机进行舞弊。

（2）审查信息化系统各类人员岗位设置是否合理，内部控制是否完善，各类人员是否越权使用软件。

(3) 发现系统问题或隐患,及时向会计主管反映,提出处理意见。

6. 数据分析员

数据分析员负责对计算机内的会计数据进行分析,要求具备计算机和会计知识,达到会计信息化中级知识培训的水平。采用大型、小型计算机和计算机网络会计软件的单位,可设立此岗位,由主管会计兼任。具体职责如下。

(1) 确定适合本单位实际情况的会计数据分析方法、分析模型和分析周期。

(2) 对企业的各种报表、账簿进行分析,为单位提供必要的决策信息。

7. 档案管理员

档案管理员负责数据存储盘、程序光盘,打印输出的会计凭证、会计账簿、会计报表以及系统开发资料等各种会计档案资料的保管及保密工作。

上面提到的会计电算化工作岗位划分,是针对使用大规模会计信息化系统的大中型企业的,这些企业的会计部门往往有几十个人,工作岗位划分很细,常常一岗多人,实现会计信息化后,这些企业应适当调整各岗位的人员,设置必要的会计信息化岗位。中小型企业由于会计部门的人数少,会计业务也比较简单,实行会计信息化后,应根据实际需要对信息化岗位进行适当合并,一人可以兼任多个工作岗位。这样,不仅能够加强对会计信息化工作的管理,而且能够提高工作效率。中小型企业设置会计信息化岗位应该注意满足内部控制制度的要求,对较小的单位,可由会计主管兼任信息主管和数据分析岗位,出纳岗位应单独设立。

四、会计信息化系统的日常管理与维护

1. 会计信息化系统的日常管理

会计信息化系统的日常管理是保证系统正常运行,完成预定工作任务所需,也是保证系统内各类资源的安全与完整所需。为此,单位必须建立健全各项日常管理制度和各种操作规程,保证系统正常运转。

(1) 建立会计信息化系统操作管理制度。会计信息化系统操作管理制度的主要内容为四个方面。一是要明确规定上机操作人员对会计信息化系统的操作任务和权限,严格管理登录密码,要求定期更换密码,杜绝未经授权人员操作会计信息化系统。二是要预防已输入计算机的原始凭证和记账凭证等会计数据未经审核而登记机内账簿。三是各类操作人员离开机房前,必须退出会计信息化系统,以防止他人进入系统。四是要根据本单位实际情况,由专人保存必要的上机操作记录,记录操作人、操作时间、操作内容、故障情况等内容。

(2) 建立计算机软硬件和数据管理制度。计算机软硬件和数据管理制度的主要内容为五个方面。一是建立机房设备安全、计算机正常运行及有关设备保养与机房整洁制度。二是建立会计数据和会计软件的安全保密及数据存储备份制度。三是建立会计信息化系统软件升级、硬件改造及保持相应数据完整的制度。四是健全计算机硬件和软件出现故障时进行排除的管理措施,保证会计数据的完整性。五是健全必要的防治计算机病毒的措施。

（3）建立会计信息化档案管理制度。会计信息化档案管理制度包括会计档案的立卷、归档、保管、调阅和销毁制度。制定基层单位的会计档案管理制度，应针对会计信息化系统的特点和依据《会计档案管理办法》和《会计电算化工作规范》进行。信息化会计档案，包括采取磁盘、光盘等介质存储和纸介质存储两种形式。可采取以一种形式为主，另一种形式为辅，或者两种形式并重的方法管理，保存期限按《会计档案管理办法》的规定执行。

2. 会计信息化系统的维护

会计信息化系统维护按照维护内容可分为硬件设备维护、软件系统维护、数据文件维护、代码系统维护等；按照维护类型可分为正确性维护、适应性维护和完善性维护等。这里按照维护内容加以介绍。

（1）硬件设备维护。硬件设备维护是指对计算机主机、外部设备及机房各种辅助设备进行的检修、保养工作，以保证硬件系统处于良好的运行状态。一般情况下，应每周检查一次计算机硬件系统，并做好检查记录，经常对有关设备进行保养，保持机房和设备的整洁，防止意外事故发生。定期对计算机场地的安全设施进行检查。

（2）软件系统维护。会计信息化软件系统的维护主要是操作性维护，利用信息化软件本身提供的功能直接在运行中进行维护，是一种日常维护工作。内容包括数据文件记录的维护、代码库记录数据的维护、数据备份与恢复等方面。可建立各具体维护内容的责任分工制度，并进行工作权限的控制。

如果对会计信息化系统的维护不能通过软件本身提供的维护功能来解决，则需要对系统进行直接的修改。系统修改必须谨慎，要有一套严格的工作制度，保证软件修改并能保证会计数据的完整性、安全性和连续性。

（3）数据文件维护。信息化系统要求经常对数据进行维护，以保证数据的可用性。数据文件维护是指对数据文件的结构及内容进行的扩充、修改等工作，以保证数据文件能满足会计数据处理的需要。

（4）代码系统维护。随着系统环境的变化，旧的代码若已经不能适应系统的需求，必须对代码进行维护。代码系统维护是指对代码系统的结构及内容进行的扩充、修改等处理，以满足会计数据处理的需要。

任务实施

根据鹏达公司实施会计信息化管理需求，拟定公司会计信息化系统建设方案初步框架。

一、组建会计信息化实施队伍

实施会计信息化，通常由企业主抓财务工作的主管领导牵头，财会部门具体负责，组成包括系统设计、硬件购置、软件开发、系统调试、业务处理、系统安全等人员在内的信息化实施小组。

二、设计硬件和系统软件配置方案

1. 硬件配置要求

硬件配置要求主要包括确定硬件结构类型、硬件参数要求。硬件结构类型主要包括单机结构、多用户结构和网络结构三种类型,单位可根据需要选定。每种硬件结构对客户端、数据服务器和应用服务器配置的要求也不尽相同。硬件参数主要包括服务器、用户计算机、网络、接口、外设、UPS 不间断电源、打印机及其他专用设备的参数设计。一般由懂得计算机硬件和熟悉网络系统的人员进行具体设计,由实施小组审定。建议以主流服务器和计算机设备为选择对象,避免设备落后,但也要量力而行,避免浪费。

2. 系统软件配置要求

系统软件的配置包括操作系统、数据库管理系统、工具软件及办公自动化软件的选择。通常情况下,操作系统可以在 UNIX、Linux、Windows 几种主流网络操作系统中选择,相对而言 Windows 系统的安装、维护和管理比较简单。数据库系统主要适合于大型企业的使用,代表系统主要有 Oracle、Sybase、SQL Server 等,企业要根据会计信息化软件系统要求选择相应的数据库系统,但数据库系统的操作与数据维护难度大,对用户水平要求高。同时,要选择桌面办公软件系统等。

三、配备会计信息化系统软件

配备会计信息化系统软件主要有选择商品化会计软件、定点开发、商品化与定点开发会计软件相结合三种方式。会计信息化初期,最好根据企业业务经营的特点选择各项功能可最大限度满足企业业务需要的商品化会计软件。会计信息化工作深入后,商品化会计软件不能完全满足其特殊需要时,可根据实际工作需要对商品化会计软件进行二次开发。关于会计软件选择将在本项目任务 2 中详细介绍。

四、培训会计信息化人员

会计信息化工作是一项技术含量较高的工作,不仅需要会计和计算机专门人才,更需要既懂会计又懂计算机技术的复合型人才。企事业单位会计信息化人员的培训可分初级、中级和高级三个层次:大部分会计人员要通过初级培训,掌握计算机和会计信息化软件的基本操作技能;一部分会计人员要通过中级培训,能够对计算机系统环境进行一般维护,对会计信息化软件进行参数设置,以及对会计核算信息进行简单的分析和利用;一小部分会计人员要通过高级培训,能够进行会计信息软件的分析和设计。

五、制定会计信息化内部管理制度

开展会计信息化的单位应根据工作需要,建立健全包括会计信息化岗位责任制度、会计信息化操作管理制度、计算机软硬件和数据管理制度、会计信息化档案管理制度、会计信息化内部管理制度,保证会计信息化工作的顺利开展。

六、会计信息化系统试运行

1. 清理和规范会计业务工作

会计信息化软件使用前应对会计业务工作进行一次全面清理，使其符合会计信息化以后的要求，一般包括以下内容。

（1）建立会计科目体系并确定编码。

（2）规范各类凭证、账簿、报表的格式和内容，使其更符合会计信息化工作特点，满足会计信息化软件处理的需要。

（3）按计算机数据处理的要求调整会计岗位和工作内容，规范有关会计核算方法和各种凭证、账簿、报表的生成、传递和处理程序。

（4）重新核对账目，整理手工会计数据。在输入初始数据之前，对手工会计数据进行账账核对、账实核对，并清理往来账户和银行未达账户。

2. 进行会计信息化软件的初始化

会计信息化软件的初始化是确定会计软件的核算方法与输入基础数据的过程，即在会计信息化软件应用前，应根据本单位的业务性质、规模以及管理要求等因素，选择核算方法，输入基础数据。例如，账务处理系统初始化工作的主要内容包括：系统总体参数设置，如核算单位、启用日期、编码规则等；基础档案设置，包括设置凭证类别、设置部门档案、设置职员档案、设置往来档案、建立会计科目等；输入期初余额，定义自动转账分录等。

3. 试运行

试运行是指会计信息化软件使用的最初阶段人工与计算机同时进行会计处理的过程。会计信息化软件在正式运行前进行试运行的主要目的是检验核算结果的正确性，试运行阶段手工处理和计算机处理同时进行，以检验手工运算结果与计算机运算结果的一致性；检查建立的会计信息化系统是否符合会计核算要求和管理的要求；检验会计信息化岗位设置及人员分工是否合理；使用人员对软件的操作是否存在问题，通过试运行提高软件操作的熟练性；检查信息化内部管理制度是否完善等。

试运行的起始时间应放在年初或季初等特殊会计时期，按照财政部的规定试运行时间要达到3个月以上。并行期间的会计档案应以手工方式下的会计档案为主，计算机的会计档案为辅。如果计算机与手工核算结果不一致，要查明原因，纠正错误。试运行期间还要适当安排好实施进度、定期检查、及时总结，如果实施效果不理想，应向软件公司或有关方面的专家咨询，修正实施方案，及时发现问题，及时解决，避免延长并行时间。

七、替代手工记账

会计信息化软件替代手工会计操作应具备的条件是：配备了适用的会计信息化软件和相应的计算机等硬件设备，配备了相应的会计信息化工作人员，建立了严格的内部管理制度。会计信息化软件与手工会计操作并行3个月以上（一般不超过6个月），且会计信息化软件与手工核算的数据相一致。凡是使用国家审核批准的会计信息化软件，在工商和税务登记时注明备案，就可直接实施会计信息化，并不需要手工过渡。

任务2 会计软件的选择

 任务解析

通过完成本任务，使学生了解会计软件，理解会计软件的分类，掌握会计软件选择的方法，并能利用会计信息化的基本知识，为基层单位选择适合单位实际需要的会计软件。

一、会计软件的概念

会计软件是以会计理论和会计方法为核心，以会计法规和会计制度为依据，以计算机技术和通信技术为技术基础，以会计数据为处理对象，以会计核算、财务管理、为经营管理提供信息为目标，用计算机处理会计业务的应用软件。会计软件包括采用各种计算机语言编制的一系列指挥计算机完成会计工作的程序代码和有关的文档技术资料。会计软件有助于会计核算及管理的规范化，提升企业的管理水平，提高企业的效益。同时，还可以提高会计核算的工作效率，降低会计人员的工作强度，改变"重核算轻管理"的局面。

二、会计软件的分类

1. 按功能来分

会计软件按功能可划分为核算型会计软件和管理型会计软件。核算型会计软件又分为单项核算型和综合核算型会计软件。单项核算型会计软件只能完成某一项核算工作，如工资业务核算；综合核算型会计软件可以完成会计业务中所有的核算工作，包括账务核算、工资核算、固定资产核算、成本核算、采购与应付核算、销售与应收核算、存货核算及会计报表处理等。管理型会计软件在综合核算型会计软件基础上增加了为企业提供信息的功能，可以进行全面会计核算、购销存业务管理、辅助核算管理、财务分析与财务监控等，为决策者提供帮助。

2. 按适用范围来分

会计软件按适用范围可划分为通用会计软件和专用会计软件。通用会计软件是由软件公司根据会计工作的特点而开发的在一定范围内解决会计工作共性问题的会计软件。其个性问题留给用户做二次开发。任何企业通过一系列的定义和设置都可以把通用会计软件转化为适合本单位会计核算特点的专用会计软件。通用会计软件的优点是通用性强，维护方便，可根据发展进行升级；缺点是在初始设置时工作量较大，会计核算细节问题的兼容性差。专用会计软件是针对某一企业的会计工作特点而开发设计的财务软件。专用会计软件的优点是针对性强，比较适合使用单位的具体情况，使用方便；其缺点是受到空间和时间上的限制，只能在个别单位的特定时期内使用，缺乏灵活性。

3. 按系统结构来分

会计软件按系统结构可划分为单用户版会计软件和多用户（网络）版会计软件。单用户版会计软件是指会计软件只能安装在一台计算机中单独运行，生成的数据只存储在本台计算机中，各计算机之间不能通过本软件进行会计数据交换和共享。多用户（网络）版会计软件是指将会计软件安装在一个多用户的主机（或网络环境下的服务器）上，该系统中各个终端或工作站可以同时运行会计软件，各终端或工作站可以共享会计数据。

4. 按提供方式来分

会计软件按提供方式可划分为商品化会计软件和非商品化会计软件。商品化会计软件是指为销售而开发的会计软件，而非商品化会计软件则是用户为满足自己业务处理的需要而开发的会计软件。从软件的通用性来看，商品化会计软件是通用会计软件，而非商品化会计软件一般属于专用会计软件，为单位定点开发。

三、会计软件的选择要求

随着会计信息化的不断发展，会计软件市场迅速扩大，软件种类繁多，如何选择适合本企业会计信息化要求的通用会计信息化软件呢？这需要从多方面进行考证。在选择会计软件时，应注意软件的合法性、安全性、正确性、可扩充性和是否满足审计要求等方面的问题，以及软件服务的便利性，软件的功能应满足本单位当前的实际需要。

1. 采用商品化会计软件的优点

选择购买通用的商品化会计软件是企业实现会计信息化的一条捷径，主要优点如下。

（1）见效快。对于基础较好的企业，买到软件即可开始试运行，运行几个月即可正式代替手工记账，其时间短，见效快。而对同样的项目，如果自行开发，则往往需要一年甚至几年的时间。

（2）成本低。相对于自行开发的会计软件，选择商品化会计软件的成本比较低。这主要是因为商品化会计软件是批量生产，单位成本低，因而售价相对低廉。

（3）安全可靠。商品化会计软件经过财政部门的评审，功能完善，核算准确，能基本上满足大多数企业会计核算的要求；此外，大部分商品化会计软件经过编译加密，安全保密性好，要修改这样的软件一般比较困难。

（4）维护有保障。一方面，商品化会计软件系统有自动维护功能，便于操作人员进行简单的数据维护；另一方面，大多数会计软件公司配有专职维护人员，且实行终身维护；此外，会计制度发生重大变动或会计软件版本升级时，大多数会计软件公司均予以更新换代，这无疑给使用单位正常运行软件提供了保证。

2. 采用商品化会计软件的缺点

由于通用商品化会计软件自身的局限，企业在应用时主要有两个缺点。

（1）不能全部满足使用单位的各种核算与管理要求。由于商品化会计软件要供各单位使用，通用性高，因而不可能满足各单位的各种特殊的核算与管理要求。这是通用商品化会计软件的致命弱点。

（2）对会计人员素质要求较高。商品化会计软件为使软件通用，常设有多种自定义功能，例如，用户根据系统提供的语法，定义各种转账公式、数据来源公式、费用分配公式等，要求会计人员具有较高的水平，否则会计人员会感到使用不便。

3. 企业对商品化会计软件的基本要求

选择商品化会计软件是单位实现会计信息化的一条捷径，也是采用最多的一种方式。企业对软件的基本要求如下。

（1）合法性。选择的商品化会计软件必须符合《会计核算软件基本功能规范》及财政部最新会计制度要求，会计科目名称、编号方法、会计核算方法、报表格式、记账凭证格式等应符合国家统一的会计制度的规定。

（2）安全性。安全性是指商品化会计软件提供的功能具有数据安全功能，能防止误操作和作弊行为，采取必要的加密或其他手段保护会计数据，防止被非法篡改；会计软件应同时具备在非正常使用造成会计数据被破坏的情况下的自动恢复功能。

（3）规范性。应根据单位会计信息化管理要求，选择适合的正版商品化会计软件。会计软件应达到财政部发布的《会计核算软件基本功能规范》的要求，并已通过地区以上财政部门的评审。

（4）功能性。会计软件的功能应符合本单位所在行业的特点，要满足本单位的具体核算与管理的要求，要适应未来发展的要求。根据单位核算与管理工作需要选择相应的软件模块。

（5）易用性。主要指会计软件易学易用易懂的性能，包括界面设计美观大方、简单明了，业务流程清晰，帮助系统完善，有记忆功能，便于自学和掌握操作等。

（6）扩展性。主要指会计软件具有功能扩展和数据交换功能。会计软件应遵循数据交换标准，提供通用的报表接口、税务接口等标准数据接口，以满足用户对账套数据的处理和二次开发需要。同时，可将系统中的会计数据从其他账套引入引出，方便用户交互数据，简化用户的工作。

（7）服务性。考查会计软件售后服务情况，包括会计软件的日常维护、用户培训、二次开发、相关技术支持和软件版本的升级换代。还需要考证销售单位派出人员解决问题的情况，维修服务人员是否充足，二次开发的方式是否具体，版本升级是否及时等。

（8）经济性。考查会计软件的采购及运行成本。会计软件价格一般包括软件本身价格和常规服务费用，但不包括系统实施费和特殊服务费等。应考查财务软件价格和性能的关系以及对同类软件之间价格作比较。

综上所述，企业选择会计软件时应全面考虑，权衡利弊，既着眼于现在，又要放眼于未来，选择最适合本企业要求的商品化会计软件。

四、会计软件的功能结构

会计软件是一个复杂的大系统，一般由若干功能模块（子系统）组成，通常以账务处理为中心来划分结构。一个完整的会计软件必定包含账务处理模块，其他职能模块也将直接或间接与账务处理模块发生联系。会计软件的功能模块一般包括账务处理、工资核算、固定资产管理、存货核算、成本管理、销售管理与应收核算、采购管理与应付核算、报表管理、财务分析等。

(1) 账务处理系统。账务处理系统是会计软件系统中的核心模块，是所有会计软件的必备功能系统。账务处理系统主要以会计凭证为原始数据，以完成全部的记账、算账、对账、转账、结账、账簿查询及账务数据管理等工作。

(2) 工资核算系统。工资核算系统主要完成工资核算、发放工资、工资费用的分配、工资统计分析以及个人所得税的核算。它与账务处理系统有接口设置，以完成工资分配转账凭证的传递。

(3) 固定资产管理系统。固定资产管理系统主要用来反映单位固定资产卡片管理、增减变动及折旧计提情况。它与账务处理系统有接口设置，完成固定资产增减变动的转账凭证的传递。

(4) 存货核算系统。存货核算系统主要是对存货的收、发、存业务进行会计核算，反映和监督存货的收发、领退、保管及存货资金的占有情况。从采购与应付核算系统和销售与应收系统取得存货数据，自动计算出出库商品的成本。

(5) 成本管理系统。成本管理系统的主要任务是归集和分配各种成本费用，及时计算产品的总成本和单位成本，计算和结转成本差异，输出成本核算的有关信息，并自动编制机制转账凭证，然后传递给账务处理系统。

(6) 销售管理与应收核算系统。销售管理与应收核算系统主要核算销售与应收账款业务，包括销售收入，登记发出商品的数据，计算相关的税金，确认与管理应收账款，并管理有关票据，对企业的往来账进行综合管理。

(7) 采购管理与应付核算系统。采购管理与应付核算系统主要核算采购与应付账款业务，包括登记商品的数量、价格，按适用税率计算税金，并确认应付账款项，对企业的往来账进行综合管理。

(8) 报表管理系统。报表管理系统主要实现各会计报表的定义和编制。根据事先定义好的格式和数据生成公式，由计算机自动从账务处理系统的账簿数据库中获取核算数据，完成各种报表的编制、分析和汇总。

(9) 财务分析系统。财务分析系统主要是利用会计核算数据进行会计管理和分析。

五、会计软件的运行过程

1. 会计软件的初始设置

会计软件初始设置也称初始化，是指将通用的会计软件转化成专用财务软件，将手工会计业务数据移植到计算机中等一系列准备工作。前者需要设置具体核算规则和方法，后者需输入有关的基础数据。会计软件初始化是使用通用会计软件的基础，是非常关键的一项工作。初始化工作的好坏，直接影响到会计信息化工作的效果。

一般来说，会计软件的初始设置应该包括以下几步。

(1) 定义基础参数与建账。基础参数也称业务处理控制参数，即设置会计业务处理过程中所使用的各种控制参数，规定业务处理控制要求。在财务软件中设置了参数后，就会在数据库中保存这些参数，以后使用计算机进行相应的会计业务处理时，系统将根据保存的参数值，做不同的计算、存储、统计分析处理。

不同的企业，对于会计业务处理的范围、会计核算的方式、数据计算的方法、会计文件输出的格式等的要求不尽相同。由于目前的会计软件已延伸到企业的全部资源管理，不同企业的业务流程更是千差万别，为使通用会计软件适应不同企业会计业务处理的要求，可以通过设置基础参数来解决。

基础参数是软件为适应不同用户的需求而设计的一些开关。如有些用户可能需要对企业内部各个部门的预算进行精细的控制、严格的管理；而有的则只需要对企业内部各个部门的预算进行一些粗放的控制，以便于操作。这两种控制方法对于软件来说，实现方法是完全不同的。这时，软件设计者将两种实现方法都设计到软件中去，使用者根据自己的需要选择相应的开关就可以了。这就是通用财务软件的所谓"最长流程软件设计，最佳选择组合应用"。通过一些灵活的配置，使软件的应用流程更加贴近使用者的需求。这样，既满足了不同用户的需要（当用户的业务模式发生变化时，不需更换软件，只需更改某些基础参数的设置即可），又解决了软件的通用性问题。

基础参数的设置将决定会计软件的运行流程、业务模式、数据流向等，设定后不能随意更改。

建账就是完成会计数据库的建立，按照会计软件所设计的模板数据库建立用户的数据库，实际上是完成了相当于手工方式下账本的准备工作。

（2）设置业务处理规则。即建立有关核算规则、确定管理分析方法，如设置会计科目、编制工资计算公式、编制报表取数和计算公式等。目前，我国各行业的会计科目是有一定标准的，一些行业的商品也有标准的编码体系。有些会计软件已将标准的科目体系预置在软件中，可以在建账时选择自己适用的科目体系，以减少输入工作量。

（3）输入期初数据。输入期初数据的目的是完成手工账与计算机账的衔接，使会计数据具有连续性。一是保持手工模式下会计数据的连续性；二是要录入期初余额；三是要校验期初余额是否平衡，它通过总账平衡、总账与明细账相符、明细账与各商品账及实物账相符的校验，来进行会计数据的验证，从而保证企业的会计信息准确、财产真实。

2. 日常会计业务处理

日常会计业务处理主要包括输入、处理、输出、利用等方面的工作，其业务处理流程如下。

（1）输入工作。将原始数据、原始凭证或记账凭证输入计算机，生成一定格式的数据文件，存储在计算机磁盘介质上。

（2）加工处理序列。对计算机磁盘介质上存储的数据文件，进行计算、分类、合并、传送等处理，生成凭证、账簿或报表等数据文件，存储在计算机磁盘介质上。

（3）输出工作。根据计算机磁盘介质上存储的凭证、账簿或报表数据文件，在计算机屏幕上显示或在打印机上输出各种会计信息。

（4）分析、利用。在会计核算的基础上进一步分析、利用，例如，编制各种财务分析报告等。

3. 期末处理

期末处理，即会计期末进行账账、账证、账实核对，并进行结转处理，最后进行结账，其业务处理流程如下：

对账→转账→结账。

结账每月只能进行一次，结账后不能再处理本月业务。

**任务实施**

根据鹏达公司实施会计信息化的情况，为其选择会计信息化的合适软件。

一、确定会计软件的应用模式

会计软件的应用模式一般分为三种情况：小规模应用模式、中等规模应用模式和大规模应用模式。小规模应用模式是指会计软件应用是以账务为核心，主要完成记账、报表等核算工作。固定资产、材料等业务通过设立辅助账核算，工资计算等一般使用通用表处理软件进行辅助核算。中等规模应用模式是指具备会计信息化软件的各个核算子系统，其主要目的是进行核算工作和基本的分析与管理。大规模应用模式是指会计软件要求功能复杂，数据量大，在网络系统下，既要求充分实现数据共享，又要求各业务核算岗位能独立处理工作。

根据鹏达公司实施会计信息化的情况，建议采用中等规模应用模式，会计软件应该包括账务处理、工资核算、固定资产核算、应收账款核算、应付账款核算、存货核算、销售核算、采购核算、成本核算、会计报表、财务分析等。

二、选择会计软件

1. 确定会计软件的取得方式

会计软件的取得方式主要有购买商品化软件方式（通用会计软件）、自行开发方式、委托外单位开发方式、与外单位联合开发方式等，其中，商品化会计软件在市场所占比重较大。

鉴于会计信息化工作需求状况及公司开发能力，鹏达公司决定采取购买商品化会计软件方式。

2. 选择会计软件应注意的问题

在选择商品化会计软件时，主要应注意以下问题。

（1）会计软件必须是通过财政部门评审的、符合会计制度要求的正版商品化会计软件。

（2）会计软件必须符合鹏达公司会计核算工作需要和工业行业特点。

（3）会计软件具有安全防范措施，满足内部控制制度要求和数据安全需要。

（4）会计软件公司具有良好的信誉和售后服务。具有人员培训、安装调试、业务咨询、软件维护、软件升级等服务。

（5）会计软件购置成本适中，性价比较高。

三、主流会计软件简介

用友软件和金蝶软件是国内主流的企业信息化会计软件，主要服务于国内中小型企业，具体功能简介如下。

1. 用友软件

(1) 商贸宝普及版。该版本为入门级网络进销存应用，适合小型商贸企业或是个体户，仓库与前台处在两地或者只有3家以内的小型门脸，需要联网调配库存和资金，可采用商贸宝普及版。商贸宝普及版是在商贸宝批发零售版的基础上精简而成的，它保留了小型商贸企业普遍需要的业务类型，例如，进货入库、进货退货、销售出库、销售退货、零售业务、调拨业务、库存盘点、收付款业务、其他收入、费用管理等。同时，商贸宝普及版裁掉了一些不常用的功能，例如，受托业务、委托业务、订单管理等。从而使商贸宝普及版达到易学、易用、稳定、高效的目的。

(2) 财务通普及版。该版本面向成长型企业的总账、存货的日常核算及管理工作，加强内部财务核算、存货核算，实现会计信息化管理，为成长型企业的快速发展奠定坚实的基础管理信息平台。财务通普及版还为企业财务人员搭建了应用、学习、职业发展的个性关怀门户。功能模块包括总账系统、现金银行、往来管理、出纳通、财务报表和核算管理模块。其可轻松实现日常凭证填制，自动登记各种账簿；行业科目预置、快速建账；模板化报表自动生成资产负债表、损益表、现金流量表；支持企业出具个性化报表；部门、人员、客户、供应商精细核算；预置多种银行支票模板，支持套打与自动登记账簿。财务通普及版已全面支持2013年颁发的小企业会计准则，预置小企业会计准则的科目和财务报表，快速帮助企业出具财务报表及附注信息。

(3) T6——财务管控包。总账系统以凭证处理为主线，提供账簿管理、客户及供应商往来管理、个人往来款管理、部门管理。同时，总账系统还提供项目核算和出纳管理等财务业务处理，能够与存货核算管理、应收系统、应付系统、工资、固定资产、报表分析等相关业务系统紧密集成应用。总账系统适用于各类企事业单位，实现企业财务核算业务高效、全方位管理。

(4) U8——财务管理。功能模块包括总账、报表、应收账款管理、应付账款管理、固定资产、专家财务评估公司对账、网上银行现金流量表、网上报销、Web财务、财务核算自动化。U8总账系统可以满足企业不同角色的会计人员处理日常业务，系统可以自动编制收款、付款、转账凭证，自动进行期末记账与结账，自动形成总分类账、明细分类账和财务报表，自动进行财务分析。U8总账系统既可以提高企业财务核算效率，又可以反映业务运营状况，实现真正的财税一体化。

2. 金蝶软件

(1) 金蝶EAS。全球第一款融合TOGAF标准遵循SOA架构的企业管理软件，金蝶EAS面向亟待跨越成长鸿沟的大中型企业，以"创造无边界信息流"为产品设计理念，支持云计算、SOA和动态流程管理的整合技术平台，全面覆盖企业战略管理、风险管理、集团财务管理、战略人力资源管理、跨组织供应链、多工厂制造和外部产业链等管理领域，突破流程制造、项目制造、供应商协作、客户协作等复杂制造和产业链协同应用，实现业务的全面管理，支持管理创新与发展，帮助企业敏捷应对日益复杂的商业环境变化，提升整体运作效率，实现效益最大化。

(2) 金蝶管理系统。该版本包含总账、报表、现金管理、网上银行、固定资产管理、应收账款管理、应付账款管理、实际成本、财务分析、人事/薪资管理等功能。金蝶K3

成长版总账系统面向各类企事业单位的财务人员设计，是财务管理信息系统的核心。系统以凭证处理为主线，提供凭证处理、预提摊销处理、自动转账、调汇、结转损益等会计核算功能，以及科目预算、科目计息、往来核算、现金流量表等财务管理功能，并通过独特的核算项目功能，实现企业各项业务的精细化核算。在此基础上，系统还提供了丰富的账簿和财务报表，帮助企业管理者及时掌握企业财务和业务运营情况。该系统完全符合 2007 年的《会计准则》对企业会计核算的各项要求，既可以独立运行，又可以与报表、工资管理、现金管理、固定资产管理、应收账款管理、应付账款管理等模块共同使用，提供更完整、全面的财务管理解决方案。

（3）金蝶供应链管理系统。该系统包含采购管理、销售管理、仓存管理、存货核算、委外加工、生产数据管理、生产任务管理、物料需求计划、采购管理系统。金蝶 K3 成长版采购管理系统面向制造企业和商业流通企业的采购管理人员而设计。该系统提供采购需求管理、采购订货、仓库收料、采购退货、购货结算处理等全面的采购业务流程管理，以及供应商管理、价格控制、供货信息管理等综合业务管理功能，帮助企业实现采购业务全过程的物流、资金流、信息流的有效管理和控制。该系统可以与销售管理、仓库管理、存货核算管理和应付账款管理等系统结合运用，提供更完整、全面的企业供应链解决方案。

（4）金蝶 KIS。金蝶 KIS 是小型企业以低成本、高效率、快速入门的方式实现管理信息化的解决方案。金蝶 KIS 以"让管理更简单"为核心设计理念，适用于小型企业。金蝶 KIS 旨在提高管理能力、完善规范业务流程，全面覆盖小型企业管理的五大关键环节：老板查询、财务管理、采购管理、销售管理、仓存管理。

（5）金蝶易记账。是金蝶软件专门为小型企业开发的一款财务记账软件，具备记账、查账、结账、报表等多种功能，并提供发票验证、快递查询、财务制度范本等丰富的企业应用，安装方便，无账套数量限制；一次付费，永久使用，可免费在线升级，是中国第一款会计人员"云+端"应用的财务记账工具。

鉴于鹏达公司会计信息化工作需求状况，决定购买用友 ERP-U8 企业应用套件（简称用友 ERP-U8）。

【项目总结】

本项目任务主要学习了会计信息化的基本理论和会计软件的基本知识。了解了会计电算化、会计信息化、会计软件的概念与作用，了解了会计信息化后会计岗位划分的基本要求，掌握了企业实施会计信息化的基本操作规程和选择商品化会计软件的基本要求，理解了会计电算化将从"核算型"向"管理型"转变，逐步实现企业经济活动的事前计划、预测和决策，事中管理控制，事后分析评价的职能，为今后学习和工作奠定了基础。

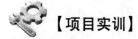**【项目实训】**

实训一　制订龙兴股份有限公司会计信息化系统建设方案

龙兴股份有限公司是中等规模的商业企业，从事服装销售业务，采用2007年新《会计准则》科目核算体系，准备从2014年1月1日起采用计算机系统进行会计核算及企业日常业务处理。请你帮助该企业制订会计信息化系统建设方案。

用友软件系统安装及系统初始化

【项目导入】

鹏达公司始建于1996年,是高科技企业。公司决定从2014年1月1日使用用友ERP-U8(V8.72)管理软件,实现财务管理信息化。公司需要购置软硬件,并安装调试到使用状态;进行系统管理,建立账套,进行操作人员及权限管理设置,进行基础档案设置、会计科目设置,录入科目余额并试算平衡。

【学习目标】

1. 根据所服务的企业规模和性质及财务工作实际需求选择适合的会计软件并配置相应的硬件条件;
2. 熟练安装SQL Server数据库软件和用友ERP财务软件;
3. 熟练掌握用友ERP软件的启动和退出方法;
4. 熟练掌握用友ERP软件的卸载方法;
5. 熟练掌握系统管理及建立账套与权限管理方法;
6. 熟练掌握基础档案设置方法;
7. 熟练掌握会计科目设置与余额录入方法。

【项目实施】

 任务1 系统运行环境配置

 任务解析

通过本任务,使学生了解用友ERP-U8应用系统对计算机硬件配置条件和操作系统、数据库系统及相关软件配备的基本要求。

 **知识链接**

一、什么是 ERP

ERP 是 Enterprise Resource Planning 的缩写，即企业资源计划，是建立在信息技术基础上，以系统化的管理思想，为企业决策层及员工提供决策运行手段的管理平台。ERP 系统集信息技术与先进的管理思想于一身，反映时代对企业合理调配资源，最大化地创造社会财富的要求，成为企业在信息时代生存、发展的基石。

1. 企业资源与 ERP

厂房、生产线、加工设备、检测设备、运输工具等都是企业的硬件资源，人力、管理、信誉、融资能力、组织结构、员工的工作热情等就是企业的软件资源。企业运行发展中，这些资源相互作用，形成企业进行生产活动、完成客户订单、创造社会财富、实现企业价值的基础，反映企业在竞争发展中的地位。

ERP 系统的管理对象便是上述各种资源及生产要素，通过 ERP 的使用，使企业的生产过程能及时、高质地完成客户的订单，最大限度地发挥这些资源的作用，并根据客户订单及生产状况做出调整资源的决策。

2. 调整运用企业资源

企业发展的重要标志是合理调整和运用上述的资源，在没有 ERP 这样的现代化管理工具时，企业资源状况及调整方向不清楚，要做调整安排是相当困难的，调整过程会相当漫长，企业的组织结构只能是金字塔形的，部门间的协作交流相对较弱，资源的运行难以比较把握并做出调整。信息技术的发展，特别是针对企业资源进行管理而设计的 ERP 系统正是针对这些问题设计的，成功推行的结果必使企业能更好地运用资源。

3. 信息技术对资源管理作用的阶段发展过程

计算机技术特别是数据库技术的发展为企业建立管理信息系统，甚至对改变管理思想起着不可估量的作用，管理思想的发展与信息技术的发展是互成因果的。而实践证明信息技术已在企业的管理层面扮演越来越重要的角色。

信息技术最初在管理上的运用，也是十分简单的，主要是记录一些数据，方便查询和汇总，而现在发展到建立在全球互联网基础上的跨国家、跨企业的运行体系，大体经历了 MIS（Management Information System）阶段、MRP（Material Require Planning）阶段、MRP（Manufacture Resource Planning）Ⅱ 阶段、ERP（Enterprise Resource Planning）阶段、电子商务时代的 ERP 阶段。由此可见，ERP 信息化手段的应用可以有效促进企业管理的现代化、科学化，适应竞争日益激烈的市场要求，已经成为大势所趋。

二、用友 ERP-U8 的主要功能和新特性

用友 ERP-U8 是中国 ERP 普及旗舰产品，是中国用户量最大、应用最全面、行业实践最丰富的 ERP。该产品与中国企业最佳业务实践相结合，形成了中国企业最佳经营管理平台。它充分适应中国企业高速成长且逐渐规范发展的状态，有效支持中国企业国际化战略，是企业实现精细管理、敏捷经营的利器。

1. 用友 ERP-U8 的主要功能

面对快速多变的市场和日益激烈的竞争环境，提升管理水平，提高内外部协同效率，是中型及中小型企业保证企业持续盈利和不断成长的基础。用友 ERP-U8 以集成的信息管理为基础，以规范企业运营，改善经营成果为目标，帮助企业实现"精细管理，敏捷经营"。用友 ERP-U8 提供财务管理、供应链管理、生产制造管理、客户关系管理、人力资源管理、办公自动化和商业智能等集成化功能，并整合各种合作伙伴的方案。在总结中国企业各行业最佳实践的基础上，提供的行业解决方案涵盖机械、电子、汽配、服装、化工、食品、制药、服务业、零售业等，是中国企业应用最广泛的 ERP 管理软件。用友 ERP-U8 以行业最佳业务实践为特征的显著优势，使其在新经济形势下成为广大企业蓬勃发展的转型升级的强大动力。

用友 ERP-U8 是以集成的信息管理为基础，以规范企业运营，改善经营成果为目标，帮助企业"优化资源，提升管理"，实现面向市场的赢利性增长。用友 ERP-U8 是一个企业综合运营平台，用以满足各级管理者对信息化的不同要求：为高层经营管理者提供大量收益与风险的决策信息，辅助企业制定长远发展战略；为中层管理人员提供企业各个层面的运作状况，帮助他们做到各种事件的监控、发现、分析、解决、反馈等处理流程，以及做到投入产出最优配比；为基层管理人员提供便利的作业环境、易用的操作方式，使他们有效地履行工作岗位和工作职能。根据业务范围和应用对象的不同；用友 ERP-U8 划分为财务管理、供应链、生产制造、人力资源、决策支持、集团财务、企业门户、行业插件等系列产品，由 40 多个系统构成，各系统之间信息高度共享。

（1）财务会计领域。主要包括总账管理、应收账款管理、应付账款管理、工资管理、固定资产管理、报账中心、财务票据套打、网上银行、UFO 报表、财务分析等模块。这些模块从不同的角度，实现了从预算到核算再到报表分析的财务管理的全过程。通过财务会计系列的产品应用，可以充分满足企事业单位对资金流的管理和统计分析。

（2）管理会计领域。主要包括项目管理、成本管理、专家财务分析等模块。通过这些模块实现各类工业企业对成本的全面掌控和核算，帮助企业对各种报表及时进行分析，及时掌握本单位的状况，为企业的管理决策提供依据，并指明方向。

（3）供应链管理。主要包括物料需求计划、采购管理、销售管理、库存管理、存货核算等模块，主要功能在于使企业的管理模式更符合实际情况，制订出最佳的企业运营方案，实现企业管理的高效率、实时性、安全性、科学性、现代化和职能化，集团财务管理等。供应链管理主要包括资金管理、行业报表、合并报表等模块及分行业的解决方案。

（4）Web 应用。该部分实现企业互联网模式的经营运作，主要包括 Web 财务、Web 资金管理和 Web 购销存等。

（5）商务智能。通过"管理驾驶舱"帮助企业领导实现移动办公的需求，企业领导可以随时、随地、随身实现对企业的实时监控。

2. 用友 ERP-U8 新特性

用友 ERP-U8 主要包括以下产品：企业门户、财务会计、管理会计、客户关系管理、供应链管理、生产制造、分销管理、零售管理、决策支持、人力资源管理、办公自动化、集团应用、企业应用集成等。

用友 ERP-U8 可以提高系统运行效率、改进产品易用性。另外，用友 ERP-U8 为企业中高层管理人员以及专业分析人员提供了进行全面的企业财务、业务的综合查询，实时监控和分析决策的商业智能平台。用友 ERP-U8 充分考虑国外企业在华投资和国内企业向海外发展的国际化运营模式的需求，提供多语言（简体/繁体中文，英文）支持。

用友 U8 移动 ERP 是一个基于 WAP 技术的移动 ERP 解决方案，并且支持 3G 协议和技术。用友 U8 移动 ERP 是在用友 ERP-U8 软件上拓展的移动增值服务。以互联网和移动通信作为载体，利用手机，通过 WAP 方式，进行企业信息的查询、审批等操作，使整个 ERP 应用范围不再局限于计算机网络。通过支持 GPRS 的手机，使企业人员随时随地可掌控企业的一切业务、财务变动情况，实现随时管理功能。

三、ERP 系统运行的环境要求

安装 ERP 系统之前，应该检查运行环境配置是否正确，以确保安装的顺利进行。ERP 系统的运行环境是指能够充分发挥软件系统的优良特性，实现会计信息共享处理，保证 ERP 系统能够正常稳定运行在所需要的环境中。系统运行环境包括系统运行的硬件环境和软件环境。一般用户从两方面构建财务软件的运行环境，一方面要求有较好的硬件条件，例如，高配置计算机、打印机等；另一方面要求有相应的软件环境，例如，操作系统和数据库等。下面以用友 ERP-U8（V8.72）版为例说明财务软件对运行环境的要求。

1. 用友 ERP-U8 系统的硬件配置要求

用友 ERP-U8 是一款适用于企业资源整合管理的综合性管理软件，它的基本结构包括三层，分别是数据服务器、应用服务器和应用客户端，这种分类管理的综合软件对硬件系统要求比较高。一般情况下，大中型企业可以根据需要将用友 ERP-U8 系统的三层结构分别安装在不同的计算机上，以方便管理并保证数据的安全。但对于小型企业或者初学者而言，考虑到成本或场所等因素，也可以将系统全部安装在一台计算机上，这种安装模式称为单机应用模式，而安装在不同的计算机上的三层结构则称为网络应用模式。采用网络应用模式安装用友 ERP-U8 系统的具体配置要求如表 2-1 所示。

表 2-1　用友 ERP-U8 系统的硬件配置要求

项目		最低配置	推荐配置
应用客户端		CPU 500 MHz 以上，内存 256 MB 以上，磁盘空间 2 GB 以上	CPU 1.8 GHz 以上，内存 1 GB 以上，磁盘空间 10 GB 以上
数据服务器		CPU 1 GHz 以上，内存 1 GB 以上，磁盘空间 10 GB 以上	CPU 2.4 GHz 以上，内存 2 GB 以上，磁盘空间 40 GB 以上
应用服务器		CPU 1 GHz 以上，内存 1 GB 以上，磁盘空间 10 GB 以上	CPU 1.8 GHz 以上，内存 1 GB 以上，磁盘空间 40 GB 以上
网络带宽	广域网	56 Kbps 以上	10 Mbps 以上
	局域网	10 Mbps 以上	100 Mbps

如果将数据服务器、应用服务器和应用客户端同时安装在一台计算机中，则其所要求的基本配置为：CPU 至少为 P4 1.8 GHz 以上，内存 1 GB 以上（建议 2 GB 以上），磁盘空间至少 60 GB 以上，系统盘至少有 1 GB 以上的空闲空间，存储数据的逻辑驱动器至少有 10 GB 以上的空闲空间。

2. 用友 ERP-U8 系统的软件环境要求

任何一款应用软件的运行，除了需要基本的硬件支持，还需要一定的软件环境做支撑，尤其不可缺少操作系统。用友 ERP-U8 系统对操作系统、数据库系统、浏览器、IIS 等均有一定的要求，详见表 2-2。

表 2-2 用友 ERP-U8 系统运行的软件环境要求

项目		软件环境要求
操作系统	应用客户端	Windows XP + SP2 或 Windows 2000 Server/Professional + SP4 或 Windows 2003 Server + SP2 或 Windows Vista
	数据服务器	Windows XP + SP2 或 Windows 2000 Server/Professional + SP4 或 Windows 2003 Server + SP2
	应用服务器	Windows XP + SP2 或 Windows 2000 Server/Professional + SP4 或 Windows 2003 Server + SP2
数据库		SQL Server 2000 SP4，SQL Server 2005 SP2，MS SQL Server 2008
浏览器		IE 6.0 SP1
IIS		IIS 5.0 或 IIS 6.0
网络协议		TCP/IP，Named Pipe

任务实施

根据企业需求和计算机软硬件发展现状，制订用友 ERP-U8 系统运行所需的软硬件环境推荐配置方案。

一、制订用友 ERP-U8 系统运行所需的硬件配置方案

用友 ERP-U8 系统运行所需要的硬件主要包括：服务器、台式计算机、计算机网络设备、打印机、不间断电源等。根据用友 ERP-U8 软件系统运行对硬件的基本要求和当今计算机等硬件的主流产品状况，提出如下硬件配置方案。

1. 安装单机版用友 ERP-U8 系统硬件配置方案

根据计算机及其硬件市场状况，通过研究用友 ERP-U8 软件系统运行对硬件的基本要求，制订硬件系统配置方案如下。

（1）计算机配置：台式计算机 3～5 台，CPU 选用 Intel 酷睿 i7-3770，内存 4 GB，硬盘 1 TB，显存 1 GB。

（2）打印机配置：打印机主要有普通针式打印机爱普生 LQ-1900K2（或其他型号），票据打印机爱普生 LQ-735K（或其他型号），激光打印机惠普 LaserJet 5200Lx（或其他型

号)。企业可根据用友 ERP-U8 运行及财务管理需要配置 1～3 台打印机。

(3) 网络设备配置：可选择交换机组建 100 Mb 或 1000 Mb 局域网络。

(4) 不间断电源配置：可选择知名品牌的 UPS 电源。

2. 安装网络版用友 ERP-U8 系统硬件配置方案

(1) 服务器配置：数据服务器和应用服务器可单独配置，用户可选择 IBM、DELL、联想、浪潮、华为等品牌的企业级服务器，CPU 配置为 2 个，型号可选择 Intel Xeon E7 等；内存为 16 GB 或 32 GB，存储控制为 8 通道 SAS 3 GB 及 6 GB 磁盘控制器或 ServerRAID M5015，RAID 阵列模式为支持 RAID 5 等。

(2) 计算机配置：基本配置与安装单机版的方案相同。

(3) 打印机配置：基本配置与安装单机版的方案相同，但主打印机要求选择具有网络打印功能的。

(4) 网络设备配置：基本配置与安装单机版的方案相同。

(5) 不间断电源配置：对数据服务器和应用服务器要单独配置 UPS 电源，其他计算机则根据需要配置不间断电源。

二、制订用友 ERP-U8 系统运行所需的软件配置方案

1. 安装单机版用友 ERP-U8 系统软件配置方案

(1) 操作系统配置：Windows XP + SP2 或 Windows 2000 Server/Professional + SP4 或 Windows 2003 Server + SP2 或 Windows Vista。

(2) 数据库配置：SQL Server 2000 SP4 或 SQL Server 2005 SP2 或 MS SQL Server 2008。

(3) 浏览器安装：IE 6.0 SP1 及以上。

(4) IIS 要求：IIS 5.0 或 IIS 6.0。

(5) 网络协议要求：TCP/IP 或 Named Pipe。

2. 安装网络版用友 ERP-U8 系统软件配置方案

服务器要求：操作系统 Windows XP + SP2 或 Windows 2000 Server/Professional + SP4 或 Windows 2003 Server + SP2；数据库配置要求 SQL Server 2000 SP4 或 SQL Server 2005 SP2 或 MS SQL Server 2008；浏览器要求使用 IE6.0 SP1 及以上；IIS 要求使用 IIS 5.0 或 IIS 6.0。

一般工作站计算机软件要求同单机版配置方案。

任务 2　安装软件系统

任务解析

通过完成本任务，使学生了解会计软件安装知识、安装前的准备要求、用友 ERP-U8 软件系统安装流程；掌握 IIS 组件安装、SQL Server 数据库安装、IE 浏览器升级及 .NET 安装、用友 ERP-U8 软件系统安装的方法及步骤；学会正确安装和卸载会计软件等。

**知识链接**

下面以用友 ERP-U8（V8.72）版的安装为例介绍财务软件的安装过程。

一、会计软件的安装模式

用友 ERP-U8 软件系统不分单机版本和网络版本，视其具体的应用模式而定。

用友 ERP-U8 软件系统采用三层架构体系，以提高系统效率与安全性，降低硬件投资成本。物理上，既可以将数据服务器、应用服务器和应用客户端安装在一台计算机上（即单机应用模式）；也可以将数据服务器、应用服务器和应用客户端分别安装在不同计算机上，或将数据服务器、应用服务器安装在一台计算机上，而将应用客户端安装在另一台计算机上，以实现网络应用模式。如果是 C/S 网络应用模式，则需要在服务器和客户端分别安装不同的内容，以便进行三层结构的互联。

二、会计软件安装的准备

会计软件安装前应对照《用友 ERP-U8 系统管理软件使用手册》中对环境的要求，配置相应的硬件和软件环境，并保证有足够的空间安装操作系统及会计软件，安装前请先清理计算机病毒，然后关闭计算机杀毒软件，具体的安装准备如下。

1. 操作系统

根据情况，选择安装 Windows 2000 Server 或 Windows XP 或 Windows 2003 Server 或 Windows Vista 等操作系统，并安装操作系统的关键补丁；再使用 Windows update 进行其他微软补丁的更新。用友 ERP-U8 全面支持 64 位环境，推荐安装和使用服务器端产品（包括应用服务器和数据服务器）。安装之前，需要先手工安装 U8 所需要的基础环境补丁和默认组件。如果选择安装 U8 服务器端（如应用服务器、Web 服务器、数据服务器和文件服务器等），推荐使用 Server 版的操作系统，且磁盘分区的文件系统格式应为 NTFS。

2. 数据库

用友 ERP-U8 软件系统要求以 SQL Server 作为后台数据库，支持的版本主要有 SQL 2000 SP4 及以上版本、SQL 2005 SP2 及以上版本、SQL 2008 及以上版本。SQL Server 2000 有个人版、标准版等多个版本，建议服务器安装 SQL Server 2000 标准版，客户端视其安装的操作系统安装 SQL Server 2000 标准版或个人版。

3. 浏览器

用友 ERP-U8 软件系统要求使用微软 IE 6.0 浏览器+SP1 或以上版本（如 IE 7.0）。

4. 其他产品组件

如果选择安装应用服务器、Web 服务器或文件服务器，需要先安装 IIS，否则将导致 Windows. NET Framework 2.0 不能在 IIS 上成功注册文件映射关系和系统组件，需要手工完成 IIS 文件映射配置和 aspnet_isapi. dll 的注册。IIS 组件可以通过操作系统安装盘获取；如果是 Vista 或 Windows 2008 系统，请务必手工安装 IIS。

如果选择安装数据服务器，请按照实际业务数据量确保存储数据文件的逻辑磁盘至少有 10 GB 以上的空闲空间，因用友 ERP-U8 产生的所有数据和临时数据均存储在这台服务器的硬盘上。

分布式安装（即不同的组件安装到不同的服务器上）时，各服务器应该在同一个域或者工作组中。

如果选择使用客户关系管理（CRM），安装客户关系管理客户端的机器必须先安装 MS Office 2000 或以上版本，因为它需要使用到 Office 的部分组件功能。

如果已安装过用友 ERP-U8 之前的任何历史版本 U8 产品，请务必先正常卸载（安装过补丁则先卸载补丁再卸载产品），重启计算机后手工删除 system32 下的 UFCOMSQL 文件夹和整个 U8 安装目录（默认为 U8SOFT），再进行 U8（V8.72）的安装（注意：Admin 目录下的文件需要停止数据库后才可以正常删除，删除后需要再进入 SQL Server 的"企业管理器"中删除已置疑的数据库，否则会导致初始化数据库和建立账套异常失败）。

如果已安装过任何版本的 U8 产品（包括 V8.72），但无法卸载或卸载失败，请先使用"U872MSI 清除工具"。

任务实施

本任务实施以安装单机版用友 ERP-U8 为例说明安装步骤与方法。

一、安装 IIS 组件

不同版本的操作系统要求使用不同版本的 IIS，具体需求如下：

Windows 操作系统版本	对应的 IIS 版本
Windows 2000	IIS 5.0
Windows XP	IIS 5.1
Windows Server 2003	IIS 6.0
Windows Vista	IIS 7.0
Windows Server 2008	IIS 7.0
Windows 7	IIS 7.0

可通过"控制面板"→"添加/删除程序"→"Windows 组件"→"添加 IIS 组件"来安装 IIS（Internet 信息服务）。安装过程中需要用到系统安装盘。以 Windows XP 系统为例，具体安装步骤如下：

（1）单击"控制面板"，打开"控制面板"窗口，再单击"添加/删除程序"图标，打开"添加或删除程序"对话框，单击"添加/删除 windows 组件"按钮，打开"Windows 组件向导"对话框，选择"Internet 信息服务（IIS）"项。

（2）单击"下一步"按钮，显示"正在配置组件"对话框。运行一段时间弹出"插入磁盘"对话框，要求用户放入 Windows XP 安装盘。

单击"确定"按钮后，将弹出"所需文件"对话框，在文件"复制来源"下拉列表框中选择 Windows 安装盘中的"i386"文件夹，然后单击"确定"按钮开始安装。安装结束后，显示"完成'Windows 组件向导'"对话框，单击"完成"按钮，结束组件安装。

二、安装 SQL Server 2000 数据库

用友 ERP-U8 软件运行时需要 SQL 数据库支持。本任务以安装 SQL Servers 2000 个人

版及其 SP4 补丁为例介绍安装过程，具体操作步骤如下。

（1）将 SQL Server 2000 光盘放入光驱中，计算机自动运行安装程序，启动安装版本选择界面。在安装界面中选择"安装 SQL Server 2000 简体中文个人版"项，进入 SQL Server 2000 个人版安装界面，如图 2-1 所示。

（2）选择"安装 SQL Server 2000 组件"项，进入 SQL Server 2000 组件安装界面，如图 2-2 所示。

图 2-1　安装 SQL Server 2000 组件　　　　　图 2-2　安装数据库服务器

（3）选择"安装数据库服务器"项，系统提示使用安装向导，如图 2-3 所示。单击"下一步"按钮，系统进入"计算机名"对话框，如图 2-4 所示，选择"本地计算机"项。

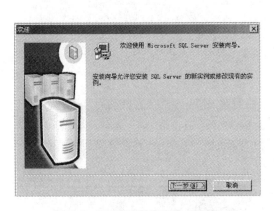 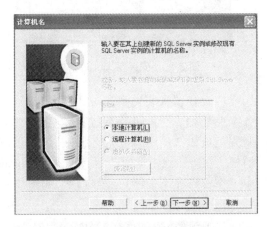

图 2-3　"SQL 安装向导"对话框　　　　　图 2-4　选择安装的计算机类型

（4）单击"下一步"按钮，系统进入"安装选择"对话框，如图 2-5 所示。选择"创建新的 SQL Server 实例，或安装'客户端工具'"项，单击"下一步"按钮进入"用户信息"设置对话框，如图 2-6 所示。

（5）在"用户信息"对话框中的"姓名"和"公司"文本栏分别输入用户的姓名和公司名，单击"下一步"按钮，将进入"软件许可证协议"对话框，提示是否接受协议。单击"是"按钮后，系统进入"安装定义"对话框，如图 2-7 所示。

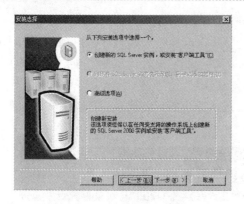
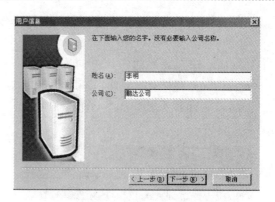

图 2-5 "安装选择"对话框　　　　　图 2-6 "用户信息"设置对话框

（6）选择"服务器和客户端工具"项，单击"下一步"按钮，进入"实例名"对话框。在对话框中选择"默认"项，单击"下一步"按钮，进入"安装类型"对话框，如图 2-8 所示。

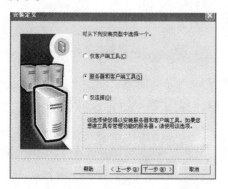
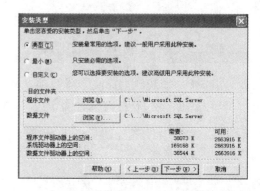

图 2-7 "安装定义"对话框　　　　　图 2-8 "安装类型"对话框

（7）在"安装类型"对话框中选择"典型"项，单击"下一步"按钮，进入"服务账户"对话框，如图 2-9 所示。选中"对每个服务使用同一账户。自动启动 SQL Server 服务"项和"使用本地系统账户"项，单击"下一步"按钮，进入"身份验证模式"对话框。在对话框中选择"混合模式（Windows 身份验证和 SQL Server 身份验证）"项，选中"空密码（不推荐）"复选框，如图 2-10 所示。

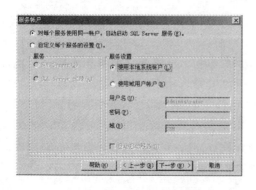
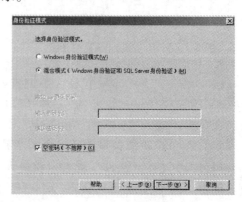

图 2-9 "服务账户"对话框　　　　　图 2-10 "身份验证模式"对话框

（8）单击"下一步"按钮，打开"开始复制文件"对话框，提示安装进度已经拥有足够的信息，可以开始复制程序文件了，如图 2-11 所示。单击"上一步"按钮，可更改前面的设置；若不需要更改，则单击"下一步"按钮，系统开始复制文件，并显示安装进度。安装完成后，系统弹出"安装完毕"对话框，提示安装完成，如图 2-12 所示。单击"完成"按钮，结束 SQL Server 2000 的安装工作。

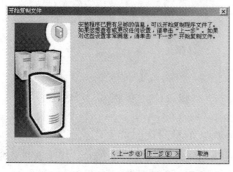
图 2-11 "开始复制文件"对话框

图 2-12 "安装完毕"对话框

（9）安装完成后，单击 Windows 操作系统中的"开始"菜单，选择"程序"→"Micrsoft SQL Server"→"企业管理器"，系统弹出"控制台根目录"窗口，在带有本机电脑名称的实例上，右击，选择"属性"，如图 2-13 所示。

（10）系统弹出"SQL Server 属性（配置）"对话框，选择"安全性"标签，在"安全性"标签中的"身份验证"选项中选择"SQL Server 和 Windows"，如图 2-14 所示，然后单击"确定"按钮，关闭"企业管理器"。

用友 ERP-U8 的运行还需要安装 SQL Server 2000 SP4 补丁程序，其安装过程较为简单，用户只要根据安装向导进行设置即可。具体的操作步骤如下。

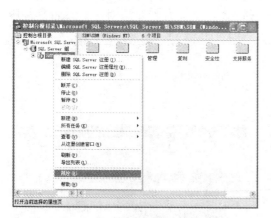
图 2-13 控制台根目录窗口

图 2-14 "SQL Server 属性"对话框

（1）打开用友 ERP-U8 资源安装盘，找到 SQL SP4 安装文件夹，双击 setup.bat 文件，即可运行 SQL Server 2000 SP4 补丁安装程序，启动的安装界面如图 2-15 所示。在出现的安装向导中单击"下一步"按钮，即可打开"软件许可证协议"对话框。

（2）在出现的对话框中单击"是"按钮，接受许可协议。然后，弹出"实例名"对话框,如图 2-16 所示。单击"下一步"按钮,打开"连接到服务器"对话框,如图 2-17 所示。

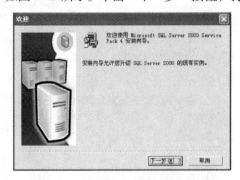 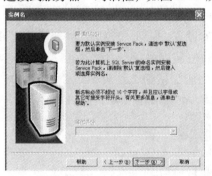

图 2-15　SQL Server 2000 安装向导　　　　　　图 2-16　"实例名"对话框

(3) 在"连接到服务器"对话框中指定 SQL Server 2000 身份验证方式。选择"SQL Server 系统管理员登录信息(SQL Server 身份验证)"项,单击"下一步"按钮,开始验证密码。如果密码验证有误,且 SA 密码为空,则弹出"SA 密码警告"对话框,如图 2-18 所示。

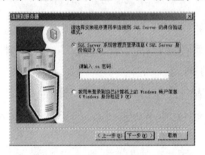 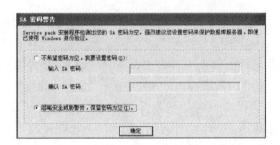

图 2-17　"连接到服务器"对话框　　　　　　图 2-18　"SA 密码警告"对话框

(4) 在"SA 密码警告"对话框中选择"忽略安全威胁警告,保留密码为空"选项,单击"确定"按钮,弹出"SQL Server 2000 Service Pack 4 安装程序"对话框,如图 2-19 所示。选择"升级 Microsoft Search 并应用 SQL SP4(必需)"项,单击"继续"按钮,弹出"错误报告"对话框,如图 2-20 所示。

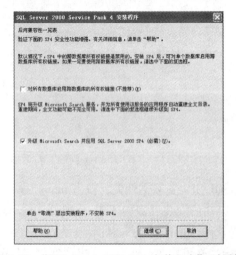 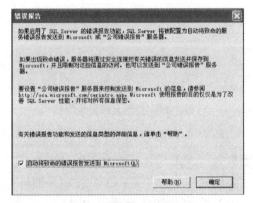

图 2-19　"SQL Server 2000 SP4 安装程序"对话框　　　　　　图 2-20　"错误报告"对话框

（5）在"错误报告"对话框中选择"自动将致命的错误报告发送到 Microsoft"选项，单击"确定"按钮，即可开始收集系统信息，在完成信息收集后，自动弹出"开始复制文件"对话框，如图 2-21 所示。单击"下一步"按钮，即可开始复制文件并进行安装配置。

（6）在 SQL Server SP4 系统安装过程中系统会弹出提示"现在应备份 master 数据库和 msdb 数据库，因为此次安装已经更新了它们的内容"的对话框，如图 2-22 所示。单击"确定"按钮，系统会弹出"安装完毕"对话框，单击"完成"按钮，即可完成 SQL Server 2000 SP4 补丁程序的安装。

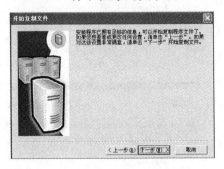

图 2-21 "开始复制文件"对话框

图 2-22 系统提示备份数据库

三、安装 IE 6.0

打开用友 ERP-U8 资源安装盘，找到 iewebcontrols.msi 文件并双击，即可运行 IE 6.0 安装程序，启动的安装界面如图 2-23 所示，单击"Next"按钮，弹出许可协议对话框，如图 2-24 所示。在出现的对话框中选择"I Agree"项，单击"Next"按钮系统显示安装进程，如图 2-25 所示。系统安装完成后显示"Installation Complete"对话框，如图 2-26 所示。

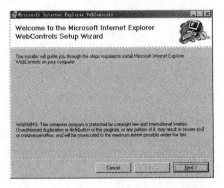

图 2-23 IE 6.0 系统安装启动对话框

图 2-24 IE 安装许可协议界面

四、安装 .NET 运行环境

打开用友 ERP-U8 资源安装盘，找到 NetFx20SP1_x86.exe 文件并双击，即可弹出 NET Framework 安装程序对话框，如图 2-27 所示。选择"我已经阅读并接受许可协议中的条款"项，单击"安装"按钮，显示"安装进度"的界面。安装一段时间后，系统将弹出"安装完成"对话框，如图 2-28 所示。

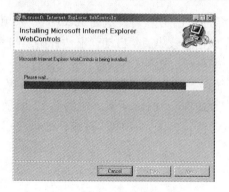
图 2-25　IE 6.0 安装进程界面

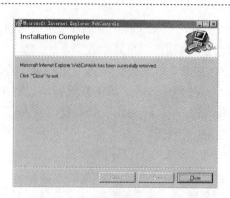
图 2-26　IE 6.0 安装完毕对话框

图 2-27　.NET Framework 2.0 SP1 安装程序界面

图 2-28　"安装完成"对话框

五、安装用友 ERP-U8 系统

如果是单机应用模式，那么只要把用友 ERP-U8 管理软件光盘放入光驱内，运行其上的 Setup.exe 文件即可安装，则不需要额外的配置；如果是 C/S 网络应用模式，则需要用同一张光盘在服务器和客户端上分别安装（服务器安装基本运行环境），然后在客户端进行配置即可。

在系统运行过程中，可根据实际需要随意切换远程服务器，即通过改变服务器名称来访问不同服务器上的业务数据。以单机安装用友 ERP-U8 软件为例，介绍安装步骤。

（1）以系统管理员（Administrator）身份注册进入 Windows 系统，将用友 ERP-U8 软件光盘放入计算机的光驱中，系统自动进入安装界面；也可以打开光盘，找到安装文件夹，双击安装程序 Setup.exe，显示"欢迎使用用友 ERP-U8 管理软件"对话框。单击"下一步"按钮，打开"许可证协议"对话框。

（2）在"许可证协议"对话框中选择"我接受许可证协议中的条款"，然后，单击"下一步"按钮。系统检测历史版本并打开"客户信息"对话框，如图 2-29 所示，在"用户名"和"公司名称"文本框分别输入用户名和公司的名称。然后，单击"下一步"按钮，打开"选择目的地位置"对话框，如图 2-30 所示。

项目 2 用友软件系统安装及系统初始化 | 35

图 2-29 "客户信息"对话框

图 2-30 "选择目的地位置"对话框

（3）在"选择目的地位置"对话框中单击"下一步"按钮，打开"安装类型"对话框，可选择适合需要的安装类型及语种，这里选择"全产品"选项，如图 2-31 所示。单击"下一步"按钮，打开"环境检测"对话框，可检测系统运行环境，如图 2-32 所示。

图 2-31 "安装类型"对话框

图 2-32 "环境检测"对话框

（4）在"环境检测"对话框中单击"检测"按钮，系统开始检测运行环境，显示"系统环境检查"结果，如图 2-33 所示，单击"报告"按钮，显示"环境检测报告"窗口，如图 2-34 所示。

图 2-33 "系统环境检查"对话框

图 2-34 "环境检测报告"窗口

（5）在"系统环境检查"对话框中，单击"确定"按钮，系统打开"可以安装该程序了"对话框。单击"安装"按钮，系统弹出"安装状态"对话框，显示安装进度，系统开始复制文件，复制完成后，将弹出"安装完成"对话框。在对话框中选择"是，立即重新启动计算机"项，单击"完成"按钮，重新启动计算机。

（6）重新启动计算机后，系统弹出"正在完成最后的配置"对话框，要求输入 U8 数据库名称和 SA 口令，输入完成后，单击"测试连接"按钮。若连接成功，系统将显示"测试成功"的提示，表示数据源配置成功，如图 2-35 所示；若连接不成功，请检查数据库服务器的机器名或 IP 地址是否存在错误。单击"完成"按钮，系统弹出"您现在需要初始化数据库吗？"的对话框，如图 2-36 所示。用户可根据需要选择"是"或"否"按钮。若单击"否"按钮，即可结束用友软件的安装操作。

图 2-35 "测试成功"提示

图 2-36 信息提示框

六、安装用友 ERP-U8 升级包及补丁程序

（1）打开用友 ERP-U8 资源安装盘，找到升级包文件夹，双击 Setup.exe 文件，即可运行升级安装程序，弹出"UFIDA ERP-U8 Update"对话框，单击"下一步"按钮，弹出"许可证协议"对话框，询问是否接受许可证协议。

（2）在"许可证协议"对话框中单击"是"按钮，系统弹出"客户信息"对话框，要求输入用户名和公司名称（注意，输入与前面一致的用户名和公司名称），如图 2-37 所示。单击"下一步"按钮，弹出"选择目的地位置"对话框，给安装程序选择文件夹。单击"浏览"按钮，可以更改安装文件夹，系统默认将程序安装在"C:\ Program Files \ "中，如图 2-38 所示。

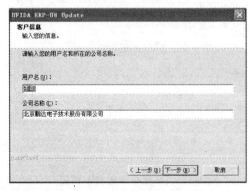

图 2-37 "客户信息"对话框

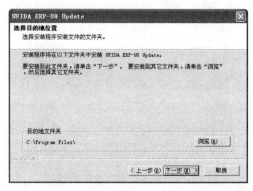

图 2-38 "选择目的地位置"对话框

（3）在"选择目的地位置"对话框中，单击"下一步"按钮，弹出"安装类型"对话框。要求用户选择自己需要的安装类型，此处选择"全产品"项，如图 2-39 所示。单击"下一步"按钮，系统弹出"开始复制文件"对话框，如图 2-40 所示。

（4）在"开始复制文件"对话框中，单击"下一步"按钮，弹出"安装状态"对话框，显示安装进度。安装结束时会弹出"InstallShield Wizard 完成"对话框，单击"完成"按钮，结束升级程序的安装。

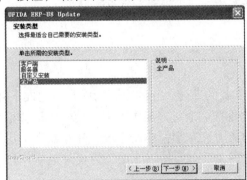
图 2-39 "安装类型"对话框

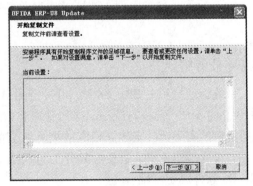
图 2-40 "开始复制文件"对话框

（5）打开用友 ERP-U8 资源安装盘，找到补丁程序文件夹，共有四个文件，分别是 KB-U872-0010-091130-U872SP1.msi、KB-U872-0038-110815-InterfaceChangeFiles.msi、CP-U872-3541-120316-FA.msi、CP-U872-3544-120329-AR.msi，分别按照以上顺序双击 4 个文件，会弹出四个补丁文件的安装对话框，单击"下一步"按钮，显示安装进程，弹出完成对话框，单击"完成"按钮，结束每个补丁的安装。由于此项安装较为简单，这里就不详细介绍了。

七、用友 ERP-U8 系统的卸载

财务软件的卸载是指在计算机系统中删除财务软件，其操作步骤与普通软件的卸载相同，具体的卸载步骤如下。

（1）用 Windows 系统管理员账号进入系统，双击安装盘中的 Setup.exe 文件或在"控制面板"中双击"添加/删除程序"图标，选中 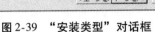 用友ERP-U872 项，单击后面的"删除"按钮，弹出"用友 ERP-U872 安装"对话框，如图 2-41 所示。选择"除去"项。然后，单击"下一步"按钮，提示"是否完全除去所选应用程序及其所有功能"信息，如图 2-42 所示。

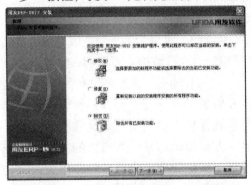
图 2-41 "用友 ERP-U872 安装"对话框

图 2-42 用友软件删除信息提示

（2）在对话框中单击"是"按钮，弹出"安装状态"对话框，显示删除进程。删除结束时弹出"卸载完成"对话框，单击"完成"按钮，结束卸载操作。

任务3　系统管理

 任务解析

系统管理是用友 ERP-U8 软件中一个非常重要的部分，它的主要功能是对用友 ERP-U8 软件的各个产品进行统一的操作管理和数据维护。通过完成本任务，使学生学会根据不同企业的实际情况来建立相应的核算账套的能力，并掌握注册系统、建立账套、启用账套、设置操作人员、进行财务分工与权限管理、系统维护等方法，为更好地应用用友 ERP-U8 软件奠定基础。

 **知识链接**

一、系统管理的主要功能

1. 初识系统管理

用友 ERP-U8 软件产品是由财务与供应链、生产制造、CRM、HR、志远 OA、网络分销、零售管理、管理会计、决策支持、UAP、企业应用集成 11 大系统组成，各个产品之间相互联系、数据共享，完全实现财务业务一体化的管理。为企业资金流、物流、信息流的统一管理提供了有效的方法和工具。

系统管理包括新建账套、新建年度账、账套修改和删除、账套备份等，根据企业经营管理中的不同岗位职能建立不同角色，新建操作员和权限的分配等功能。

2. 系统管理模块的主要功能

系统管理模块主要是对用友 ERP-U8 管理软件的各个子系统进行统一的操作管理和数据维护，具体功能包括以下几个方面。

（1）账套管理。账套是指一组相关联的数据，每一个企业或每一个核算部门的数据在系统内部都体现为一个账套。在用友 ERP-U8 系统中，可以为多个企业或企业内部的多个独立核算的部门分别建立账套，且各账套之间相互独立，数据互不影响，使软件得到最大程度的利用。账套管理包括账套的建立、修改、引入和输出（恢复备份和备份）等内容。

（2）操作员及其权限管理。为了保证系统及数据的安全与保密，系统管理模块提供了操作员及操作权限的集中管理功能。通过对系统操作人员的角色定义和权限划分，一方面可以避免与业务无关的人员进入系统，另一方面可以对系统所包含的各个子系统的操作进行协调，以保证它们各负其责，流程顺畅。系统管理模块可以对操作员及其功能权限实行统一管理，设立统一的安全机制，包括用户、角色和权限设置。

① 操作员管理包括操作员的增加、修改、删除等操作。

② 操作员权限的管理包括操作员权限的增加、修改、删除等操作。

（3）年度账管理。在用友 ERP-U8 管理系统中，每个账套里都存放有企业或企业内部某个独立部门的不同年度的数据，称为年度账。这样，就可以对不同核算单位、不同时期的数据更加方便地进行操作。年度账管理包括年度账的建立、清空、引入、输出和结转上年数据等内容。

（4）设立统一安全机制。对企业来说，系统运行安全和数据安全是十分重要的，为此，用友 ERP-U8 系统设立了强有力的安全保障机制。在系统管理模块中，可以监控并记录整个系统的运行过程，设置数据自动备份、清除系统运行过程中的异常任务等。

3. 用友 ERP 系统操作流程

使用用友 ERP 系统，对新老用户来说流程有所不同。

（1）新用户操作流程：启动系统管理→以系统管理员 Admin 身份登录→新建账套→增加角色、用户→设置角色、用户权限→启用各相关系统，流程如图 2-43 所示。

（2）老用户操作流程：启动系统管理→以账套主管注册登录→建立下一年度账→结转上年数据→启用各相关系统→进行新年度操作。

二、注册系统管理与建立账套

1. 注册系统管理

系统管理允许以两种身份进入软件系统：一种是以系统管理员 Admin 的身份注册系统管理；另一种是以账套主管的身份注册系统管理。

（1）以系统管理员的身份注册系统管理。系统管理员负责整个系统的总体控制和维护工作，可以管理该系统中的所有账套。以系统管理员身份进入，可以进行账套的建立、引入和输出，设置用户、角色和权限，设备备份计划，监控系统运行过程，清除异常任务等。

（2）以账套主管的身份注册系统管理。账套主管负责所选账套的维护工作，主要包括对所管理的账套进行修改、对年度账的管理（包括创建、清空、引入、输出及各子系统的年末结转）以及该账套操作员的权限设置。

2. 建立账套

企业应用用友 ERP-U8 系统之前，首先需要在系统中建立企业的基本信息、行业类型、核算方法、编码规则等，称为建账，然后才能启用用友 ERP-U8 的各个子系统，进行日常业务处理。如果是第一次使用本系统，用户必须以系统管理员的身份注册进入系统管理，并进入系统建立账套和指定相应的账套主管，再以账套主管的身份注册进入系统管理，履行本账套主管权限。

三、操作员及权限管理

（1）角色管理。角色是指在企业管理中拥有某一类职能的组织，这个角色组织可以是实际的部门，也可以是由拥有同一类职能的人构成的虚拟组织，例如会计和出纳两个角色（他们既可以是同一个部门的人员，也可以分属不同的部门但工作职能是一样的）。

在设置了角色之后,就可以定义角色的权限,当用户归属某一角色后,就相应拥有了该角色的权限。定义角色的好处是方便控制操作员权限,可以依据职能统一进行权限的划分。只有系统管理员才能进行角色管理,角色管理主要包括角色的增加、删除、修改等工作。

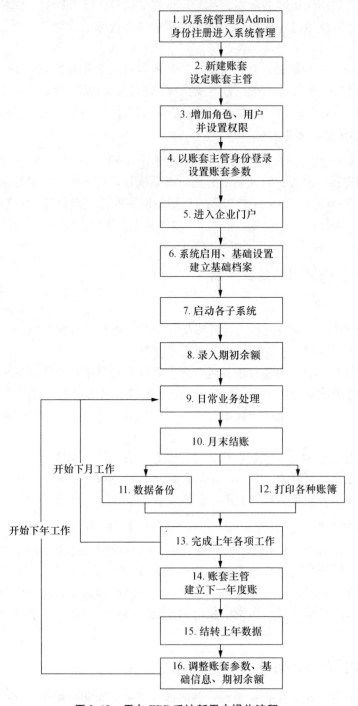

图 2-43　用友 ERP 系统新用户操作流程

(2) 用户管理。用户是指有权限登录系统，对应用系统进行操作的人员，即通常意义上的"操作员"。每次注册登录系统，都要进行用户身份的合法性检查。只有设置了具体用户之后，才能进行相关的操作。用户管理完成相应账套用户的增加、删除、修改等维护工作。

(3) 权限管理。随着经济的快速发展，用户对管理的要求越来越高，要求企业实行精细化财务管理。为了保证系统运行安全、有序，适应企业精细管理与内控制度的要求，权限管理必须向更细、更深的方向发展。用友 ERP-U8 系统提供了权限的集中管理功能，即允许操作软件的用户规定操作权限。在系统使用之前需要对用户进行岗位分工，以此来防止与业务无关的人员擅自使用软件。系统管理员与账套主管都可以进入系统管理，但权限不完全相同。系统管理员负责指定账套主管，对整个系统的安全和维护工作负责，对账套进行管理，设置用户并进行财务分工。账套主管负责年度账套的维护工作，对所选年度账套进行管理，并对所选账套的用户进行财务分工，但不包括主管自己。

用友 ERP-U8 系统的权限集中管理功能除了给用户提供各模块操作权限的管理外，还相应提供了对于数据的记录级、字段级权限与金额的权限控制。不同的组合方式使得权限控制更灵活、更有效。在用友 ERP-U8 应用系统中可以实现三个层次的权限管理。

第一层次是功能级权限管理。该权限提供了更为细致的功能级权限管理功能，包括各功能模块相关业务的查看和分配权限。例如，赋予账套主管李明对［666 账套］中总账模块、固定资产模块和工资模块的全部功能。

第二层次是数据级权限管理。该权限管理可以通过两个方面进行权限控制，一个是字段级的权限控制，另一个是记录级的权限控制。例如，设定出纳员只能录入收付凭证类别的凭证。

第三层次是金额级权限的管理。该权限管理主要用于完善内部金额控制，实现对具体金额数量划分级别，对不同岗位和职位的操作员进行金额级别控制，限制他们制单时可以使用的金额数量，不涉及内部系统控制的不在管理范围内。例如，设定操作员对"库存现金"科目金额级别六级控制额为 6 000 元。

功能级权限的分配在系统管理中的"权限"→"权限"中设置，数据级权限和金额级权限在"企业应用平台"→"基础设置"→"系统服务"→"权限"中进行设置，且必须是在系统管理的功能级权限分配之后才能进行设置。

四、系统维护

(1) 系统数据的输出与删除。企业在实际运营中，或多或少地存在着不可预知的不安全因素，如自然灾害和人为因素等，任何一种情况的发生对于系统安全都是致命性的。如何在意外发生时将企业损失降低到最低，是每个企业共同关注的问题。对于企业系统管理员或账套主管而言，定时地将企业数据进行备份并存储到不同的介质上（如光盘、移动硬盘、网络磁盘等），对数据的安全性是非常重要的。备份数据一方面用于必要时恢复数据之用；另一方面对于异地管理的公司，此种方法还可以解决审计和数据汇总的问题。

（2）账套数据的引入。账套数据的引入是将系统外的账套数据引入到本系统中。例如，当账套数据遭到破坏时，将最近备份的账套数据引入到本账套中。该功能的增加将有利于集团公司的操作，子公司的账套数据可以定期被引入到母公司的系统中，以便进行有关账套数据的分析和合并工作。如果是作为总公司应用本系统，最好在建账前先为每个子公司规划好账套号，避免数据覆盖现象的发生。

（3）账套数据的修改。用户可以通过系统提供的修改账套功能，查看或修改账套信息。当系统管理员建完账套并设置了账套主管后，在未使用相关信息的基础上，需要对某些信息进行调整，以便信息能更真实、准确地反映企业的实际情况。只有账套主管可以修改其具有权限的年度账套中的信息，系统管理员无权修改。

（4）系统监控功能。系统管理可以对各子系统的运行实施适时监控，将正在登录到系统管理的子系统及其正在执行的功能模块在界面上列示出来，以便于系统管理员或账套主管用户进行监控。如果需要看最新的系统内容，则需要启用刷新功能来适时刷新列表的内容。

（5）上机日志。为了保证账套数据的安全，为审计留下更充足的线索，系统可以随时对系统的用户、操作起止时间、操作的具体内容进行自动记录，形成上机日志。

（6）年度账套数据管理。年度账操作与账套操作基本一致，所不同的是年度账操作不是针对某个账套，而是针对账套中的某一年度的年度账进行的。年度账套管理由账套主管负责，包括年度账套的建立、引入和输出、结转上年数据和清空年度数据等。年度账套的建立是在已有的上年度账套的基础上，通过年度账建立，在每个会计期间结束时自动将上个年度账的基本档案信息结转到新的年度账中。对于上年余额等信息则需要在年度账结转操作完成后，由上年自动转入下年的新年度账中。

引入和输出年度账与账套操作中的引入和输出的含义基本相同，作用都是对数据进行备份与恢复。所不同的是年度账套操作中的引入和输出不是针对整个账套，而是针对账套中的某一年度的年度账进行的。年度账的引入操作与账套的引入操作基本一致，不同之处在于年度账引入的是年度数据备份文件；在输出操作的界面上选择的是具体的年度而非账套。

清空年度数据并不是指将年度账套的所有数据全部清空，而是要保留一些信息，主要有基础信息、系统预置的科目报表等。保留这些信息的目的主要是为了方便用户使用清空后的年度账套重新做账。

（7）设置自动备份计划。在用友软件 ERP-U8 中，提供了设置自动备份计划的功能，其作用是自动定时对设置的账套数据进行输出操作。设置自动备份计划的优势在于设置定时备份账套功能、多个账套同时输出功能，在很大程度上减轻了系统管理员或账套主管的工作量，同时可以更好地对系统进行管理。

任务实施

根据如下资料建立鹏达公司账套并进行财务分工与权限设置。

1. 企业概况

鹏达公司始建于 1996 年，1997 年 1 月正式生产，是高科技企业。公司位于北京市海淀区中关村路甲49号，占地60亩，注册资本1 000万元，税务登记号为1123580795888，中国工商银行[①]账号为1036549845，邮政编码为100036，总经理办公室电话为010-65160098，传真为010-65160099。公司现有职工800人，主要生产电子整流器、电子监控设备、指纹考勤设备等电子产品。该公司为一般纳税人。

2. 企业财务基本信息

鹏达公司决定从2014年1月1日使用用友ERP-U8（V8.72）软件，账套号为666，账套名称为鹏达公司，每月月底结账，账套路径采用系统默认路径，核算类型采用系统默认类型。鹏达公司法人代表为张伟，账套主管为李明，具体财务分工如表2-3所示，客户、供应商和存货进行分类管理，无外币核算业务，科目编码级次为42222，部门编码级次为122，客户和供应商分类编码级次均为223，存货分类编码级次均为122，结算方式编码为12，数据精度定义除存货和开票小数位为4位，其余均为两位小数。人员分工如表2-3所示。

表2-3 公司财务人员分工表

编号	姓名	口令	所属部门	认证方式	角色	权限
001	李明	1	财务部	用户+口令（传统）	账套主管	账套主管的全部权限
002	吕燕	2	财务部	用户+口令（传统）	会计	负责总账系统的凭证管理、总账系统的凭证填制、自动转账生成、凭证查询、明细账查询、应收应付系统全部权限、工资和固定资产系统全部权限
003	赵丽燕	3	财务部	用户+口令（传统）	出纳	负责现金、银行管理工作，具有出纳签字权、支票登记权、银行对账权等
004	朱百刚	4	财务部	用户+口令（传统）	核算员	具有采购管理、销售管理、库存管理、存货管理系统的全部操作权限
005	周海涛	5	财务部	用户+口令（传统）	核算员	材料管理员

一、注册系统管理

系统允许以系统管理员和账套主管两种身份注册进入系统管理，系统管理员负责整个系统的总体控制和维护工作，可以管理该系统中所有的账套。以系统管理员身份注册进入，可以进行账套管理和操作员设置及其权限管理。以账套主管的身份注册进入，可以对所选账套进行修改、对年度账套的管理以及该账套操作员权限的设置等。但如果是初次使用本系统，则必须以系统管理员身份注册。

1. 以系统管理员的身份注册系统管理

（1）执行"开始"→"程序"→"用友ERP-U872"→"系统服务"→"系统管

[①] 本书除了用友ERP-U8软件中显示之外，以下都简称"工行"。

理"命令，进入"用友 ERP-U8［系统管理］"窗口，如图 2-44 所示。

（2）在"用友 ERP-U8［系统管理］"窗口中，执行"系统"→"注册"命令，打开"登录"对话框，选择服务器，输入操作员及密码。单击"登录到"文本框，选择相应的服务器；单击"操作员"文本框，输入用友系统默认的系统管理员"admin"，初次使用密码为空，"账套"和"语言区域"均选择默认值，如图 2-45 所示。

（3）单击"确定"按钮，打开"用友 ERP-U8［系统管理］［演示版］"窗口。

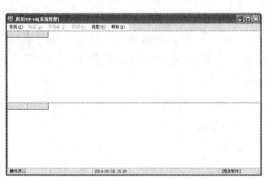

图 2-44 "用友 ERP-U8［系统管理］"窗口　　　　图 2-45 "登录"对话框

提示　系统管理员是用友 ERP-U8 系统中权限最高的操作员，他对系统的运行安全和数据安全负责，因此，企业安装用友 ERP-U8 系统后，应该及时更改系统管理员的密码，以保证系统的安全性。但由于第一次运行用友 ERP-U8 系统时还没有建立核算单位的账套，因此，在建立账套前应由系统管理员（admin）进行登录，此时并没有为系统管理员（admin）设置密码，即密码为空。

设置（更改）系统管理员密码的方法是：在"用友 ERP-U8［系统管理］"窗口中，输入操作密码后，选中"改密码"复选框，单击"确定"按钮，打开"设置操作员口令"对话框，在"新口令"文本框中输入新密码，在"确定新口令"文本框中再输入一遍新密码，单击"确定"按钮，完成密码更改。

2．以账套主管的身份注册系统管理

（1）在"用友 ERP-U8［系统管理］"窗口中，执行"系统"→"注册"命令，打开"登录"对话框，选择服务器，输入操作员及密码。单击"登录到"文本框，选择相应的服务器；单击"操作员"文本框，输入欲登录系统的账套主管的姓名或编号；单击"密码"文本框，输入账套主管的密码；输入操作员之后，系统会在"账套"下拉列表中根据当前操作员的权限显示该操作员可以登录的账套号，用户可以从下拉列表中选择相应的账套；在"语言区域"文本框中选择"简体中文"；选择会计年度，单击"会计年度"下拉列表框，从中选择要进行业务处理的会计年度；在"操作日期"下拉列表框中，输入操作时间，输入格式为"yyyy-mm-dd"，也可单击"操作日期"文本框右侧的按钮选择操作日期，如图 2-46 所示。

（2）单击"确定"按钮，即以账套主管的身份进入"用友 ERP-U8［系统管理］"

窗口，显示账套号、操作员、登录日期等信息，如图 2-47 所示。

图 2-46　以账套主管的身份注册系统管理　　图 2-47　"用友 ERP-U8［系统管理］［演示版］"窗口

二、账套管理

企业在使用系统之前，首先要建立账套，需要在系统中建立企业的基本信息，主要包括核算单位名称、所属行业、启用时间、会计期间、编码规则等，简称为建账。然后在此基础上启用用友 ERP-U8 系统各个子功能，进行日常业务处理。

1. 建立账套

（1）以系统管理员（admin）的身份注册进入系统管理，在系统管理窗口中执行"账套"→"建立"命令，打开"创建账套-账套信息"对话框，输入账套号、账套名称，选择账套路径、确定启用会计期和会计期间设置等账套信息，如图 2-48 所示。

① 已存账套：系统将已经存在的账套以下拉列表框形式在此栏目中显示，用户只能参照，而不能输入或修改，其作用是明晰已经存在的账套，避免在新建账套时重复建立。

② 账套号：每个账套用一个代码表示，称为"账套号"。账套号不能重复，账套编号为 3 位，取值范围是 001～999，用户输入的账套号不能与已有账套号重复。

③ 账套名称：用来输入新建账套的名称，用户必须输入，且不得超过 40 个字符。

④ 账套路径：用来选择（或输入）新建账套所要被保存的路径，可以不做修改，系统默认的路径为"C:\U8SOFT\Admin"，用户可以直接修改，还可以单击后面的按钮选择路径。

⑤ 启用会计期：用来输入新建账套将被启用的时间，用户必须输入，系统默认为计算机系统日期，也可直接输入，但不能超过系统时间。单击"会计期间设置"按钮，可设置账套的启用年度和月度，单击 1 月起始日期和 1～11 月结束日期处可以修改每月会计业务的起始和结束日期。

（2）单击"下一步"按钮，进入"创建账套-单位信息"对话框，输入单位信息，包括单位名称、单位简称、单位地址、法人代表、邮政编码、联系电话、传真、电子邮件、税号、备注等，如图 2-49 所示。

图 2-48 "创建账套-账套信息"对话框

图 2-49 "创建账套-单位信息"对话框

(3) 单击"下一步"按钮，进入"创建账套-核算类型"设置对话框，选择本币代码、本币名称、企业类型、行业性质、科目预置语言和账套主管，根据需要选择"按行业性质预置科目"项，如图 2-50 所示。

(4) 单击"下一步"按钮，进入"创建账套-基础信息"设置对话框，如图 2-51 所示。主要设置存货、客户、供应商是否分类以及有无外币核算项目等。

图 2-50 "创建账套-核算类型"对话框

图 2-51 "创建账套-基础信息"对话框

① 存货是否分类：如果单位的存货较多，且类别繁多，可选择对存货进行分类管理；若选择了存货分类，则必须在基础信息中设置存货分类，然后才能设置存货档案。

② 客户是否分类：如果单位的客户较多，可选择对客户进行分类管理。若选择了客户分类，则必须在基础信息中设置客户分类，然后才能设置客户档案。

③ 供应商是否分类：如果单位的供应商较多，可选择对供应商进行分类管理。若选择了对供应商进行分类管理，则必须在基础信息中设置供应商分类，才能设置供应商档案。

④ 有无外币核算：如果单位外币业务较多，可选中此复选框。

(5) 单击"完成"按钮，系统提示"可以创建账套了么"信息，单击"是"按钮，系统将自动创建新账套，几分钟后系统自动打开"编码方案"对话框，如图 2-52 所示。

为了便于用户进行分级核算、统计和管理，系统可以对基础数据的编码进行分级设置。编码方案是指设置编码的级次方案，这里采用群码方案，这是一种分段组合编码，每一段有固定的位数。编码规则是指分类编码共分几段，每段有几位。一级至最底层的段数称为级次，每级（或每段）的编码位数称为级长。编码总级长为每级编码级长之和。

编码级次设置的内容主要包括：科目编码级次、客户权限组级次、客户分类编码级次、部门编码级次、地区分类编码级次、存货权限组级次、存货分类编码级次、货位编码级次、收发类别编码级次、结算方式编码级次、供应商权限组级次、供应商分类编码级次等。根据任务实施中给定的资料进行编码设置。

（6）单击"确定"按钮显示"创建账套"对话框，单击"是"按钮，打开"数据精度"对话框，按任务实施中要求进行设定，如图2-53所示。

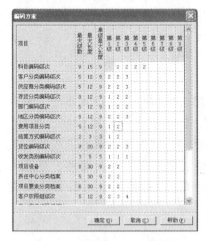

图2-52 "编码方案"对话框

图2-53 "数据精度"对话框

数据精度是指定义数据的小数位数。系统提供了自定义数据精度的功能。在系统里需要设置的数据精度主要有：存货数量小数位、存货体积小数位、存货重量小数位、存货单位小数位、开票单位小数位、件数小数位和换算率小数位、税率小数位等。小数位数只能输入0～6之间的整数，系统默认为2，用户可根据单位的实际情况进行数据精度的定义，定义完成后如果有变动也可以在"系统控制台"中的"基础设置"中进行调整。

（7）单击"确认"按钮，弹出"创建账套"对话框，显示"北京鹏达电子技术股份有限公司：[666]建立成功……"信息。单击"否"按钮则结束账套建立，但不进行系统启用设置，以后可到企业门户中去启用系统；单击"是"按钮结束账套建立并进入系统启用设置，可根据实际情况设置启用的相应系统如图2-54所示。

图2-54 "系统启用"对话框

2. 修改账套

系统运行后，若发现账套的某些信息需要修改或补充，可以通过修改账套功能来完成。还可通过此功能查看账套信息。系统要求，只有账套主管才有权利注册使用账套修改功能，系统管理员无权修改账套。因此，如果要修改某一账套信息，首先应在启动系统管理后，以账套主管的身份登录注册系统管理，并选择要修改的账套，操作步骤如下。

（1）在"系统管理"窗口中，执行"系统"→"注册"命令，打开"注册［系统管理］"对话框，输入账套主管"李明"和密码，选择666账套。单击"确定"按钮，进入"用友 ERP-U8 系统［系统管理］［演示版］"窗口。

（2）执行"账套"→"修改"命令，打开"账套修改-账套信息"对话框，可以修改账套名称。

（3）分3次单击"下一步"按钮，分别修改单位信息、核算类型、基础信息，再单击"完成"按钮，打开"修改账套"对话框，系统提示"确认修改账套了么"，单击"是"按钮，系统显示"编码方案"对话框等。修改后，单击"确认"按钮，系统显示"数据精度"对话框，可以修改数据精度。单击"确定"按钮，系统提示"修改账套成功"。单击"确定"按钮，完成修改操作。最后系统显示账套修改成功的提示信息。

提示 账套信息中的账套名称、所有的单位信息等可随时修改；账套启用后，核算信息和基础设置信息不允许修改；分类设置信息和数据精度信息在未使用时可修改全部内容；在账套修改中可以对本年没有业务数据的会计期间进行修改。

3. 输出和删除账套

为了避免由于计算机使用中受到的各种干扰而造成会计数据被破坏，系统设计了账套输出功能。账套输出，即会计数据备份就是将 ERP-U8 应用系统所产生的数据备份到硬盘或光盘中保存起来。其目的是长期保存，防备意外事故造成的硬盘数据丢失、非法篡改和破坏；能够利用备份数据，使系统数据得到尽快恢复以保证业务正常进行。账套输出功能不仅可以完成数据的备份操作，而且还可以完成账套的删除操作。如果系统内的账套已经不再需要保存了，就可以使用账套的输出功能进行账套删除。只有系统管理员（admin）有权限进行账套输出，在删除账套时，必须关闭所有系统模块。

将666账套数据备份到 D 盘的"数据备份"下的"账套备份"中的操作步骤如下。

（1）以系统管理员（admin）的身份注册进入"系统管理"窗口。执行"账套"→"输出"命令，弹出"账套输出"对话框，单击"账套号"右侧的下拉列表按钮，选择"［666］北京鹏达电子技术有限责任公司"项。

（2）单击"确定"按钮，经过拷贝备份数据文件和压缩进程，系统进入"请选择账套备份路径"对话框，找到 D 盘"数据备份"下的"账套备份"文件夹。单击"确定"按钮，系统弹出"系统管理"对话框，提示"输出成功"信息。

（3）单击"确定"按钮，结束账套输出操作。

4. 引入账套

引入账套功能是指将系统外的硬盘或光盘上备份的某账套数据引入本系统中，即数据恢复。引入的账套目的是：当系统数据被破坏时，将硬盘或光盘上的最新备份数据恢复到系统中。系统还允许将系统外某账套数据引入本系统中，从而有利于集团公司的操作，子公司的账套数据可以定期被引入母公司系统中，以便进行有关账套数据的分析和合并工作。为此，集团公司的管理人员应在建立账套之前就预先做好规划，为每个子公司分配不同的账套号，以避免引入子公司数据时因账套号相同而被覆盖。引入账套数据的操作步骤如下。

（1）以系统管理员（admin）的身份注册进入系统管理，在系统管理窗口执行"账套"→"引入"命令，进入"请选择账套引入的目录"对话框。

（2）选择 ZT666 账套数据，单击"确定"按钮，弹出"系统管理"对话框，提示"此项操作将覆盖［666］账套当前的所有信息，继续吗"信息，如图 2-55 所示。

（3）单击"是"按钮，系统经过一段恢复过程，最后弹出"系统管理"对话框，显示"账套［666］引入成功"信息，如图 2-56 所示。

（4）单击"确定"按钮，完成引入账套操作。

图 2-55　"系统管理"对话框

图 2-56　"账套引入成功"提示框

三、操作员及权限管理

操作员权限的集中管理包括定义角色、设置用户和设置功能权限等。功能权限的分配在"系统管理"中进行设置，只能系统管理员和该账套的主管有权进行权限设置，但两者的权限又有所区别。系统管理员可以指定某账套的账套主管，还可以对各个账套的操作员进行权限设置。而账套主管只能对所管辖账套的操作员进行权限设置。

1. 角色管理

只有系统管理员才能进行角色管理，其主要内容包括角色的增加、删除、修改等工作。定义角色的操作步骤如下。

（1）以系统管理员的身份注册进入"系统管理"窗口，在"系统管理"窗口中执行"权限"→"角色"命令，进入"角色管理"窗口，如图 2-57 所示。

（2）在"角色管理"窗口中，单击"增加"按钮，显示"角色详细情况"对话框，在"角色编码"文本框中，可以输入 12 个字符；在"角色名称"文本框中，可以输入 40 个字符（角色编码和名称都不允许重复录入，而且此两项是必输项）；在"备注"文本框中可以加入对此角色的注释，可以输入 119 个字符。在所属用户名称中可以选中归属该角色的用户。在"角色详细情况"对话框中单击"增加"按钮，保存新增设置，如图 2-58 所示。

（3）选中要修改的角色，单击"修改"按钮，进入"角色详细情况"对话框，对当前所选角色记录进行修改，除角色编号、角色名称不能进行修改之外，其他的信息均可以修改，修改完毕后，单击"修改"按钮保存修改。

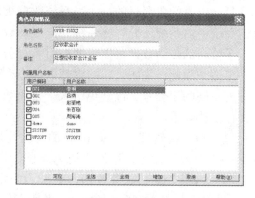

图 2-57 "角色管理"窗口　　　　图 2-58 "角色详细情况"对话框

（4）选中要删除的角色，单击"删除"按钮，系统提示是否删除，单击"是"按钮则将选中的角色删除。

（5）单击"刷新"按钮，重新从数据库中提取当前用户记录及相应的信息。

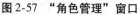 提示　① 用户和角色设置不分先后顺序，用户可以根据自己的需要先后设置。但对于自动传递权限来说，应该首先设定角色，然后分配权限，最后进行用户的设置。

② 一个角色可以拥有多个用户，一个用户也可以分属于多个不同的角色。

③ 若角色已经在用户设置中被选择过，系统则会将这些用户名称自动显示在角色设置中的所属用户名称的列表中。

2. 用户管理

用户管理完成相应账套用户的增加、删除、修改等维护工作。具体操作步骤如下。

（1）以系统管理员的身份注册进入"系统管理"窗口，执行"权限"→"用户"命令，进入"用户管理"窗口，如图 2-59 所示。

（2）单击"增加"按钮，显示"操作员详细情况"对话框，输入用户编号、姓名、认证方式、口令、所属部门、Email 地址、手机号等内容，并在所属角色中选中该新增用户的角色，如图 2-60 所示，单击"增加"按钮，保存新增用户信息。直至增加所有用户后，单击"退出"按钮返回"用户管理"窗口。

（3）在"用户管理"窗口中，如果要修改用户信息，则先选中要修改的用户信息，单击"修改"按钮，可进入修改状态，进行相应的修改操作。已启用用户只能修改口令、所属部门、E-mail 地址、手机号和所属角色等信息。

（4）如果要删除用户，可在"用户管理"窗口中，选中相应的用户，然后单击"删除"按钮，即可删除该用户。注意，已启用的用户不能删除。

3. 权限管理

在系统管理中只进行功能级权限管理的操作步骤如下。

（1）以系统管理员身份登录进入"系统管理"，在"系统管理"窗口中执行"权限"→"权限"命令，打开"操作员权限"窗口。

项目 2 用友软件系统安装及系统初始化 51

图 2-59 "用户管理"窗口

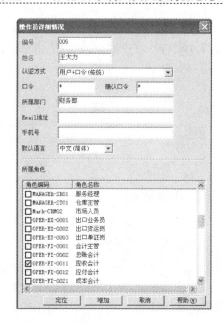

图 2-60 "操作员详细情况"对话框

（2）在"操作员权限"窗口中，选择操作员，从"账套"下拉列表中选择账套，选中"账套主管"复选框，系统弹出是否"设置用户为账套主管权限"的提示信息，如图 2-61 所示。单击"是"按钮，则该操作员具有该年度所有子系统的操作权限。再次选中"账套主管"复选框，则可取消账套主管权限。

（3）增加或修改操作员权限。在"操作员权限"窗口中，从左侧的操作员列表框中选择操作员，单击"修改"按钮后，系统提供 51 个子系统的功能权限的分配，此时可以单击展开各个子系统的详细功能，选中相应功能前的复选框，即可将该权限分配给当前用户。再次选中相应功能前的复选框，则取消该权限。此时，如果选中根目录的上一级则系统的相应下级则全部为选中状态，如图 2-62 所示。

图 2-61 设置用户账套主管权限

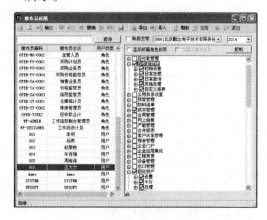

图 2-62 "操作员权限"对话框

（4）删除操作员权限。在"操作员权限"对话框中，从左侧选中要删除权限的操作员，单击"删除"按钮，系统提示是否删除，选择"是"按钮，则会删除选中用户的所有权限。要注意"修改"功能和"删除"功能的区别,"修改"功能是给操作员进行权限的分配,并且可以进行子功能的删除;而"删除"功能是将该操作员的所有权限删除。

任务4　基础档案设置

 任务解析

在启用新账套之前,用户应根据企业的实际情况,结合用友软件 ERP-U8 基础设置的基本要求,事先做好基础数据准备,在企业应用平台中通过基础档案可完成各模块的基本信息、基础档案、数据权限划分等设置,以保障后续业务工作的顺利开展。

本任务主要学习在企业应用平台中完成编码方案、数据精度等基本信息设置的方法,部门档案、人员档案、客户与供应商档案、凭证类别等基础档案设置的方法,数据权限控制、数据权限分配、金额权限分配等数据权限设置的方法。

一、基本信息设置

基本信息设置包括系统启用、编码方案、数据精度等功能的设置。在建账时系统管理员已进行了设置,但系统管理员不能操作具体业务,因此,系统允许账套主管在企业应用平台中按实际情况重设相关参数。

(1) 启用系统。用于已安装系统(或模块)的启用,并记录启用日期和启用人。在建账时未启用的系统,可在企业应用平台中重设。

(2) 编码方案。主要用于设置有级次档案的分级方式和各级编码长度,可分级设置的内容有:科目编码、客户分类编码、部门编码、存货分类编码、地区分类编码、货位编码、供应商分类编码、收发类别编码和结算方式编码。编码级次和各级编码长度的设置将决定用户单位如何编制基础数据的编号,是基础档案录入的前期基础工作。

(3) 数据精度。由于企业业务和规模不同,对数量、单价的核算精度要求也不同,为了适应各用户企业的不同需求,系统提供了自定义数据精度的功能。需要设置的数据精度主要有:存货数量小数位数、存货单价小数位数、开票单价小数位数、件数小数位数、换算率小数位数和税率小数位数。用户可根据企业的实际情况来进行设置。应收、应付、销售、采购、库存、存货、采购计划系统均需使用数据精度。

二、基础档案设置

基础档案是把手工资料经过加工整理,根据本单位建立信息化管理的需要,建立软件系统应用平台,是手工业务的延续和提高。基础档案的内容约有几十项,可在企业应用平台中设置,其结果由各个模块共享。基础档案设置则根据企业的实际情况,在开始日常业务之前设置用到的所有基础数据。基础档案设置有顺序要求，先进行外币设置，再进行会计科目设置和凭证类别设置；先录入部门档案，再录入人员档案；先进行客户、供应商、地区分类，再进行客户和供应商档案录入；先进行存货分类和计量单位设置，再进行存货档案设置。

1. 部门档案设置

部门档案主要用于设置企业各个职能部门的信息，部门是指某使用单位下辖的具有分别进行财务核算或业务管理要求的单元体，它可以是实际中的部门机构，也可以是虚拟的核算单元。按照已经定义好的部门编码级次原则输入部门编号及其信息，最多可分5级，编码总长12位，部门档案包含部门编码、名称、负责人等信息。部门档案管理主要有增加、修改、删除、刷新、撤销、反撤销等功能。

2. 人员档案设置

人员档案主要用于设置企业各职能部门中需要进行核算和业务管理的人员信息，必须先设置好部门档案才能在这些部门下设置相应的人员档案。除了固定资产和成本管理产品外，其他产品均需使用人员档案。如果企业不需要对人员进行核算和管理要求，则可以不设置人员档案。

3. 客户、供应商分类及档案设置

进行客户与供应商档案设置首先要进行地区、客户和供应商分类设置。

（1）地区分类设置。企业可以根据自身管理要求对客户、供应商的所属地区进行相应的分类，建立地区分类体系，以便对业务数据进行统计和分析。使用用友 ERP-U8 产品中的采购管理、销售管理、库存管理和应收应付账款管理系统都会用地区分类。地区分类最多有五级，企业可以根据实际需要进行分类。例如，可以按自然地理区域、省、市进行分类，也可以按自然地理区域省、市、县进行分类。

（2）行业分类设置。企业可以依据自身管理要求对客户所属的行业进行相应的分类，建立行业分类体系，以便按行业对业务数据进行统计分析。行业分类最多可以设置五级。

（3）客户分类设置。企业可以根据自身管理的需要对客户进行分类管理，建立客户分类体系。可将客户按行业、地区等进行划分，设置客户分类后，根据不同的分类建立客户档案。没有对客户进行分类管理需求的用户可以不使用本功能。

（4）供应商分类设置。企业可以根据自身管理的需要对供应商进行分类管理，建立供应商分类体系。可将供应商按行业、地区等进行划分，设置供应商分类后，根据不同的分类建立供应商档案。没有对供应商进行分类管理需求的用户可以不使用本功能。

（5）客户档案设置。主要用于设置往来客户的档案信息，以便于对客户资料的管理和业务数据的录入、统计和分析。如果在建立账套时选择了客户分类，则必须在设置完成客户分类档案的情况下才能编辑客户档案。

（6）供应商档案设置。主要用于设置往来供应商的档案信息，以便于对供应商资料管理和业务数据的录入、统计和分析。如果在建立账套时选择了供应商分类，则必须在设置完成供应商分类档案的情况下才能编辑供应商档案。建立供应商档案主要是为企业的采购管理、库存管理、应付账管理服务的。在填制采购入库单、采购发票和进行采购结算、应付账款结算和有关供货单位统计时都会用到供货单位档案，因此必须应先设立供应商档案，以便减少工作差错。在输入单据时，如果单据上的供货单位不在供应商档案中，则必须在此建立该供应商的档案。

4. 存货分类、计量单位及存货档案设置

（1）存货分类设置。企业可以根据存货管理要求对存货进行分类管理，以便业务数据的统计和分析。存货分类用于设置存货分类编码、名称及所属经济分类。存货分类最多可分8级，编码总长不能超过30位，用户可自由定义每级级长。存货分类用于设置存货分类编码、名称及所属经济分类。

（2）计量单位组设置。计量单位组分无换算、浮动换算、固定换算三种类别，每个计量单位组中有一个主计量单位、多个辅助计量单位，可以设置主辅计量单位之间的换算率；还可以设置采购、销售、库存和成本系统所默认的计量单位。先增加计量单位组，再增加组下的具体计量单位内容。

（3）存货档案设置。主要用于设置企业在生产经营中使用到的各种存货信息，以便于对这些存货进行资料管理、实物管理和对业务数据进行统计和分析。本功能完成对存货目录的设立和管理，随同发货单或发票一起开具的应税劳务等也应设置在存货档案中。同时提供基础档案在输入中的方便性，完备基础档案中的数据项，提供存货档案的多计量单位设置。

5. 凭证类别设置

为了便于管理或登账方便，一般对记账凭证进行分类编制，但各单位的分类方法不尽相同，所以本系统提供了凭证类别功能，用户完全可以按照本单位的需要对凭证进行分类。如果是第一次进行凭证类别设置，可以按以下几种常用分类方式进行定义。通常，凭证类别可只设置记账凭证，或收款、付款、转账凭证，或现金、银行、转账凭证。

6. 外币及汇率设置

企业如有外币业务，要对外币及汇率进行设置。在企业应用平台中可对本账套所使用的外币进行定义：在"填制凭证"中所用的汇率应先在此进行定义，以便制单时调用，减少录入汇率的次数和差错。当汇率变化时，应预先在此进行定义；否则，制单时不能正确录入汇率。对于使用固定汇率（即使用月初或年初汇率）作为记账汇率的用户；在填制每月的凭证前，应预先在此录入该月的记账汇率，否则在填制该月外币凭证时，将会出现汇率为零的错误。对于使用变动汇率（即使用当日汇率）作为记账汇率的用户，在填制该日的凭证前，应预先在此录入该日的记账汇率。

7. 项目档案设置

项目档案设置主要包括项目目录、普通项目、成本对象、存货核算、现金流量项目、项目管理等内容，这里以项目目录设置为主加以介绍。

企业在实际业务处理中会对多种类型的项目进行核算和管理，例如，在建工程、对外投资、技术改造项目、项目成本管理、合同等。可以将具有相同特性的一类项目定义成一个项目大类。一个项目大类可以核算多个项目，为了便于管理，还可以对这些项目进行分类管理。亦可以将存货、成本对象、现金流量、项目成本等作为核算的项目分类。

使用项目核算与管理的首要步骤是设置项目档案，项目档案设置包括增加或修改项目大类，定义项目核算科目、项目分类、项目栏目结构，并进行项目目录的维护。设置项目档案的基本流程为：选择新增项目类别→定义项目级次→定义项目栏目→设置项目核算科目→设置项目栏目→项目分类定义→项目目录维护。

8. 结算方式及开户银行设置

结算方式功能主要用来建立和管理用户在经营活动中所涉及的结算方式，它与财务结算方式一致，如现金结算、支票结算等。结算方式最多可以分为两级。结算方式一旦被引用，便不能进行修改和删除的操作。

系统支持多个开户行及账号的情况，本功能用于维护及查询使用单位的开户银行信息。开户银行一旦被引用，便不能进行修改和删除的操作。

三、数据权限设置

数据权限设置主要包括数据权限控制设置、数据权限设置、金额权限设置三项子功能。它们均可在中企业应用平台设置完成。

1. 数据权限控制设置

数据权限控制设置是数据权限设置的前提，用户可以根据需要先在数据权限默认设置表中选择需要进行权限控制的对象，数据权限的控制分为记录级和字段级两个层次，对应系统中的两个页签"记录级"和"字段级"，系统将自动根据该表中的选择在数据权限控制设置中显示所选对象。

2. 数据权限设置

数据权限设置必须在系统管理中定义角色或用户，并分配完功能级权限后才能在这里进行"数据权限分配"。数据权限设置主要包括记录权限分配、字段权限分配和数据权限复制。记录权限分配指对具体业务对象进行权限分配，使用前提是在"数据权限控制设置"中选择控制至少一个记录级业务对象。字段权限分配是指对单据中包含的字段进行权限分配，使用前提是在"数据权限控制设置"中选择控制至少一个字段级业务对象。数据权限复制可以帮助用户高效地完成数据权限的授予过程，当用户对某个操作员进行数据授权时，可以复制其他操作员的权限，从而简化授权程序，提高授权效率。

3. 金额权限设置

金额权限设置用于设置用户可使用的金额级别，对业务对象提供金额级权限设置，包括采购订单的金额审核额度和科目的制单金额额度。在设置这两个金额权限之前必须先设定对应的金额级别。

四、单据设置

单据设置包括单据格式设置、单据编号设置、支票套打设置和单据打印控制。

1. 单据格式设置

单据格式设置的功能主要是根据系统预置的单据模板，定义本企业所需要的单据格式。用友 ERP U8 单据格式设计可对 U8 系列产品中的报账中心、采购、存货、库存、项目管理、销售、应收、应付等模块中的各种单据进行格式设计。每一种单据格式设置分为显示单据格式设置和打印单据格式设置。

2. 单据编号设置

用友 ERP-U8 系统提供了用户根据企业业务中使用的各种单据、档案的不同需求,由用户自己设置各种单据、档案类型的编码生成原则的功能,即单据编号设计功能。单据、档案编号设置包括编号设置、对照表、查看流水号三个功能。

3. 支票套打设置

支票套打设置功能用于设置支票的套打格式,如果在总账系统支票登记簿中使用支票套打功能,则必须使用票据通模块。支票套打格式将在这里设置。

4. 单据打印控制

单据打印控制功能,用于设置业务单据的最大打印次数和超次数打印时所需要的口令。

任务实施

根据如下资料设置鹏达公司的基础档案。

鹏达公司机构设置如图 2-63 所示,部门档案如表 2-4 所示,职员档案如表 2-5 所示。客户、供应商和存货进行分类管理,无外币核算业务,客户分类如表 2-6 所示,供应商分类如表 2-7 所示,客户档案如表 2-8 所示,供应商档案如表 2-9 所示。账簿打印位数、每页打印行数按软件的标准设定,明细账打印按年排页。凭证类别设置如表 2-10 所示,结算方式表如表 2-11 所示。

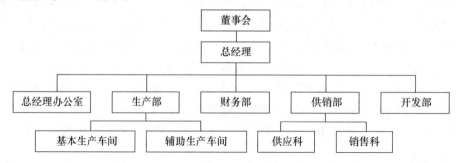

图 2-63 鹏达公司的机构设置

表 2-4 鹏达公司的部门档案

部门编码	部门名称	负责人	部门属性
1	总经理办公室	张伟	管理部门
2	生产部	张伟民	生产部门
201	基本生产车间	王大力	生产部门
202	辅助生产车间	郑百成	生产部门
3	财务部	李明	财务管理
4	供销部	石庆海	购销管理
401	供应科	张燕燕	采购管理
402	销售科	于明远	销售管理
5	开发部	胡丽莹	技术开发

表 2-5 鹏达公司的职员档案

职员编号	职员名称	所属部门	职员属性	职员编号	职员名称	所属部门	职员属性
101	张伟	总经理办公室	总经理	303	赵丽艳	财务部	出纳
102	刘洋	总经理办公室	主任	304	朱百刚	财务部	库存管理
103	李丽	总经理办公室	秘书	305	周海涛	财务部	材料管理
201	张伟民	生产部	部长	401	石庆海	供销部	主管
202	王大力	基本生产车间	主任	402	张燕燕	供应科	科长
203	郑百成	辅助生产车间	主任	403	于明远	销售科	科长
204	周立强	基本生产车间	工人	404	宋学敏	供应科	采购员
205	王立国	基本生产车间	工人	405	杜志江	销售科	销售员
206	郭志坚	辅助生产车间	工人	406	栗江涛	销售科	销售员
207	李巍	辅助生产车间	工人	501	胡丽莹	开发部	主管
301	李明	财务部	主管	502	吴春花	开发部	技术员
302	吕燕	财务部	会计	503	朱明志	开发部	技术员

表 2-6 鹏达公司的客户分类

分类编码	分类名称
01	本地
02	外地

表 2-7 鹏达公司的供应商分类

分类编码	分类名称
01	工业
02	商业

表 2-8 鹏达公司的客户档案

客户编号	客户名称	客户简称	所属分类码	所属行业	联系人	邮编	税号	开户银行	银行账号	电话
001	光明灯具公司	光明灯具	01	工业	王璐	100062	1033598324	工行	5327532496	65664099
002	大地监控设备经销公司	大地监控	01	商业	刘流	100082	1096543210	工行	3632897348	83419025

表 2-9 鹏达公司的供应商档案

供应商编号	供应商名称	简称	所属分类码	所属行业	联系人	邮编	税号	开户银行	银行账号	电话
001	百灵电子公司	百灵电子	01	工业	申河	100084	1854122085	工行	3748596286	62160431
002	莺歌电子器材公司	莺歌电子	02	商业	黄英	100024	21311220841	工行	4753618401	49639065

表 2-10 鹏达公司的凭证类型表

凭证类型	限制类型	限制科目
收款凭证	借方必有	1001，100201，100202
付款凭证	贷方必有	1001，100201，100202
转账凭证	凭证必无	1001，100201，100202

表 2-11　鹏达公司的结算方式表

结算方式编码	结算方式名称	票据管理
1	现金结算	否
2	支票结算	否
201	现金支票	是
202	转账支票	是
3	银行汇票	否
4	商业汇票	否
401	商业承兑汇票	否
402	银行承兑汇票	否
5	其他	否

一、基本信息设置

1. 启用系统

执行"开始"→"程序"→"用友 ERP-U872"→"企业应用平台"命令，启动"企业应用平台"窗口，再执行"基础设置"→"基本信息"→"系统启用"命令，打开"系统启用"窗口。根据业务处理需要启动相应的系统，单击"退出"按钮，完成系统启动。

2. 设置编码方案

在"企业应用平台"窗口中，执行"基础设置"→"基本信息"→"编码方案"命令，打开"编码方案"对话框，修改相应的编码。修改完成后，单击"确定"按钮，完成编码方案的设置。

3. 设置数据精度

在"企业应用平台"窗口中，执行"基础设置"→"基本信息"→"数据精度"命令，打开"数据精度"对话框，修改相应的编码。修改完成后，单击"确定"按钮，完成数据精度设置。

二、基础档案设置

1. 部门档案设置

在会计核算中，往往需要按部门进行分类和汇总，下一级自动向业务上有隶属关系的上一级报送数据。建立部门档案的目的就是为了按部门分类、汇总和管理。在系统初始化时，应先确定核算单位的中间机构层次。一般来说，一个企业有唯一的机构模型。部门编码应符合编码级次原则，部门编码和部门名称必须录入，必须唯一；负责人先不输入，暂时为空；部门属性可以是管理部门、技术部门、销售部门等，也可以为空；电话、地址和备注栏可以为空。建立部门档案的操作步骤如下。

（1）在"企业应用平台"窗口中，执行"基础设置"→"基础档案"→"机构人员"→"部门档案"命令，打开"部门档案"窗口。

（2）单击"增加"按钮，在"部门编码"文本框中输入"1"，在"部门名称"文本框中输入"总经理办公室",在"部门属性"文本框中输入"管理部门"。单击"保存"按钮保存录入的信息。

(3) 依次输入其他部门信息,完成鹏达公司的部门档案设置。

(4) 修改部门档案。若发现输入错误,可选中某个部门,再单击"修改"按钮,修改相应的内容,除部门编码不能修改,其他信息均可修改。修改完毕后,单击"保存"按钮完成修改。

(5) 删除部门档案。将光标定位到要删除的部门上,单击"删除"按钮后在弹出的系统提示对话框中单击"是"按钮即可删除该部门档案。若部门已被其他对象引用,则不能删除。

(6) 刷新功能。在操作中,可能同时有多个操作员在操作相同的目录。可以单击"刷新"按钮,查看到当前最新的目录情况,即可以查看其他有权限的操作员新增或修改的目录信息。

注意:待人员档案设置完毕后,再来修改部门档案中的负责人一项。

2. 人员档案设置

人员是指企业内各个职能部门中参与企业的业务活动,并对其进行核算和业务管理的人员。人员档案主要用于设置管理人员的信息资料,以方便进行个人往来核算和管理。

(1) 在"企业应用平台"窗口中,执行"基础设置"→"基础档案"→"机构人员"→"人员档案"命令,打开"人员列表"窗口,如图2-64所示。

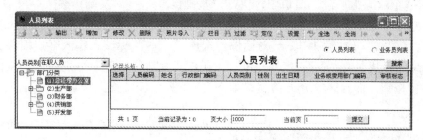

图2-64 "人员列表"窗口

(2) 单击"增加"按钮,打开"人员档案"对话框,单击"基本"选项卡,输入人员编码、人员姓名、人员类别等人员基本信息。单击"保存"按钮,保存录入的信息。

(3) 依次输入其他人员信息,完成鹏达公司的人员档案设置。

(4) 直至全部输入完成后,单击"退出"按钮,完成人员档案建立。

(5) 修改人员档案。在"人员列表"窗口中,将光标定位到要修改的职员上,单击"修改"按钮即可进入修改状态。

注意:修改后人员编号必须唯一。修改完毕后单击"保存"按钮即可。

(6) 删除人员档案。在"人员列表"窗口中,将光标定位到要删除的职员上,单击"删除"按钮后,在弹出的系统提示对话框中单击"是"按钮即可删除该人员档案。

注意:人员档案资料一旦被使用将不能被修改或删除。

3. 客户、供应商分类及档案设置

(1) 地区分类设置。在"企业应用平台"窗口中,执行"基础设置"→"基础档案"→"客商信息"→"地区分类"命令,打开"地区分类"窗口,单击"增加"按钮,输入地区分类信息。单击"保存"按钮,保存地区分类信息,如图2-65所示。设置完毕后,单击"退出"按钮退出。

(2) 行业分类设置。在"企业应用平台"窗口中,执行"基础设置"→"基础档案"→"客商信息"→"行业分类"命令,打开"行业分类"窗口,单击"增加"按钮,输入行业分类信息,如图2-66所示。单击"保存"按钮,保存行业分类信息。设置完毕后,单击"退出"按钮退出。

图 2-65 "地区分类"窗口

图 2-66 "行业分类"窗口

(3) 客户分类及档案设置。

① 在"企业应用平台"窗口中,执行"基础设置"→"基础档案"→"客商信息"→"客户分类"命令,打开"客户分类"窗口,单击"增加"按钮,输入客户分类信息。单击"保存"按钮,保存客户分类信息,如图2-67所示。设置完毕后,单击"退出"按钮退出。

② 在"企业应用平台"窗口中,执行"基础设置"→"基础档案"→"客商信息"→"客户档案"命令,打开"客户档案-客户分类"窗口,选择"本地"项,单击"增加"按钮,打开"增加客户档案"对话框。选择"基本"标签,输入客户编码、客户名称、客户简称等基本信息;选择"联系""信用""其他"标签,分别输入相关信息。单击"保存"按钮,保存客户分类信息,如图2-68所示。设置完毕后,单击"退出"按钮退出。

图 2-67 "客户分类"窗口

图 2-68 "增加客户档案"窗口

(4) 供应商分类及档案设置。

① 在"企业应用平台"窗口中,执行"基础设置"→"基础档案"→"客商信息"→"供应商分类"命令,打开"供应商分类"窗口,单击"增加"按钮,输入供应商分类信息。单击"保存"按钮,保存供应商分类信息。设置完毕后,单击"退出"按钮退出。

② 在"企业应用平台"窗口中,执行"基础设置"→"基础档案"→"客商信息"→"供应商档案"命令,打开"供应商档案-供应商分类"窗口,选择"工业"项,准备输入"百灵电子"档案信息。单击"增加"按钮,打开"增加供应商档案"对话框,选择"基本"标签,输入供应商编码、客户名称、客户简称等基本信息,选择"联系"

"信用""其他"标签,输入相关信息。单击"保存"按钮,保存供应商分类信息,如图 2-69 所示。"百灵电子"档案信息设置完毕后,单击"退出"按钮退出操作。

图 2-69 "增加供应商档案"对话框

4. 存货分类、计量单位及存货档案设置

(1) 存货分类设置。在"企业应用平台"窗口中,执行"基础设置"→"基础档案"→"存货"→"存货分类"命令,打开"存货分类"窗口,单击"增加"按钮,输入存货分类编码、分类名称等信息。依次输入存货分类信息,单击"保存"按钮,保存存货分类信息。输入完毕后,单击"退出"按钮,退出"存货分类"窗口。

(2) 计量单位设置。在"企业应用平台"窗口中,执行"基础设置"→"基础档案"→"存货"→"计量单位"命令,打开"计量单位-计量单位组"窗口,单击"分组"按钮,打开"计量单位组"对话框,单击"增加"按钮,输入计量单位组编码和名称等信息。依次输入计量单位分组信息,单击"保存"按钮,保存计量单位分组信息,如图 2-70 所示。输入完毕后,单击"退出"按钮,退出"计量单位组"对话框,返回上级窗口。

进入"计量单位"对话框,选择需增加计量单位的计量单位组,单击"退出"按钮,弹出"计量单位组"对话框。单击"增加"按钮,输入主计量单位、辅助计量单位。完成后单击"退出"按钮退出操作,如图 2-71 所示。

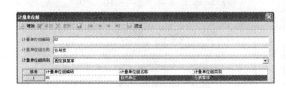

图 2-70 "计量单位组"对话框

图 2-71 "计量单位"对话框

(3) 存货档案设置。在"企业应用平台"窗口中,执行"基础设置"→"基础档案"→"存货"→"存货档案"命令,打开"存货档案"窗口,选择"原材料"项。单击"增加"按钮,打开"增加存货档案"对话框,输入存货编码、存货名称等信息,单击"保存"按钮保存信息。依次输入其他原材料信息,如图 2-72 所示,再选择"库存商品"项,输入库存商品相关信息。输入完毕后,单击"退出"按钮退出操作,返回上级界面。

图 2-72 "增加存货档案"对话框

5. 凭证类别设置

在"企业应用平台"窗口中,执行"基础设置"→"基础档案"→"财务"→"凭证类别"命令,打开"凭证类别"对话框,单击"增加"按钮,输入收款凭证、付款凭证、转账凭证的相关信息,如图 2-73 所示。输入完毕后,单击"退出"按钮退出操作。

6. 外币及汇率设置

在"企业应用平台"窗口中,执行"基础设置"→"基础档案"→"财务"→"外币设置"命令,打开"外币设置"对话框。单击"增加"按钮,输入币符、币名、汇率小数位、最大误差等信息,如图 2-74 所示。单击"确认"按钮,系统显示每月记账汇率和调整汇率,可以进行调整。调整完毕后,单击"退出"按钮退出操作。

图 2-73 "凭证类别"对话框

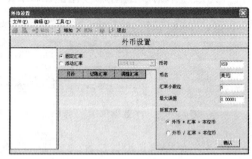
图 2-74 "外币设置"对话框

7. 项目档案设置

(1) 定义项目大类。在"企业应用平台"窗口中,执行"基础设置"→"基础档案"→"财务"→"项目目录"命令,打开"项目档案"窗口,单击"增加"按钮,打开"项目大类定义_增加"对话框,在"新项目大类名称"栏输入"生产成本"。单击"下一步"按钮,继续定义项目级次和项目栏目,完成项目大类的定义。新增加的项目大类在项目大类下拉菜单中会有显示,选择新增加的项目大类,进行该大类下的其他设置。操作完成后,单击"退出"按钮退出操作。

(2) 增加项目核算科目。在"项目档案"窗口中,选择"核算科目"标签,在"待选科目"栏目中选择"直接材料",单击">"按钮,将其移至"已选科目"栏中,继续将其他两个科目移到"已选科目"栏中。单击"确定"按钮结束操作,如图2-75所示。

(3) 项目结构设置和定义项目分类。在"项目档案"窗口中,选择"项目结构"标签,选择默认设置。选择"项目分类定义"标签,输入分类编码和分类名称。单击"确定"按钮,已经定义好的项目分类将会显示在左侧的栏目中。

(4) 项目目录设置。选择"项目目录"标签,单击"维护"按钮,打开"项目目录维护"窗口。单击"增加"按钮,输入项目编号和项目名称,选择所属分类码和所属分类名称,进行项目目录的设置工作,如图2-76所示。

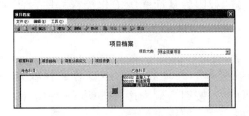

图2-75 选定项目核算科目

图2-76 "项目目录维护"窗口

8. 结算方式及开户银行设置

(1) 在"企业应用平台"窗口中,执行"基础设置"→"基础档案"→"收付结算"→"结算方式"命令,打开"结算方式"窗口。单击"增加"按钮,输入结算方式编码和结算方式名称,并选择"是否票据管理"。单击"保存"按钮,继续设置其他的结算方式,如图2-77所示。

(2) 在"企业应用平台"窗口中,执行"基础设置"→"基础档案"→"收付结算"→"本单位开户银行"命令,打开"本单位开户银行"窗口,单击"增加"按钮,打开"增加本单位开户银行"对话框。在对话框中输入开户银行编码、银行账号、开户银行、所属银行编码等信息,单击"保存"按钮,保存输入信息,如图2-78所示。

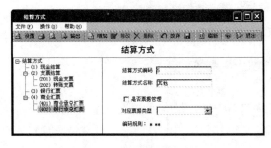

图2-77 "结算方式"窗口

图2-78 "增加本单位开户银行"对话框

三、数据权限设置

1. 数据权限控制设置

在"企业应用平台"窗口中,执行"系统服务"→"权限"→"数据权限控制设置"命令,打开"数据权限控制设置"对话框,分别选择"记录级""字段级"标签,选择是否进行控制,在需要选择的项前面打"√"。操作完毕后,单击"确定"按钮完成设置。

2. 数据权限的设置

(1) 在"企业应用平台"窗口中,执行"系统服务"→"权限"→"数据权限分配"命令,打开"数据权限分配"窗口,选择用户及角色,分别选择"记录"和"字段"标签,选择相应的科目。操作完毕后,单击"退出"按钮完成设置。

(2) 单击"授权"按钮,显示"记录权限设置"对话框,可以修改或查看用户授权情况。修改完毕后,单击"保存"按钮保存设置。

(3) 单击"复制"按钮,可以复制其他操作员的权限,从而大大简化授权程序,使授权工作更加方便快捷。

3. 金额权限的设置

(1) 在"企业应用平台"窗口中,执行"系统服务"→"权限"→"金额权限分配"命令,打开"金额权限设置"窗口。单击"增加"按钮,输入用户编码、用户名称和级别。单击"保存"按钮保存设置,如图2-79所示。

(2) 在"金额权限设置"窗口中,单击"级别"按钮,打开"金额级别设置"窗口,单击"增加"按钮,输入科目、科目名称及6个级别的控制金额,如图2-80所示。输入完毕后,单击"保存"按钮保存设置。单击"退出"按钮返回"金额权限设置"窗口。

图2-79 "金额权限设置"窗口

图2-80 "金额级别设置"窗口

任务5　会计科目设置及余额录入

 任务解析

开始使用用友 ERP-U8 管理软件时，首先要根据本单位的性质、业务特点及会计核算与财务管理的具体要求进行最初的设置，称为系统初始化。会计科目是填制会计凭证、登记会计账簿、编制会计报表的基础。在完成任务 4 的基础上要进一步设置会计核算科目，并录入期初余额，建立会计初始核算环境，为今后的核算奠定基础。

本任务主要学习在企业应用平台中完成会计科目设置、录入期初余额等初始化功能。

 **知识链接**

一、用友 ERP 系统应用模式

企业在应用用友 ERP 系统前，应该建立自己的核算体系，主要包括：ERP 应用模式、操作员设置、建立核算账套、操作员权限设置、定义编码方案、启用账套、部门与人员设置、客房与供应商档案设置、会计科目设置、结算方式定义等。但最主要的是根据企业性质、业务规模及核算要求，决定 ERP 系统应用模式，其主要模式有以下三种，供企业选择。

第一种模式：业务简单的小型企业应用模式。对于实际业务比较简单，业务数据较小的小型企业，可以只使用总账系统，按照系统管理、基础设置、填制凭证、审核凭证、记账、查账、结账的业务流程进行业务处理。

第二种模式：业务较为复杂的企业应用模式。如果企业核算业务比较复杂，涉及个人往来、部门管理、项目管理、客户与供应商管理等业务，则建议使用总账系统加往来辅助核算、部门辅助核算、项目辅助核算进行管理。如果企业机构设置较为复杂，则建议使用总账系统加载部门核算管理，多级部门的设置将更方便地管理企业各部门的收入和支出。

第三种模式：对于往来业务要求不同的企业应用模式。如果企业往来业务较为复杂，则会有较多的客户和供应商，可以依据不同往来业务分别采取三种应用模式：第一种是总账加往来模式，主要是在应收账款、应付账款、预付账款等会计科目设置时设置辅助核算账类；第二种是总账加应收应付模式，即在第一种模式基础上，启用应收应付系统；第三种是总账加供应链加应收应付模式，即在第二种模式基础上，增加采购管理、销售管理、库存管理、存货核算。

二、设置会计科目的原则

建立会计科目是企业初始建账的重要环节，为登记账簿、编制财务会计报表奠定基础。会计软件中所用的一级会计科目，必须符合国家最新会计制度和企业会计准则的规定，而明细科目由各使用单位根据实际情况，在满足核算和管理要求的基础上，自行设定。若本单位设置的会计科目与所选行业会计制度规定的一级科目基本一致，则可在建立账套时选择预置标准会计科目。在会计科目初始设置时只需对部分会计科目进行增减处理即可；否则在系统初始设置时选择不预留行业会计科目，在会计科目初始设置时，根据单位自身需要建立相应的会计科目。具体设置原则如下。

（1）会计科目的设置以满足会计核算与企业管理的要求为前提。在会计核算时，资产、负债、共同、权益、成本、损益类科目中所有可能用到的各级明细科目均需设置。

（2）会计科目的设置必须满足会计报表编制的要求，凡是报表所用数据，需要从总账系统中取数的，必须设立相应的科目。

（3）会计科目的设置必须保持科目与科目间的协调性和体系完整性，总账科目与明细科目相对应，用来提供总括和详细的会计核算资料。

（4）会计科目要保持相对稳定，年中不能变动。科目一经使用，即已输入凭证，不允许做科目升级处理，即只能增加同级科目，而不能再增设下级科目。

（5）设置会计科目要考虑到与子系统的衔接。在总账系统中，只有末级会计科目才允许有发生额，才能接收各个子系统转入的数据，因此，要将各个子系统中的核算大类设置为末级科目。修改或删除会计科目应遵循"自下而上"的原则，即先删除或修改下一级科目，然后再删除或修改本级科目。修改或删除已经输入余额的会计科目，必须先删除本级及其下级科目的期初余额（设为"0"），方可进行。

三、会计科目设置的内容

在会计软件中，设置会计科目时，其主要内容包括会计科目编码、科目名称、科目类型、账页格式、辅助账标志等项目。

（1）科目编码。科目编码应是科目全编码，即从一级科目至本级科目的各级科目编码组合。增加的会计科目编码要符合编码规则，编码不能重复，编码不能越级。设计会计科目编码首先从一级科目开始，逐级向下设置明细科目。一级科目编码按财政部规定，明细科目编码按照参数设置中对科目编码级次和级长的规定进行设置。通常的方法是同级科目按顺序排列，以序号作为本级科目编码，加上上级科目编码，组成本级科目全部编码。编码设计时必须注意科目级长，如设定为两位，如果十位为空，以"0"表示。

（2）科目名称。科目名称是指本级科目名称，通常分为科目的中文名称和英文名称，是证、账、表上显示和打印的标志，是企业与外部交流信息所使用的标志。因此在定义科目名称时，必须严格按照会计制度规定的科目名称输入，做到规范化、标准化。输入科目名称时应尽量避免重名，以免影响科目运用的准确性。

（3）科目类型。科目类型是指会计制度中规定的科目类型，分为资产、负债、共同、权益、成本、损益。

（4）账页格式。规定每个科目的会计账页格式，账页格式一般有金额式、外币金额式、数量金额式和数量外币式等种类。

（5）辅助账标志。辅助账标志一般要求设在最底层的科目上，但为了查询或出账方便，其上级也可以设账类。辅助账一经定义并已使用，则不要进行随意修改，以免造成账簿数据的混乱。总账系统在原有13种辅助核算的基础上加入自定义项辅助核算，13种辅助核算包括：部门、个人、客户、供应商、项目5种辅助核算，以及部门客户、部门供应商、客户项目、供应商项目、部门项目、个人项目、部门客户项目、部门供应商项目8种组合辅助核算。一个科目设置了辅助核算后，它所发生的每一笔业务将会登记在辅助总账和辅助明细账上。

四、指定会计科目

指定会计科目包括指定现金总账科目、指定银行总账科目和指定现金流量科目。这里指定的现金、银行存款科目供出纳管理使用，所以在查询现金、银行存款日记账前，必须指定现金、银行存款总账科目，也只有指定会计科目后才能执行出纳签字。在指定科目之前，应将"现金""银行存款"科目设置为"日记账"科目属性。

五、期初余额录入

为了保证电算化方式下的数据能与手工方式下的数据相衔接，保持账簿数据的连续完整，需要将一些基础数据录入到系统中。首先将各账户的年初余额或启用月份的月初余额，以及年初到该月的各月借贷方发生额或累计发生额计算清楚，然后输入到总账系统中。

"期初余额"功能包括：输入会计科目期初余额，用于年初输入或调整余额；核算期初余额并试算平衡。当第一次使用总账系统时，首先应将手工方式下的账户余额整理好，编制科目余额表，然后输入到系统中。输入的内容主要包括：余额方向和余额。输入余额时，必须注意调整有关科目余额的方向。

若有辅助核算，则应输入各辅助项目的期初余额，例如，某科目有数量核算，应录入数量的期初余额。

**任务实施**

根据如下资料，完成鹏达公司会计科目设置及余额录入，并试算平衡。
（1）鹏达公司2014年1月份会计科目设置及期初余额情况如表2-12所示。

表2-12　鹏达公司2014年1月份会计科目及期初余额表

科目编码	科目名称	余额方向	账类	币别/计量	余额（元）	备注
1001	库存现金	借	日记账		10 800	
1002	银行存款	借			1 327 000	
100201	工行存款	借	银行账、日记账		1 000 000	
100202	建行存款	借	银行账、日记账		327 000	
1122	应收账款	借	客户往来		163 800	
1221	其他应收账款	借	个人往来		5 000	
1231	坏账准备	贷			1 200	
1403	原材料	借			300 000	

续表

科目编码	科目名称	余额方向	账类	币别/计量	余额（元）	备注
140301	电容	借	数量金额		100 000	10 万支
140302	集成电路	借	数量金额		100 000	1 万块
140303	电阻	借	数量金额		100 000	100 万支
1405	库存商品	借			80 000	
140501	电子整流器	借	数量金额	支	50 000	5 000 支
140502	电子监控器	借	数量金额	台	30 000	100 台
1601	固定资产	借			11 100 000	
1602	累计折旧	贷			2 200 000	
1606	固定资产清理	借				
1701	无形资产	借			180 000	
1801	长期待摊费用	借				
180102	报刊费	借				
2001	短期借款	贷			2 000 000	
2202	应付账款	贷	供应商往来		304 200	
2211	应付职工薪酬	贷			30 000	
221101	应付工资	贷				
221102	应付福利费	贷			30 000	
2221	应交税费	贷			2 500	
222101	应交增值税	贷				
22210101	进项税额	贷				
22210102	销项税额	贷				
22210103	转出多交增值税	贷				
22210104	转出未交增值税	贷				
222102	未交增值税	贷				
222103	应交营业税	贷				
222104	应交城建税	贷				
222105	应交教育费附加	贷			2 500	
2241	其他应付账款	贷				
224101	短期借款利息	贷				
2501	长期借款	贷			2 000 000	
4001	实收资本	贷			6 468 700	
4002	资本公积	贷				
4101	盈余公积	贷			200 000	
4103	本年利润	贷				
4104	利润分配	贷				
410415	未分配利润	贷				
5001	生产成本	借			40 000	

续表

科目编码	科目名称	余额方向	账类	币别/计量	余额（元）	备注
500101	直接材料	借			20 000	
500102	直接人工	借			10 000	
500103	制造费用	借			10 000	
5101	制造费用	借				
6001	主营业务收入	贷				
600101	电子整流器收入	贷	数量金额			
600102	电子监控器收入	贷	数量金额			
6401	主营业务成本	借				
640101	电子整流器成本	借	数量金额			
640102	电子监控器成本	借	数量金额			
6403	营业税金及附加	借				
6601	销售费用	借				
6602	管理费用	借				
660201	工资费用	借	部门核算			
660202	办公费	借	部门核算			
660203	折旧费	借	部门核算			
660204	水电费	借	部门核算			
660205	差旅费	借	部门核算			
660206	其他费用	借	部门核算			
6603	财务费用	借				
660301	利息支出	借				

（2）鹏达电子技术有限责任公司2014年1月份应收账款、其他应收账款、应付账款等辅助账期初余额情况分别如表2-13—2-15所示。

表2-13 应收账款余额表

会计科目：1122 应收账款　　　　余额：借 163 800

日期	凭证号	客户	摘要	方向	金额（元）	业务员	票号	票据日期
13-12-20	转-38	光明灯具公司	销售整流器	借	93 600	于明远	1208	13-12-20
13-12-25	转-53	大地监控设备经销公司	销售监控器	借	70 200	栗江涛	1222	13-12-25

表2-14 其他应收账款余额表

会计科目：1221 其他应收账款　　　　余额：借 5000

日期	凭证号	部门	个人	摘要	方向	金额（元）	票号	票据日期
13-12-10	付-16	开发部	胡丽莹	出差借款	借	5 000	1206	13-12-10

表2-15　应付账款余额表

会计科目：2202 应付账款　　　余额：贷304200

日期	凭证号	供应商	摘要	方向	金额（元）	业务员	票号	票据日期
13-12-16	转-30	百灵电子公司	购买电阻	贷	187 200	宋学敏	1202	13-12-16
13-12-20	转-40	莺歌电子器材公司	购买电容	贷	117 000	宋学敏	1210	13-12-20

会计科目是填制会计凭证、登记会计账簿、编制会计报表的基础。会计科目是对会计对象具体内容分门别类进行核算所规定的项目。会计科目是一个完整的体系，它是区别于流水账的标志，是复式记账和分类核算的基础。本任务完成对会计科目的设立和管理，用户可以根据业务的需要方便地增加、插入、修改、查询、打印会计科目。

一、增加会计科目

1. 直接增加

以账套主管的身份登录企业应用平台，执行"基础设置"→"基础档案"→"财务"→"会计科目"命令，打开"会计科目"窗口，单击"增加"按钮，打开"新增会计科目"对话框，输入科目编码、科目名称，选择输入科目英文名称、账页格式及助记码，根据需要选择"辅助核算""日记账""银行账"项。操作完成后，单击"确定"按钮，返回"新增会计科目"对话框。单击"增加"按钮，继续输入其他科目。操作完成后，单击"确定"按钮，再单击"退出"按钮退出科目设置。

提示　① 在科目设置中定义的客户、供应商核算的科目将自动被设置成应收应付系统的受控科目，可根据需要自行修改是否受控。

② 总账和其他业务系统使用了受控科目会引起应付系统、应收系统、存货系统等与总账对账不平，需要斟酌企业应用状况并加以设置。

③ 科目增加下级科目时，自动将原科目的所有账全部转移到新增的下级第一个科目中，此操作不可逆。同时，要求新增加的下级科目中的所有科目属性与原上级科目一致。

2. 复制增加会计科目

（1）复制单个会计科目。在企业应用平台，执行"基础设置"→"基础档案"→"财务"→"会计科目"命令，打开"会计科目"窗口。选定要复制的会计科目，执行"编辑"→"复制"命令，打开"新增会计科目"对话框，科目编码、科目名称及账页格式等信息均已经被复制过来，修改科目编码、科目名称及其他选项后，单击"确定"按钮，返回"新增会计科目"对话框，单击"退出"按钮，返回"会计科目"窗口。

（2）成批复制会计科目。在"会计科目"窗口，执行"编辑"→"成批复制"命令，打开"成批复制"对话框，如图2-81所示。输入需要复制科目的源科目代码和目标科目代码，根据需要选择"辅助核算""外币核算""数量核算"选项。单击"确认"按钮，科目

图2-81　"成批复制"对话框

复制成功，再根据需要进行修改即可。

二、修改会计科目

在"会计科目"窗口中，选定要修改的会计科目，单击"修改"按钮，打开"会计科目_修改"对话框。单击"修改"按钮，进入修改状态，可以修改会计科目相应的项目。操作完成后，单击"确定"按钮，再单击"返回"按钮返回到"会计科目"窗口。

三、删除会计科目

在"会计科目"窗口中，选定要删除的会计科目，单击"删除"按钮，系统弹出"记录删除后不能修复！真的删除此记录吗"对话框，单击"确定"按钮，即可删除选定的会计科目。

四、指定会计科目

指定的现金、银行存款科目供出纳管理使用，所以在查询现金、银行存款日记账前，必须指定现金、银行存款总账科目。

（1）指定现金科目。在"会计科目"窗口中，执行"编辑"→"指定科目"命令，打开"指定科目"对话框，选择"现金科目"项，从"待选科目"栏中选择"库存现金"，单击">"按钮后，"库存现金"项出现在"已选科目"栏中。单击"确定"按钮返回"会计科目"窗口。

（2）指定银行科目。在"会计科目"窗口中，执行"编辑"→"指定科目"命令，打开"指定科目"对话框，选择"银行科目"项，从"待选科目"栏中选择"银行存款"。单击">"按钮后，"银行存款"项将出现在"已选科目"栏。单击"确定"按钮返回"会计科目"窗口。

（3）指定现金流量科目。操作步骤基本同上，需要注意的是要选择库存现金、工行存款、建行存款、其他货币资金四个科目。

五、会计科目期初余额录入

1. 一般科目期初余额录入

在企业应用平台，执行"业务工作"→"财务会计"→"总账"→"设置"→"期初余额"命令，打开"期初余额录入"窗口，在"期初余额"栏输入对应科目的期初余额并按"Enter"键。完成操作后单击"退出"按钮，如图2-82所示。

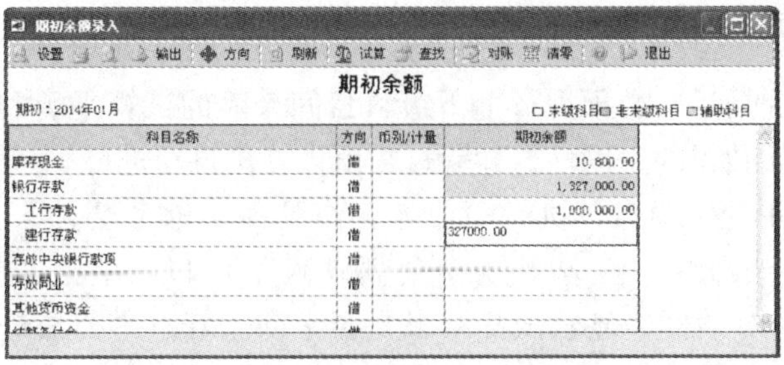

图2-82 "期初余额录入"窗口

> **提示** ① 只要求录入最末级科目的余额和累计发生数,上级科目的余额和累计发生数由系统自动计算。若年中启用,则只要录入末级科目的期初余额及累借、累贷,年初余额将自动计算出来。
> ② 如果某科目为数量、外币核算,则可以录入期初数量、外币余额。但必须先录入本币余额,再录入外币余额。若期初余额有外币、数量余额,则必须有本币余额。

2. 辅助核算科目期初余额录入

(1) 在"企业应用平台"窗口,执行"业务工作"→"财务会计"→"总账"→"设置"→"期初余额"命令,打开"期初余额录入"窗口,在具有辅助核算账类的科目(如"应收账款")"期初余额"处双击,打开"辅助期初余额"窗口,单击"往来明细"按钮,打开"期初往来明细"窗口,单击"增行"按钮,输入应收账款、其他应收账款、应付账款等余额明细,如图2-83所示。

(2) 在"期初余额录入"窗口中,单击"增行"按钮,输入客户、业务员、金额等内容,录入完毕按"Enter"键,如图2-84所示。操作完成后单击"退出"按钮,对应科目的期初余额就会出现在"期初余额"栏中。

图2-83 "期初往来明细"窗口

图2-84 "辅助期初余额"窗口

> **提示** ① 在录入辅助核算期初余额之前,必须先设置各辅助核算目录。
> ② 无论往来核算在总账还是在应收应付系统,有往来辅助核算的科目都要按明细录入数据。

六、调整会计科目的余额方向

在"企业应用平台"窗口,执行"业务工作"→"财务会计"→"总账"→"设置"→"期初余额"命令,打开"期初余额录入"窗口。单击"方向"按钮,弹出"是否调整坏账准备科目的余额方向"的对话框,单击"是"按钮,调整余额方向。

七、试算平衡

期初余额输入完毕后,必须进行上下级科目间余额的试算平衡和一级科目余额的试算平衡,以保证初始数据的正确性,检验过程由计算机自动进行。

在"企业应用平台"窗口,执行"业务工作"→"财务会计"→"总账"→"设置"→"期初余额"命令,打开"期初余额录入"窗口,单击"试算"按钮,弹出"期初试算平衡表"对话框,显示试算结果是否平衡。若不平衡要进行重新调整,单击"确定"按钮,结束试算过程,如图2-85所示。

提示 若期初余额试算不平衡，将不能记账，但可以填制凭证；若已经使用本系统记过账，则不能再录入、修改期初余额，也不能执行"结转上年余额"的功能。

八、期初对账

在"企业应用平台"窗口，执行"业务工作"→"财务会计"→"总账"→"设置"→"期初余额"命令，打开"期初余额录入"窗口，单击"对账"按钮，弹出"期初对账"对话框，如图2-86所示。单击"开始"按钮，显示对账过程；单击"取消"按钮，返回"期初余额录入"窗口。

图2-85 "期初试算平衡表"对话框

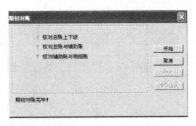
图2-86 "期初对账"对话框

【项目总结】

本项目主要介绍了用友ERP应用前期需要进行的准备工作及ERP软件的安装、初始设置、权限管理等内容，具体包括制订用友ERP系统应用方案、用友ERP安装相关准备、用友ERP系统安装、用友ERP账套建立与启用、设置操作员及分配权限、系统维护、基础档案设置、科目设置与余额录入等。通过本项目任务的操作完成了模拟企业组建会计信息化系统的硬件与软件购置、模拟企业建账、用户权限设置与管理、系统基本维护等系统管理工作和基础档案设置、会计科目设置、余额录入与试算平衡等基础性工作，为后续项目实施奠定了坚实的基础。

【项目实训】

实训二 制订会计信息化系统软硬件配置方案

为龙兴股份有限公司（以下简称"龙兴公司"）设计一份会计信息化系统计算机、打印机等硬件配置和SQL Server及用友ERP-U8等软件配备方案，并进行用友ERP-U8会计软件的安装与调试，使其达到可用状态。

实训三 用友ERP系统管理

1. 企业相关信息

龙兴公司位于北京市海淀区振兴路29号，法人代表是张晓明，联系电话及传真均为010-75982111，企业纳税登记号为110106789012345。

该企业属于商业企业，从事服装销售业务，采用2007年新会计准则科目核算体系，记账本位币为人民币，于2014年1月采用计算机系统进行会计核算及企业日常业务处理。账套号定为911。

企业存货需要分类管理；供应商长期固定，数量很少，故不需要对供应商进行分类管理；客户很多，需要分类管理；有外币业务。

编码规则：科目编码级次为4222；客户分类编码级次为122；部门编码级次为122；结算方式编码级次为12。核算时数量及单价均精确到两位小数。

2. 企业内部岗位分工（如表2-16所示）

表2-16　企业内部岗位分工

编号	姓名	角色	系统权限	工作职责
01	李晓明	账套主管	具有账套全部权限	负责系统日常运行管理，财务分析
02	王晓菲	总账会计	公用目录设置、总账、固定资产、薪资管理、UFO报表、应收账款管理、应付账款管理、存货核算权限	负责总账、往来管理、项目管理、工资核算、固定资产管理和报表管理
03	陈晓慧	出纳	总账出纳签字、出纳管理	对收付款凭证进行核对、签字，管理现金日记账、银行日记账、资金日报以及银行对账
04	孙燕燕	采购主管	采购管理所有权限	负责企业的商品采购
05	任群	销售主管	销售管理所有权限	销售一部负责人，管理一部销售工作
06	江湖	销售主管	销售管理所有权限	销售二部负责人，管理二部销售工作

3. 进行系统启用设置

建账完成后立即启用总账管理系统，启用日期为2014-01-01。

4. 输出及引入账套数据

将账套数据输出到"…\实训三"（"…"表示备份路径）文件夹。

实训四　基础档案设置

1. 部门档案（如表2-17所示）

表2-17　部门档案

部门编码	部门名称	负责人
1	企管办	张晓明
2	财务部	李晓明
3	采购部	孙燕燕
4	销售部	
401	销售一部	任群
402	销售二部	江湖

2. 人员类别（如表2-18所示）

表2-18　人员类别

人员类别编码	人员类别名称
1001	企业管理人员
1002	经营人员

3. 人员档案（如表2-19所示）

表2-19　人员档案

人员编号	人员姓名	性别	行政部门	人员类别	是否业务员
10	张晓明	男	企管办	企业管理人员	是
01	李晓明	男	财务部	企业管理人员	是
02	王晓菲	女	财务部	企业管理人员	是
03	陈晓慧	女	财务部	企业管理人员	是
04	孙燕燕	男	采购部	经营人员	是
05	任群	男	销售一部	经营人员	是
06	江湖	女	销售二部	经营人员	是

4. 地区分类（如表2-20所示）

表2-20　地区分类

地区分类编码	地区分类名称	地区分类编码	地区分类名称
01	北方区	03	中南区
02	华东区	04	西部区

5. 客户分类（如表2-21所示）

表2-21　客户分类

客户分类编码	客户分类名称
1	总代理
2	二级代理
3	零售商

6. 客户档案（如表2-22所示）

表2-22　客户档案

客户编号	客户名称	客户简称	所属分类码	所属地区码	税号	开户银行	银行账号	分管部门	专管业务员
001	家和服装批发市场	家和批发	1	01	1245879033898901	工行北京分行	11015892349	销售一部	任群
002	千顺服饰	千顺服饰	3	02	3494298391011412	工行上海分行	22100032341	销售二部	江湖

续表

客户编号	客户名称	客户简称	所属分类码	所属地区码	税号	开户银行	银行账号	分管部门	专管业务员
003	祥和服装城	祥和服装城	2	01	1203243242342113	工行祥和服装城分行	10210499852	销售二部	江湖

7. 供应商分类

本企业有几个主要供应商，长期稳定，不需要分类管理。

8. 供应商档案（如表2-23所示）

表2-23　供应商档案

供应商编号	供应商名称	供应商简称	所属地区码	税号	开户银行	银行账号	分管部门	专管业务员
001	五爱服装市场	五爱	01	110108534875344	工行北京分行	10543982199	采购部	孙燕燕
002	广州服装大市场	广州市场	03	110843543722553	工行北京分行	43828943234	采购部	孙燕燕

9. 外币设置

本企业采用固定汇率核算外币，外币只涉及美元一种，美元币符为USD，2014年1月初汇率为6.8。

10. 会计科目

本企业常用会计科目及期初余额如表2-24所示。

表2-24　常用会计科目及期初余额

科目编码及名称	辅助核算/账页格式	方向	币别/计量	期初余额（元）
1001 库存现金	日记账	借		5 845.70
1002 银行存款		借		131 057.16
100201 人民币户	银行账、日记账	借		131 057.16
100202 美元户	银行账、日记账、外币金额式	借	美元	
1121 应收票据	客户往来	借		
1122 应收账款	客户往来	借		157 600.00
1123 预付账款	供应商往来	借		
1221 其他应收账款	个人往来	借		3 800.00
1231 坏账准备		贷		10 000.00
1401 材料采购		借		0
1405 库存商品		借		38 288.00
140501 男装	数量金额式	借		15 000.00
		借	件	150.00

续表

科目编码及名称	辅助核算/账页格式	方向	币别/计量	期初余额（元）
140502 男裤	数量金额式	借		14 700.00
		借	件	98.00
140503 女套装	数量金额式	借		8 588.00
		借	套	226.00
1408 委托加工物资		借		90.00
1527 长期股权投资		借		17 165.74
1601 固定资产		借		260 860.00
1602 累计折旧		贷		47 120.91
1606 固定资产清理				
2001 短期借款		贷		300 000.00
2201 应付票据	供应商往来	贷		
2202 应付账款	供应商往来	贷		3 000.00
2203 预收账款	客户往来	贷		
2211 应付职工薪酬		贷		21 408.00
221101 工资		贷		13 850.00
221102 福利费		贷		7 558.00
221103 社会保险		贷		
221104 工会经费		贷		
221105 职工教育经费		贷		
2221 应交税费		贷		-16 800.00
222101 应交增值税		贷		-16 800.00
22210101 进项税额		贷		-33 800.00
22210102 销项税额		贷		17 000.00
2231 应付利息		贷		
4001 实收资本		贷		360 000.00
4103 本年利润		贷		
4104 利润分配		贷		-110 022.31
410401 提取法定盈余公积		贷		
410402 应付股利		贷		
410403 未分配利润		贷		-110 022.31
6001 主营业务收入		贷		
6051 其他业务收入		贷		
6401 主营业务成本		借		
6402 其他业务成本		借		
6403 营业税金及附加		借		
6601 销售费用		借		
660101 职工薪酬		借		

续表

科目编码及名称	辅助核算/账页格式	方向	币别/计量	期初余额（元）
660102 办公费		借		
660103 差旅费		借		
660104 招待费		借		
660105 折旧费		借		
660106 其他		借		
6602 管理费用		借		
660201 职工薪酬	部门核算	借		
660202 办公费	部门核算	借		
660203 差旅费	部门核算	借		
660204 招待费	部门核算	借		
660205 折旧费	部门核算	借		
660206 其他	部门核算	借		
6603 财务费用		借		
660301 利息支出		借		
660302 手续费		借		

11. 凭证类别（如表2-25所示）

表2-25 凭证类别

凭证分类	限制类型	限制科目
收款凭证	借方必有	1001，1002
付款凭证	贷方必有	1001，1002
转账凭证	凭证必无	1001，1002

12. 结算方式（如表2-26所示）

表2-26 结算方式

结算方式编码	结算方式名称	票据管理
1	现金结算	否
2	支票结算	否
201	现金支票	是
202	转账支票	是
3	银行汇票	否
4	商业汇票	否
401	商业承兑汇票	否
402	银行承兑汇票	否
9	其他	否

13. 辅助账期初明细(如表2-27—表2-29所示)

表2-27 应收账款期初明细

会计科目:1122 应收账款   余额:借 157 600元

日期	凭证号	客户	摘要	方向	金额(元)	业务员	票号	票据日期
2013-10-25	转-118	家和批发	期初	借	99 600	任群	P111	2013-10-25
2013-11-10	转-15	祥和服装城	期初	借	58 000	江湖	Z111	2013-11-10

表2-28 其他应收账款期初明细

会计科目:1221 其他应收账款   余额:借 3 800元

日期	凭证号	部门	个人	摘要	方向	期初余额(元)
2013-12-26	付-118	企管办	张晓明	出差借款	借	2 000.00
2013-12-27	付-156	销售一部	任群	出差借款	借	1 800.00

表2-29 应付账款

会计科目:2202 应付账款   余额:贷 3 000元

日期	凭证号	供应商	摘要	方向	金额(元)	业务员	票号	票据日期
2013-10-20	转-45	广州服装	期初	借	3 000.00	孙燕燕	C001	2013-10-20

项目 3

总账系统业务处理

【项目导入】

鹏达公司已经安装调试好用友 ERP-U8（V8.72）管理软件，并进行了基础设置和系统初始化，科目设置完成，期初余额试算平衡。鹏达公司开始应用会计软件进行业务处理，主要包括总账系统设置、会计凭证处理、记账、出纳管理、账表管理、期末业务处理、恢复记账前状态等工作。

【学习目标】

1. 了解总账系统的基本功能和一般工作流程；
2. 掌握总账系统参数设置的基本方法；
3. 熟练掌握会计凭证的填制、修改、审核、查询以及记账、结账等操作方法；
4. 熟练掌握总账系统出纳管理的方法；
5. 熟练掌握总账系统账表管理的方法；
6. 熟练掌握总账系统期末业务处理流程和方法。

【项目实施】

 任务1　总账系统参数设置

 任务解析

通过完成本任务，使学生掌握根据企业业务特点进行总账系统参数设置方法。总账系统参数设置主要包括凭证参数、账簿参数、凭证打印参数、预算控制参数、权限控制参数、会计日历参数、其他参数、自定义项核算参数等。

 **知识链接**

系统在建立新的账套后由于企业具体情况需要，或业务变更，发生一些账套信息与核算内容不符，可以通过总账系统参数设置功能进行账簿选项的调整和查看。可对凭证选项、账簿选项、凭证打印、预算控制、权限选项、会计日历、其他选项、七部分内容的操作控制选项进行修改。

一、凭证参数设置

1. 制单序时控制

制单序时控制主要在填制凭证时，设置系统对凭证编号的控制。本功能和"系统编号"选项联用，制单时凭证编号必须按日期顺序排列，10月25日编制25号凭证，不能编制其他日期的凭证，而10月26日只能开始编制26号凭证，即制单序时，如果有特殊需要可以将其改为不序时制单。

2. 支票控制

选择支票控制功能，在制单时，使用银行科目编制凭证，系统要针对票据管理的结算方式进行登记，如果录入支票号在支票登记簿中已存在，则系统提供登记支票报销的功能；否则，系统提供登记支票登记簿的功能。

3. 赤字控制

选择赤字控制功能，在制单时，当"资金及往来科目"或"全部科目"的最新余额出现负数时，系统将予以提示。提供了提示、严格两种方式，企业可根据需要进行选择。

4. 受控科目选项

可以使用应收账款受控科目：若科目为应收账款管理系统的受控科目，为了防止重复制单，只允许应收系统使用此科目进行制单，总账系统是不能使用此科目制单的。所以如果希望在总账系统中也能使用这些科目填制凭证，则应选择此项。注意：如果总账和其他业务系统使用了受控科目，则会引起应收系统与总账对账不平。

可以使用应付账款受控科目：若科目为应付账款管理系统的受控科目，为了防止重复制单，只允许应付系统使用此科目进行制单，总账系统是不能使用此科目制单的。所以如果希望在总账系统中也能使用这些科目填制凭证，则应选择此项。注意：如果总账和其他业务系统使用了受控科目，则会引起应付系统与总账对账不平。

可以使用存货受控科目：若科目为存货核算系统的受控科目，为了防止重复制单，只允许存货核算系统使用此科目进行制单，总账系统是不能使用此科目制单的。所以如果希望在总账系统中也能使用这些科目填制凭证，则应选择此项。注意：如果总账和其他业务系统使用了受控科目，则会引起存货系统与总账对账不平。

5. 凭证控制

管理流程设置：若要求有现金、银行科目的凭证必须由出纳人员核对签字后才能记账，则选择"出纳凭证必须经由出纳签字"项；如要求所有凭证必须由主管签字后才能记账，则选择"凭证必须经主管签字"项；如要求出纳签字、审核后才可对凭证执行领导签字，则选择"主管签字以后不可取消审核和出纳签字"项。

现金流量科目必录现金流量项目：选择此项后，在录入凭证时如果使用现金流量科目，则必须输入现金流量项目及金额。

自动填补凭证断号：如果选择凭证编号方式为系统编号，则在新增凭证时，系统按凭证类别自动查询本月的第一个断号默认为本次新增凭证的凭证号。如无断号则为新号，与原编号规则一致。

批量审核凭证进行合法性校验：批量审核凭证时针对凭证进行二次审核，提高凭证输入的正确率，合法性校验与保存凭证时的合法性校验相同。

凭证录入时结算方式及票据号是否必录。

同步删除外部系统凭证：选中此项后，外部系统删除凭证时相应地将总账的凭证同步删除。否则，将总账凭证作废，不予删除。

6. 凭证编号方式

系统在"填制凭证"功能中一般按照凭证类别按月自动编制凭证编号，即系统编号；但有的企业需要系统允许在制单时手工录入凭证编号，即手工编号。

7. 现金流量参照科目

现金流量参照科目用来设置现金流量录入界面的参照内容和方式。当选择"现金流量科目"项时，系统只参照凭证中的现金流量科目；当选择"对方科目"项时，系统只显示凭证中的非现金流量科目。当选择"自动显示"项时，系统依据前两个选项将现金流量科目或对方科目自动显示在指定现金流量项目界面中，否则需要手工参照选择。

二、账簿参数设置

1. 打印位数宽度

定义正式账簿打印时各栏目的宽度，包括摘要、金额、外币、数量、汇率、单价。

2. 凭证、账簿套打

凭证、账簿套打是用友公司专门为用友软件用户设计的，适合于用各种打印机输出管理用表单与账簿。系统提供四种套打纸型：U8、账簿通、U8 针打（连续）纸型和 A4 激光（非连续）纸型，用户可根据需要进行选择。

3. 明细账（日记账、多栏账）打印输出方式

在设置打印正式明细账、日记账或多栏账时，选择按年排页还是按月排页。按月排页，即打印时从所选月份范围的起始月份开始将明细账顺序排页，再从第一页开始将其打印输出，打印起始页号为"1 页"，这样，若所选月份范围不是第一个月，则打印结果的页号必然从"1 页"开始排。按年排页，即打印时从本会计年度的第一个会计月开始将明细账顺序排页，再将打印月份范围所在的页打印输出，打印起始页号为所打月份在全年总排页中的页号，这样，若所选月份范围不是第一个月，则打印结果的页号有可能不是从"1 页"开始排。

三、凭证打印参数设置

1. 合并凭证显示、打印

选择此项,则在填制凭证、查询凭证、出纳签字和凭证审核时,以系统选项中的设置显示;在科目明细账显示或打印时凭证按照"按科目、摘要相同方式合并"或"按科目相同方式合并"显示,并在明细账显示界面是否"合并显示"的选项。

2. 打印凭证的制单、出纳员、审核、记账等人员姓名

在打印凭证时,是否自动打印制单人、出纳员、审核人、记账人的姓名。

3. 打印包含科目编码

在打印凭证时,是否自动打印科目编码。

4. 摘要与科目打印内容设置

通过此功能,可设置凭证中的摘要栏与科目栏内打印的辅助项。

5. 打印转账通知书

启用了此项,才能够在科目编辑时指定可打印的科目,在凭证中可打印转账通知单。

6. 凭证、正式账每页打印行数

"凭证打印行数"可对凭证每页的行数进行设置,"正式账每页打印行数"可对明细账、日记账、多栏账的每页打印行数进行设置。双击表格或按空格对行数直接修改即可。

四、预算控制选项设置

此功能用来设置选择专家财务评估,选择此项后才起作用,从专家财务评估取预算数,如果制单输入分录时超过预算也可以保存超预算分录,否则不予保存。

专家财务评估的预算控制在此选择是否有效,但具体的控制方式,由专家财务评估设置。专家财务评估的预算控制点在凭证录入时,当某一科目下的实际发生数导致多个科目及辅助项的发生数及余额总数超过预算数与报警数的差额时,就会报警。专家财务评估的预算报警只针对总账录入的凭证,可以对资产类和负债类的科目进行预算金额控制。

预算管理系统:在此显示预算管理系统是否启用总账预算控制,当启用时该选项选中。预算管理系统的预算控制是否有效以及具体的控制方式,与是否安装了预算管理系统有关。可选择预算管理的预算控制点,包括在凭证保存时控制、作废时控制以及审核凭证时控制。当选择保存时控制时就不可以选择审核时控制,但可以同时选择作废凭证时控制。

预算查询控制:当需要依据预算管理系统中的预算项目、预算口径分配操作员的预算查询权限时,可以应用预算管理系统中的查询权限。

五、权限设置

(1) 制单权限控制到科目。要在系统管理的"功能权限"中设置科目权限,再选择此项,权限设置有效。选择此项,则在制单时,操作员只能使用具有相应制单权限的科

目制单。

（2）允许修改、作废他人填制的凭证。若选择了此项，在制单时可修改或作废他人填制的凭证；否则不能修改。

（3）制单权限控制到凭证类别。要在系统管理的"功能权限"中设置凭证类别权限，再选择此项，权限设置有效。选择此项，则在制单时，只显示此操作员有权限的凭证类别。同时，在凭证类别参照中按人员的权限过滤出有权限的凭证类别。

（4）操作员进行金额权限控制。选择此项，可以对不同级别的人员进行金额大小的控制，例如，财务主管可以对 10 万元以上的经济业务制单，一般财务人员只能对 5 万元以下的经济业务制单，这样可以减少由于不必要的责任事故带来的经济损失。如果为外部凭证或常用凭证调用生成，则处理与预算处理相同，不做金额控制。

（5）凭证审核控制到操作员。如果只允许某操作员审核其本部门操作员填制的凭证，则应选择此项。

（6）出纳凭证必须经由出纳签字。若要求现金、银行科目凭证必须由出纳人员核对签字后才能记账，则选择此项。

（7）凭证必须经由主管会计签字。如果要求所有凭证必须由主管签字后才能记账，则选择此项。

（8）可查询他人凭证。如果允许操作员查询他人凭证，则选择此项。

（9）明细账查询权限控制到科目。这里是权限控制的开关，在系统管理中设置明细账查询权限，必须在总账系统选项中打开，才能起到控制作用。

（10）制单、辅助账查询控制到辅助核算。设置此项权限，制单时才能使用有辅助核算属性的科目录入分录，辅助账查询时只能查询有权限的辅助项内容。

（11）查询客户往来辅助账。由 U8（V8.50）以前版本升级的用户，如往来核算在应收款系统时，系统无客户辅助账，只有选择此项后才能查询，并需补录期初客户往来明细数据。U8（V8.50）以后的版本，默认在总账中查询客户往来辅助账。

（12）查询供应商往来辅助账。由 U8（V8.50）以前的版本升级的用户，如往来核算在应付款系统时，系统无供应商辅助账，只有选择此项后才能查询，并需补录期初供应商往来明细数据。U8（V8.50）以后版本，默认在总账中查询供应商的往来辅助账。

六、会计日历设置

会计日历设置功能可查看各会计期间的起始日期与结束日期，以及启用会计年度和启用日期。如需修改日期，还需到系统管理中操作。

总账系统的启用日期不能在系统的启用日期之前。总账中已录入的期初余额（包括辅助期初）不能修改总账的启用日期；总账中已制单的月份不能修改总账的启用日期，其他系统中已制单的月份不能修改总账的启用日期。

七、其他设置

1. 外币核算

如果企业有外币业务，则应选择相应的汇率方式——固定汇率、浮动汇率。固定汇率是指在制单时，一个月只按一个固定的汇率折算本位币金额。浮动汇率是指在制单时，按当日汇率折算本位币金额。

2. 本位币

可以在"本位币"项输入核算的本位币的币符和币名，例如，如果企业核算本位币是人民币，那么币符为"RMB"，币名为"人民币"。

3. 排序方式

（1）部门排序方式。在查询部门账或参照部门目录时，是按部门编码排序还是按部门名称排序，可根据需要设置。

（2）个人排序方式。在查询个人账或参照个人目录时，是按个人编码排序还是按个人名称排序，可根据需要设置。

（3）项目排序方式。在查询项目账或参照项目目录时，是按项目编码排序还是按项目名称排序，可根据需要设置。

任务实施

根据鹏达公司资料进行总账系统的参数设置。

鹏达公司凭证设置要求为：制单序时控制、支票控制、资金及往来科目赤字控制、允许使用其他系统受控科目；凭证编码方式实行系统编号。

权限控制选择为：出纳凭证必须经由出纳签字、允许修改、作废他人填制的凭证。

凭证打印选择为：打印凭证的制单、出纳、审核、记账等人员姓名。

账簿参数设置为：账簿打印位数、每页打印行数按软件的标准设定，明细账打印按年排页。

其他选项设置为：外币核算使用固定汇率，部门、个人、项目按编码方式排序。

1. 凭证参数设置

在"企业应用平台"窗口，执行"业务工作"→"财务会计"→"总账"→"设置"→"选项"命令，打开"选项"对话框，选择"凭证"标签，单击"编辑"按钮，选择"制单序时控制""支票控制""赤字控制""批量审核凭证进行合法性校验""系统编号""现金流量科目"等项目，如图3-1所示。设置完成后，单击"确定"按钮结束凭证参数的设置。

2. 账簿参数设置

在"企业应用平台"窗口，执行"业务工作"→"财务会计"→"总账"→"设置"→"选项"命令，打开"选项"对话框，选择"账簿"标签，单击"编辑"按钮，设置"打印位数宽度"，选择"凭证、账簿套打""使用标准版""按年排页"等项目，如图3-2所示。设置完成后，单击"确定"按钮结束账簿参数的设置。

3. 凭证打印参数设置

在"企业应用平台"窗口，执行"业务工作"→"财务会计"→"总账"→"设置"→"选项"命令，打开"选项"对话框，选择"凭证打印"标签，单击"编辑"按钮，选择"打印凭证的制单、出纳、审核、记账等人员姓名"等项，如图3-3所示。设置完成后，单击"确定"按钮结束凭证打印参数的设置。

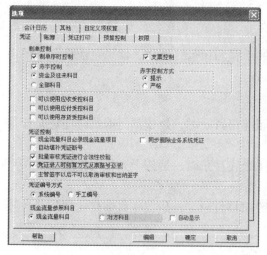

图 3-1 "选项-凭证"对话框

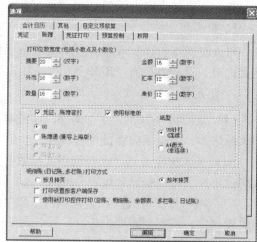

图 3-2 "选项-账簿"对话框

4. 预算控制选项

在"企业应用平台"窗口，执行"业务工作"→"财务会计"→"总账"→"设置"→"选项"命令，打开"选项"对话框，选择"预算控制"标签，单击"编辑"按钮，选择"专家财务评估""控制科目包含贷方科目""超出预算允许保存"项，如图 3-4 所示。设置完成后，单击"确定"按钮结束预算控制参数的设置。

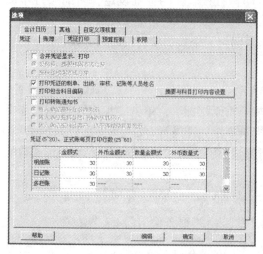

图 3-3 "选项-凭证打印"对话框

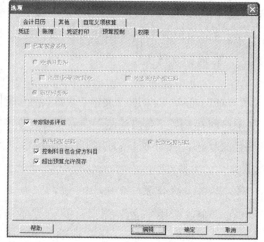

图 3-4 "选项-预算控制"对话框

5. 权限设置

在"企业应用平台"窗口，执行"业务工作"→"财务会计"→"总账"→"设置"→"选项"命令，打开"选项"对话框，选择"权限"标签，单击"编辑"按钮，选择"出纳凭证必须经由出纳签字""允许修改、作废他人填制的凭证""可查询他人凭证"等项，如图 3-5 所示。设置完成后，单击"确定"按钮结束权限参数的设置。

6. 会计日历设置

在"企业应用平台"窗口，执行"业务工作"→"财务会计"→"总账"→"设置"→"选项"命令，打开"选项"对话框，选择"会计日历"标签，可以查看会计期间的开始日期与结束日期，以及启用会计年度和启用日期，如图3-6所示。若要修改日期，可到系统管理中进行。

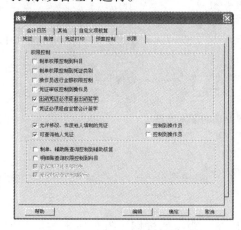

图3-5 "选项-权限"对话框　　　　图3-6 "选项-会计日历"对话框

7. 其他设置

在"企业应用平台"窗口，执行"业务工作"→"财务会计"→"总账"→"设置"→"选项"命令，打开"选项"对话框，选择"其他"标签，单击"编辑"按钮，可以修改"部门排序方式""个人排序方式""项目排序方式"等选项。设置完成后，单击"确定"按钮结束其他参数设置。

任务2　总账系统凭证处理

 **任务解析**

通过完成凭证处理任务，使学生了解总账系统凭证处理的基本流程和基本方法，掌握填制凭证、修改凭证、审核凭证、出纳签字、记账、恢复记账前状态等环节的操作方法。

 **知识链接**

一、总账系统日常账务处理流程

总账系统日常业务处理工作比较复杂，主要包括填制凭证、审核凭证、修改凭证、凭证汇总、查询凭证、记账、查账及辅助核算管理。总账系统初始设置完成后，便可进行日常账务处理。日常账务处理的任务是根据原始凭证编制的记账凭证或其他系统的记账凭证输入到账务系统中，经审核后，完成记账工作；根据记账数据进行查询和打印输出各种账表，同时对部门、往来等辅助账进行管理。日常账务处理的一般流程如图3-7所示。

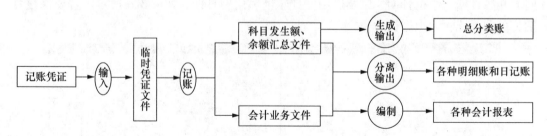

图 3-7　日常账务处理的基本流程

二、填制凭证

1. 凭证处理流程

填制记账凭证是账务系统处理的起点，是登记账簿的依据，也是所有查询数据的最主要的一个来源。日常业务处理首先从填制凭证开始。凭证管理主要完成对记账凭证的录入、修改、打印、汇总、出纳签字、审核和记账等工作。

（1）记账凭证的产生途径。记账凭证的产生途径有三种：一是根据审核无误的原始凭证直接在计算机上编制记账凭证；二是先由人工编制记账凭证，再输入计算机；三是计算机自动生成的机制凭证。

（2）凭证的输入方式。凭证输入有键盘输入、磁盘引入、网络传输和自动生成机制凭证四种方式，其中，键盘输入是最常用的形式。

（3）凭证管理的操作流程。凭证管理的操作流程如图3-8所示。

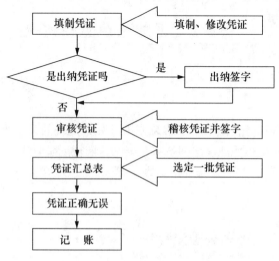

图 3-8　凭证管理操作流程图

2. 记账凭证的内容和填制要求

记账凭证的内容一般包括两部分：一是凭证头部分，包括凭证类别、凭证编号、凭证日期和附单据数等；二是凭证正文部分，包括摘要、会计分录和金额等。如果输入会计凭证有辅助核算要求，则应输入辅助核算内容。

在总账系统中，允许输入未结账的记账凭证；可以在月末未结账的情况下，输入下一个月的凭证，即跨月输入凭证。

(1) 凭证头部分。

① 凭证类别。输入系统初始化时设置的凭证类别名称或代码。

② 凭证编号。分别按凭证类别按月对凭证进行顺序编号，同一类别的凭证既不能重号也不允许漏号。编号由凭证类别编号（或类别名）和凭证顺序号组成，例如，收款0001、收款0002等。凭证编号分为自动编号和手工编号两种方式，在"选项"中进行设置。

③ 凭证日期。即填制会计凭证的日期，系统自动取当前业务日期为记账凭证填制的日期，可以修改。凭证日期包括年、月、日，日期应随凭证号递增而增加。采用序时控制时，凭证日期应大于等于启用日期，但不能超过日历日期。

④ 附单据数。指本张记账凭证所附原始凭证张数，根据实际情况填写。

(2) 凭证正文部分。

① 摘要。即凭证所反映的业务内容的简要说明，要求每行都要有摘要内容，不同行的摘要内容可以相同，也可以不同，每行的摘要将随该行会计科目在明细账、日记账中出现。摘要库是系统为了提高凭证录入速度，事先对一些使用频率较高、内容比较规范的凭证摘要所做的定义。如"提取现金""收到货款""支付货款"等。

② 科目。输入科目时，一般允许用户输入科目编码、科目名称和助记码等，计算机自动转换为科目名称。输入的科目编码必须在建立科目时已经定义，且是最底层的科目编码，不能是非法科目。

③ 方向。每一科目的发生额均应有它的方向，即借方或贷方。

④ 金额。金额输入可分为直接输入和计算机生成两种情况。根据业务提示输入数量、外币等辅助核算信息，由计算机根据系统设置时设置的方法自动计算发生额。金额不能为"0"；红字以"-"号表示；会计科目借贷双方金额必须平衡。

⑤ 辅助核算的内容。如果在科目设置时定义了相应的"辅助账"，则在输入每笔分录时，要同时输入辅助核算的内容，例如，科目有部门核算要求时，要求输入对应的部门名称，有数量核算要求的要输入数量和单价，有结算方式要求的要输入结算方式编号和结算票据号等信息。

⑥ 合计。自动计算借方科目和贷方科目的金额合计数，要求借方和贷方合计平衡，若不平衡，则要进行调整。

制单人签字由系统根据进入本功能时输入的操作员姓名自动输入。

三、修改凭证

凭证输入时，尽管系统提供了多种控制错误的措施，但错误凭证是难免的，这必然会影响系统的核算结果。为更正错误，系统提供了对错误凭证修改的功能。当然，财务会计制度和审计对错误凭证的修改有严格的要求，根据这些要求，在电算化总账系统中，对不同状态下的错误凭证有不同的修改方式。

1. 错误凭证的"无痕迹"修改

"无痕迹"修改是指不留下任何曾经修改的线索和痕迹。下列两种状态下的错误凭证可实现无痕迹修改。

（1）对已经输入但未审核的机内记账凭证可通过凭证的编辑功能直接进行修改或删除，但凭证编号不能修改。

（2）已通过审核但还未记账的凭证不能直接修改，可先行取消审核，再通过凭证的编辑功能进行修改。

外部系统的凭证不能在总账系统中进行修改，只能在生成该凭证的系统中进行修改。

如果涉及银行科目的分录已录入支票信息，并对该支票做过报销处理，修改操作将不影响"支票登记簿"中的内容。

2. 错误凭证的"有痕迹"修改

"有痕迹"修改是指留下曾经修改的线索和痕迹，通过保留错误凭证和更正凭证的方式留下修改痕迹。若已记账的凭证发现有错，不允许直接修改。针对此类凭证的修改，会计制度要求留下审计线索，可以采用红字凭证冲销法或者补充凭证法进行更正。

红字冲销法，即将错误凭证采用增加一张"红字"凭证全额冲销，若需要，再增加一张"蓝字"凭证补充的方法。例如，从工行提取现金 1 000 元，但输入反映该笔业务的付款凭证时，错输为 10 000 元，记账后发现错误，为修改此错误凭证，此时采用红字凭证冲销法。首先，填制一张与原凭证内容相同的红字凭证冲销多记的 9 000 元。通过红字冲销法增加的凭证，应视同正常凭证进行保存和管理。

四、作废或删除凭证

如果遇到有非法的凭证需要作废时，则可以使用作废/恢复功能，将这些凭证进行作废处理。作废凭证仍保留凭证内容和编号，只显示"作废"字样。在自动编号时，作废凭证后，不整理断号。作废凭证不能修改，不能审核。在记账时，已作废的凭证应参与记账，否则月末无法结账，但不对作废凭证做数据处理，相当于一张空凭证。账簿查询时，查不到作废凭证的数据。

五、审核凭证

只有经过审核正确的凭证才能进行记账处理。审核凭证主要包括出纳签字、审核人审核和主管签字三项内容。

1. 出纳签字

为加强企业现金收入和支出的管理，出纳可通过凭证处理功能对制单人填制的带有现金或银行存款科目的凭证进行检查核对，主要核对收付款凭证的科目金额是否正确。对于出纳审核后认为有错误或有异议的凭证，应交与制单人员修改后再进行审核。

企业可根据实际需要决定是否要对出纳凭证进行出纳签字管理，若不需要此功能，可在"选项"设置中取消此功能。凭证一经签字，就不能被修改、删除，只有被取消签字后才可以进行修改或删除。取消签字只能由出纳自己进行。

2. 审核人审核

审核是指由具有审核权限的操作员按照会计制度规定,对制单人填制的记账凭证进行合法性检查,其目的是防止发生错误。总账系统中为实现凭证审核提供了凭证审核的功能,通过此功能,既可审核凭证,还可以对已审核凭证取消。

审核方法有屏幕审核和静态审核(即打印记账凭证然后进行审核),最常用的方法是屏幕审核。屏幕审核时,可直接根据原始凭证,对屏幕上显示的记账凭证进行审核,对正确的记账凭证,发出签字指令,计算机在凭证上填入审核人名字。

审核人和制单人不能是同一个人,凭证一经审核,不能被修改、删除,只有取消审核签字后才可修改或删除,已作废的凭证不能被审核。取消审核只能由审核人进行。

3. 主管签字

为了加强对会计人员制单的管理,系统提供主管签字功能,会计人员填制的凭证必须经主管签字才能记账。主管签字后会在每张凭证名称后边出现主管的签章,取消主管签字功能的操作步骤同出纳签字。

六、记账

记账凭证经审核签字后,即可用来登记总账和明细账、日记账、部门账、往来账、项目账以及备查账等。登记账簿是由有记账权限的操作员发出记账指令,由计算机按照预先设计的记账程序自动进行合法性检验、科目汇总、登记账簿等操作。计算机在处理记账功能时,采用向导方式,使记账过程更加明确。

1. 记账过程及基本要求

(1)选择记账凭证。记账前,系统首先要求用户选择要记账的凭证范围、月份、类别、凭证号等,其中,月份不能为空。

(2)记账前检验。检验项目有三个。

① 检验上月是否结账。若上月未结账,则本月不能记账。

② 检验是否通过审核。若有未通过审核的凭证,则不能记账。

③ 检验凭证是否平衡。若有不平衡凭证,则不能记账。

(3)硬盘备份。记账前,系统将首先自动进行硬盘备份,保存记账前的数据。上述工作除第一步外,其他步骤都是由计算机自动进行的。

(4)记账处理过程。登记账簿过程处于全自动状态,一般不需要人工操作。在记账过程中,不得中断退出。如果在记账前发生中断,则可直接记账;如果正在登记过程中发生中断,则必须调用恢复记账前状态功能,然后再记账。记账属于成批数据处理,多次记账不受限制。但为了当天打印日记账,每天至少应在当天业务输入完后记一次账。记账后的凭证不能在"填制凭证"功能中查询,只能在"查询凭证"功能中查询。

(5)删除。将已记账的凭证从临时记账凭证文件中删除,以防止重复记账。

2. 取消记账操作

由于某种原因,如记账过程中,因断电使记账发生中断,导致记账错误,或者记账后发现输入的记账凭证有错误,则需要进行修改。为了解决这类问题,可调用"恢复记账前状态"功能,将数据恢复到记账前状态,待调整完成后,再重新记账。在恢复记账前的状态时,系统提供两种恢复方式:一种是将系统恢复到最近一次记账前状态;另一种是将系统恢复到本月月初状态,不管本月记过几次账。已结账月份的数据不能取消记账。

任务实施

鹏达公司2014年1月会计业务活动如下,请据此进行总账系统凭证处理,以吕燕的身份登录"企业应用平台",填制会计凭证,履行出纳签字、主管签字,进行凭证审核、记账、恢复记账前状态等操作。

(1) 2014年1月4日,出纳员赵丽艳用票号1001的现金支票,从工行提取现金6 000元备用。会计分录为:

借:库存现金(1001)   6 000
  贷:银行存款——工行存款(100201)   6 000

(2) 2014年1月4日,总经理张伟出差,借款5 000元,票号为2201。会计分录为:

借:其他应收账款(1221)   5 000
  贷:库存现金(1001)   5 000

(3) 2014年1月4日销售科于明远收到光明灯具公司转来的转账支票(票号为3401)1张,面值为80 000元(欠款票号为1208),用以归还欠款。会计分录为:

借:银行存款——工行存款(100201)   80 000
  贷:应收账款(1122)   80 000

(4) 2014年1月4日供应科张燕燕以支票归还以前欠百灵电子公司部分货款187 200元(票号为3408)。会计分录为:

借:应付账款(2202)   187 200
  贷:银行存款——工行存款(100201)   187 200

(5) 2014年1月8日总经理张伟出差回来,报销差旅费4 000元,交回现金1 000元。该业务分两张凭证来填,一张是转账凭证,另一张是收款凭证。会计分录为:

借:管理费用——差旅费(660205)   4 000
  贷:其他应收账款(1221)   4 000
借:库存现金(1001)   1 000
  贷:其他应收账款(1221)   1 000

(6) 2014年1月8日供销部主任石庆海以支票方式支付业务招待费1 800元,票号为6008。会计分录为:

借:管理费用——其他费用(660206)   1 800
  贷:银行存款——工行存款(100201)   1 800

(7) 2014年1月9日,销售科于明远向光明灯具公司销售电子整流器1 000支(出库票号为5003),单价为10元。款尚未收到(适用税率13%)。会计分录为:

借:应收账款(1122)   11 300
  贷:主营业务收入——电子整流器收入(600101)   10 000

　　　　应交税费——应交增值税——销项税（22210102） 1 300

（8）2014 年 1 月 9 日，供应科宋学敏从莺歌电子器材公司购入集成电路 10 000 块，单价 5 元，货税款暂欠，商品已验收入库（发票号为 6010、适用税率 13%）。会计分录为：

　　借：原材料——集成电路（140302）　　　　　　50 000
　　　　应交税金——应交增值税——进项税（22210101） 6 500
　　　贷：应付账款（2202）　　　　　　　　　　　　　　56 500

一、填制凭证

以吕燕的身份登录"企业应用平台"，执行"业务工作"→"财务会计"→"总账"→"凭证"→"填制凭证"命令，打开"填制凭证"窗口。

1. 填制现金或银行收付业务的凭证

因现金和银行存款科目在会计核算中地位比较特殊，所以这里以如何填制涉及现金或银行存款的凭证为例，说明这类凭证的填制方法。

【任务 3-1】 2014 年 1 月 4 日，出纳员赵丽艳用票号 1001 的现金支票，从工行提取现金 6 000 元备用。操作步骤如下：

（1）在"填制凭证"对话框中，执行"制单"→"增加凭证"命令或按 F5 键，可增加一张新凭证，首先选择"凭证类别"项，凭证号由系统自动生成，再修改"制单日期"项，填入"附单据数"，回车后，光标停留在第一条分录处，在"摘要"处输入"赵丽艳从工行提取现金"，在"科目名称"栏输入"库存现金"，在"借方金额"栏输入"6000"，如图 3-9 所示。

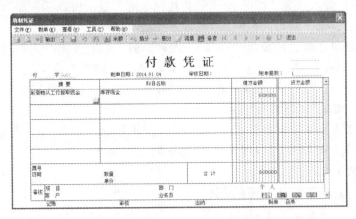

图 3-9　"填制凭证"对话框

（2）输入完成后回车，光标跳转到第二行分录处，输入"赵丽艳从工行提取现金"，在"科目名称"栏输入"100201"，回车后，弹出"辅助项"对话框，参照输入现金支票的"结算方式"，输入科目名称"1001"，参照修改发生日期，如图 3-10 所示。

（3）单击"确定"按钮，返回"填制凭证"对话框，移动光标至"贷方金额"处，输入"6000"，回车后，系统弹出"凭证"对话框，如图 3-11 所示。

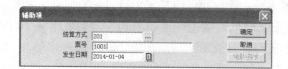

图 3-10 "辅助项"对话框　　　　图 3-11 是否登记支票的提示

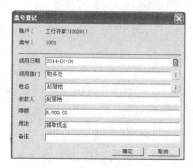

图 3-12 "票号登记"对话框

（4）单击"是"按钮，打开"票号登记"对话框，输入领用部门、领用人等信息，如图 3-12 所示。

2. 填制涉及个人往来业务的凭证

在"总账系统"中，往来核算是对要求进行往来核算的个人、客户和供应商等内容进行的核算。用户在设置会计科目时，若在"辅助核算"框中选择了"个人往来""客户往来"和"供应商往来"项，则在录入涉及该科目时，系统会弹出相应的辅助项对话框，要求输入辅助信息。往来辅助信息一旦录入，将在凭证下方的备注中显示。双击所要修改的辅助项内容，即可弹出辅助信息录入窗口，进行修改。

填制涉及个人往来业务的凭证。企业与企业内部职工之间发生的经济往来业务，属于个人往来业务，如职工出差借款等。

【任务 3-2】 2014 年 1 月 4 日，总经理张伟出差，借款 5 000 元，票号为 2201。操作步骤如下。

（1）在"填制凭证"对话框中，执行"制单"→"增加凭证"命令或按 F5 键，选择"付款凭证"，输入日期"2014-01-04"，按回车键，显示付款凭证序号为 0002，光标移至"摘要"栏。在"摘要"栏输入摘要"张伟出差借款"。

（2）在"科目名称"栏输入"1221"，按回车键，系统弹出个人往来"辅助项"对话框，要求输入辅助信息。在"部门"文本框输入"总经理办公室"；在"个人"文本框输入"张伟"；在"票号"文本框输入"2201"；在"发生日期"文本框输入"2014-01-04"。单击"确定"按钮结束操作。

（3）在"借方金额"文本框输入"5000"，按回车键。

（4）在下一条分录的"科目名称"文本框输入"1001"；在"贷方金额"文本框输入"5000"完成操作。

（5）单击"保存"按钮，保存凭证。

3. 填制涉及客户往来业务的凭证

客户往来是单位往来的一种，单位往来是指企业与其他企业之间发生的经济往来业务，包括客户往来和供应商往来。在填制凭证过程中，涉及客户往来业务的科目时，系统自动提示用户输入辅助信息，包括"客户""业务员"及"票号"等信息。其中"客户"文本框可输入代码或简称，"业务员"文本框可输入该笔业务的销售员，"票号"文本框可输入往来业务的单据号。

【任务 3-3】 2014 年 1 月 4 日销售科于明远收到光明灯具公司转来的转账支票（票号为 3401）1 张，面值为 80 000 元（欠款票号为 1208），用以归还欠款。操作步骤如下。

(1) 在"填制凭证"对话框中，执行"制单"→"增加凭证"命令或按 F5 键，选择"收款凭证"项，输入日期"2014-01-04"和"附单据数 1"，按回车键，收款凭证序号为 0001。在"摘要"对话框输入摘要"光明灯具公司还款"。

(2) 在"科目名称"对话框输入"100201"，按回车键，系统弹出结算方式"辅助项"对话框，要求输入辅助信息。单击"结算方式"，双击"转账支票"项；在"票号"文本框输入"3401"；在"发生日期"文本框输入"2014-01-04"。单击"确定"按钮，在凭证的右下角显示辅助项的内容。

(3) 在"借方金额"文本框输入"80000"，按回车键，光标移至下一条分录的摘要处。

(4) 在"科目名称"文本框输入"1122"，按回车键，系统弹出客户往来"辅助项"对话框，要求输入辅助信息。在"客户"文本框输入"光明灯具公司"；在"业务员"文本框输入"于明远"；在"票号"文本框输入"1208"；在"发生日期"文本框输入"2014-01-04"。按回车键，再单击"确定"按钮结束操作。

(5) 在"贷方金额"文本框输入"80000"，按"保存"按钮完成操作。

4. 填制涉及供应商往来业务的凭证

在填制凭证过程中，涉及供应商往来业务的科目时，系统自动提示用户输入辅助信息，包括"供应商""业务员"及"票号"等信息。其中"客户"可输入代码或简称，"业务员"可输入该笔业务的采购员，"票号"可输入往来业务的单据号。

【任务3-4】 2014 年 1 月 4 日供应科张燕燕以支票归还以前欠百灵电子公司部分货款 187 200 元（票号为 3408）。操作步骤如下。

(1) 在"填制凭证"对话框中，执行"制单"→"增加凭证"命令或按 F5 键，选择"付款凭证"项，输入日期"2014-01-04"和"附单据数 1"，按回车键，光标移至摘要栏。在"摘要"文本框输入摘要"还百灵公司货款"。

(2) 在"科目名称"文本框输入"2202"，按回车键，系统弹出供应商"辅助项"对话框，要求输入辅助信息。在"供应商"文本框输入"百灵公司"；在"业务员"文本框输入"张燕燕"；在"票号"文本框输入"1202"；在"发生日期"文本框输入"2014-01-04"。单击"确定"按钮结束操作。

(3) 在"借方金额"文本框输入"187200"，将光标移至下一条分录的摘要处。

(4) 在"科目名称"文本框输入"100201"，按回车键，系统将弹出结算方式"辅助项"对话框，要求输入辅助信息。单击"结算方式"，双击"转账支票"项；在"票号"文本框输入"3408"；在"发生日期"文本框输入"2014-01-04"。单击"确认"按钮，在凭证的右下角显示辅助项的内容。

(5) 在"贷方金额"栏输入"187200"，按"保存"按钮结束操作。

5. 填制涉及部门核算内容的凭证

当输入涉及部门核算业务的科目时，系统弹出辅助项窗口，要求输入部门信息，以加强部门核算与管理。

【任务3-5】 2014 年 1 月 8 日总经理张伟出差回来，报销差旅费 4 000 元，交回现金 1 000 元。该业务分两张凭证来处理，一张是转账凭证，另一张是收款凭证。操作步骤如下。

（1）在"填制凭证"对话框中，执行"制单"→"增加凭证"命令或按 F5 键，选择"转账凭证"项，输入日期"2014-01-08"和"附单据数 1"，按回车键，将光标移至摘要栏。在"摘要"文本框输入摘要"张伟出差回来报销差旅费"。

（2）在"科目名称"文本框输入"660205"，按回车键，系统弹出部门核算"辅助项"对话框，要求输入辅助信息，输入"总经理办公室"，单击"确定"按钮。

（3）在"借方金额"文本框输入"4000"，按回车键，光标移至下一条分录的摘要处。

（4）在"科目名称"文本框输入"1221"，按回车键，系统弹出个人往来"辅助项"对话框，要求输入辅助信息。在"部门"栏输入"总经理办公室"；在"个人"文本框输入"张伟"；在"票号"文本框输入"2201"；在"发生日期"文本框输入"2014-01-08"等信息。

（5）在"贷方金额"文本框输入"4000"，单击"保存"按钮。

（6）继续执行"制单"→"增加凭证"命令或按 F5 键，选择"收款凭证"项，输入日期"2014-01-08"和"附单据数 1"，将光标移至"摘要"栏。在"摘要"栏输入摘要"张伟出差回来报账交回现金"；在"科目名称"文本框输入"1001"；在"借方金额"文本框输入"1000"，按回车键。

（7）在下一条分录的"科目名称"文本框输入"1221"，按回车键，系统弹出个人往来"辅助项"对话框，要求输入辅助信息。依次输入"总经理办公室""张伟""2201""2014-01-08"等信息。

（8）在"贷方金额"文本框输入"1000"，按"保存"按钮结束操作。

【任务 3-6】 2014 年 1 月 8 日供销部主任石庆海以支票方式支付业务招待费 1 800 元，票号为 6008。操作步骤如下。

（1）在"填制凭证"对话框中，执行"制单"→"增加凭证"命令或按 F5 键，选择"付款凭证"项，输入日期"2014-01-08"和"附单据数 1"，按回车键，光标移至摘要栏。在"摘要"文本框输入摘要"石庆海支付招待费"。

（2）在"科目名称"文本框输入"660206"，按回车键，系统弹出部门核算"辅助项"对话框，要求输入辅助信息。可直接输入"供销部"，按回车键，单击"确认"按钮。

（3）在"借方金额"文本框输入"1800"，按回车键，光标移至下一条分录的摘要处。

（4）在"科目名称"文本框输入"100201"，按回车键，系统弹出结算方式"辅助项"对话框，要求输入辅助信息。依次在"结算方式"中输入"转账支票"，在"票号"中输入"6008"，在"发生日期"文本框中输入"2014-01-08"等信息。单击"确定"按钮结束操作。

（5）在"贷方金额"文本框输入"1800"，按"保存"按钮结束操作。

6. 填制涉及数量核算业务的凭证

【任务 3-7】 2014 年 1 月 9 日，销售科于明远向光明灯具公司销售电子整流器 1 000 支（出库票号为 5003），单价为 10 元。款尚未收到（适用税率 13%），操作步骤如下。

（1）在"填制凭证"对话框中，执行"制单"→"增加凭证"命令或按 F5 键，选择"转账凭证"项，输入日期"2014-01-09"，按回车键，光标移至摘要栏。在"摘要"文本框输入"于明远出售电子整流器"。

（2）在"科目名称"文本框输入"1122"，按回车键，系统弹出客户往来"辅助项"对话框，要求输入辅助信息。在"客户"文本框输入"光明灯具"；在"业务员"文本框输入"于明远"；在"票号"文本框输入"5003"；在"发生日期"栏输入"2014-01-09"。单击"确定"按钮。

（3）在"借方金额"文本框输入"11300"，按回车键，光标移至下一条分录的摘要处。

（4）在"科目名称"文本框输入"600101"，按回车键，弹出数量核算"辅助项"对话框，要求输入辅助信息。在"数量"文本框中输入"1000"，在"单价"文本框中输入"10"。单击"确定"按钮。

（5）在"贷方金额"文本框输入"10000"，按回车键，光标移至下一条分录的摘要处。

（6）在"科目名称"文本框输入"22210102"，按回车键。

（7）在"贷方金额"文本框输入"1300"，按"保存"按钮。

【任务3-8】 2014年1月9日，供应科宋学敏从莺歌电子器材公司购入集成电路10 000块，单价5元，货税款暂欠，商品已验收入库（发票号为6010、适用税率13%）。操作步骤如下。

（1）在"填制凭证"对话框中，执行"制单"→"增加凭证"命令或按F5键，选择"转账凭证"项，输入日期"2014-01-09"，按回车键，光标移至"摘要"处。在"摘要"文本框输入"宋学敏购入集成电路"。

（2）在"科目名称"文本框输入"140302"，按回车键，系统弹出数量核算"辅助项"对话框，要求输入数量核算辅助信息。在"数量"文本框输入"10000"，在"单价"文本框输入"5"信息，单击"确定"按钮返回"转账凭证"对话框。再按回车键，光标移至下一条分录的摘要处。

（3）在"科目名称"文本框输入"22210101"；在"借方金额"文本框输入"6500"，按回车键，光标移至下一条分录的摘要处。

（4）在"科目名称"文本框输入"2202"，按回车键，系统弹出供应商往来"辅助项"对话框，输入辅助信息。在"供应商"栏输入"莺歌电子"，在"业务员"栏输入"宋学敏"，在"票号"输入"6010"，在"发生日期"栏输入"2014-01-09"。单击"确定"按钮返回"转账凭证"对话框，按回车键。

（5）在"贷方金额"栏输入"56500"，按"保存"按钮结束操作。

7. 常用摘要

在填制凭证的过程中，经常会有许多摘要完全相同或大部分相同，如果将这些常用摘要存储起来，在填制会计凭证时随时调用，就可提高业务处理效率。调用常用摘要可以在摘要栏直接输入常用摘要代码或按F2键参照输入。定义常用摘要的步骤如下。

（1）在"填制凭证"对话框中，按F2键，显示"常用摘要"对话框。

（2）单击"增加"按钮，输入"摘要编码""摘要内容"和"相关科目"等信息，如图3-13所示。

(3) 依次增加完毕后，单击"退出"按钮。

8. 常用凭证

在日常账务处理中，经常会有许多凭证完全相同或部分相同，如果将这些常用的凭证存储起来，在填制会计凭证时可随时调用，必将大大提高业务处理的效率。

(1) 定义常用凭证。在"企业应用平台"窗口，执行"业务工作"→"财务会计"→"总账"→"凭证"→"常用凭证"命令，打开"常用凭证"对话框，单击"增加"按钮，输入"编码""说明""凭证类别""附单据数"等信息，如图 3-14 所示。单击"详细"按钮或按 F8 键可对常用凭证的凭证分录内容进行定义。

图 3-13 "常用摘要"对话框　　　　图 3-14 "常用凭证"对话框

(2) 生成常用凭证。定义常用凭证比较麻烦，也可以在填制凭证中随时将填制好的凭证生成为常用凭证，这样即方便，又适用。首先选择要生成常用凭证的记账凭证，再单击"填制凭证"窗口的"制单"→"生成常用凭证"命令，输入凭证代号和说明等信息，单击"确认"按钮，即完成生成凭证操作。

(3) 调用常用凭证。在"填制凭证"状态下，执行"制单"→"调用常用凭证"命令或按 F4 键，打开"调用常用凭证"对话框，输入编号后，即可调出该常用凭证。若调出的常用凭证不符合要求，可直接将其修改成所需的凭证。

二、修改凭证

1. 错误凭证的"无痕迹"修改

对于未审核的凭证，直接在"填制凭证"窗口中，单击"查询"按钮，查找到要修改的凭证，将光标直接定位在需要修改的地方，直接修改即可；单击"保存"按钮，保存修改结果。如果涉及银行科目的分录已录入支票信息，并对该支票做过报销处理，修改操作将不影响"支票登记簿"中的内容。若要修改辅助项，则将光标移到要修改的辅助项处，双击鼠标，弹出相应的辅助项对话框，可直接在上面修改，修改后单击"保存"按钮。

2. 错误凭证的"有痕迹"修改

对于已经记账的错误凭证，系统允许采取红字冲销法进行修改。在"填制凭证"对话框，执行"制单"→"冲销凭证"命令，打开"冲销凭证"对话框，输入月份、凭证类别、凭证号等信息，如图 3-15 所示，单击"保存"按钮，即可生成一张"红字"凭证，如图 3-16 所示。

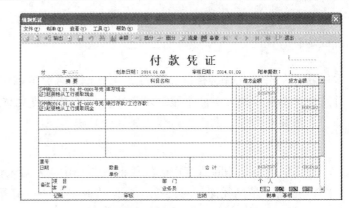

图 3-15 "冲销凭证"对话框　　　　图 3-16 生成"红字"凭证

提示 ① 若在"选项"中设置了"制单序时"项,那么,修改制单日期时,不能在上一编号凭证的制单日期之前。1 月制的凭证不能将制单日期改为 2 月的日期。

② 若在"选项"中设置了"不允许修改、作废他人填制的凭证"项,则不能修改他人填制的凭证。

③ 若在"选项"中设置了"合并凭证显示、打印"项,那么,在合并状态下不能录入、修改凭证,只有切换到展开状态才可以。使用快捷键 Ctrl+A 自动切换合并/展开。

④ 如果某笔涉及银行科目的分录已录入支票信息,并对该支票做过报销处理,修改该分录,将不影响"支票登记簿"中的内容。

⑤ 外部系统传过来的凭证不能在总账系统中进行修改,只能在生成该凭证的系统中进行修改。

三、作废与整理凭证

1. 作废和恢复凭证

当不想要某张凭证或出现不便修改的错误时,在记账前,可将其作废,也可根据需要将其恢复,操作步骤如下。

(1) 在"企业应用平台"窗口,执行"业务工作"→"财务会计"→"总账"→"凭证"→"填制凭证"命令,打开"填制凭证"对话框,通过单击"首页""上页""下页""末页"按钮查找到要作废的凭证。

(2) 执行"制单"→"作废/恢复"命令,凭证左上角显示"作废"字样,如图 3-17 所示,表示已经将该凭证作废。

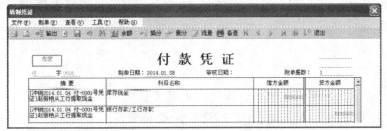

图 3-17 生成"作废"凭证

（3）再次执行"制单"→"作废/恢复"命令，即可取消"作废"标志，使当前凭证成为有效凭证。

提示 作废凭证仍保留凭证内容及凭证编号，只在凭证左上角显示"作废"字样。作废凭证不能修改，不能审核。在记账时，不对作废凭证做数据处理，相当于一张空凭证。在账簿查询时，也查不到作废凭证的数据。

2. 整理凭证

整理凭证就是删除所有作废的凭证，并利用空号对未记账凭证进行重新编号。

（1）在"填制凭证"对话框，执行"制单"→"作废/恢复"命令，弹出"凭证期间选择"对话框，选择要整理的月份，如图3-18所示。

（2）单击"确定"按钮后，弹出"作废凭证表"对话框，选择要整理的凭证，如图3-19所示。

图3-18 "凭证期间选择"对话框　　　　图3-19 "作废凭证表"对话框

（3）单击"确定"按钮后，弹出"此月份没作废凭证，是否还需整理凭证"的提示，同时对整理后的凭证排序方式进行选择，选择后，单击"是"按钮，系统删除作废凭证，并对剩余的凭证进行重新排列。

提示 ① 若本月有凭证已记账，那么，本月最后一张已记账凭证之前的凭证将不能做凭证整理，只能对其后面的未记账凭证做凭证整理。若想对已记账凭证做凭证整理，请先到"恢复记账前状态"功能中恢复本月月初的记账前状态，再做凭证整理。

② 若由于手工编制凭证号造成凭证断号，也可通过此功能进行整理，方法是选择完凭证号重排方式之后不选作废凭证，直接单击"是"按钮即可。由系统编号时，删除凭证后系统提示是否整理空号凭证，若单击"是"按钮，则将作废凭证删除并重新排列凭证编号。

四、审核凭证

如果凭证选项中设置了"出纳凭证必须经由出纳签字"选项，则对于涉及现金、银行存款的收支业务凭证必须由出纳签字后才能审核；如果凭证选项中设置了"凭证必须经由主管会计签字"选项，则所有凭证必须经主管会计签字后才能进入到审核程序。

1. 主管签字

（1）在"企业应用平台"窗口，执行"业务工作"→"财务会计"→"总账"→"凭证"→"主管签字"命令，打开"主管签字-查询条件"对话框。

（2）选择要查询的凭证类别，选择查询月份和凭证号范围等信息，单击"确定"按钮,弹出"主管签字情况"状况表。

(3)双击要签字的凭证行,调出某张要签字的凭证,单击"签字"按钮,在凭证右上方显示账套主管的姓名。依次对其他凭证进行签字。若要取消签字,可单击"取消"按钮。也可在"主管签字"窗口执行"主管"→"成批主管签字"命令,系统提示签字状态,单击"确定"按钮,完成成批签字。若执行"主管"→"成批取消签字"命令,则可以成批取消主管签字。

2. 凭证审核

(1)以具有审核权限的操作员登录"企业应用平台",执行"业务工作"→"财务会计"→"总账"→"凭证"→"审核凭证"命令,打开"凭证查询"对话框。

(2)在对话框中选择要查询的凭证类别,选择查询月份和凭证号范围等信息,单击"确定"按钮,弹出"查询凭证"状况表。

(3)双击要审核签字的凭证行,调出某张要审核签字的凭证,单击"签字"按钮,在凭证的"审核"处显示审核员姓名。依次对其他凭证进行审核签字。若要取消签字,可单击"取消"按钮。也可在"审核凭证"窗口执行"审核"→"成批审核凭证"命令,系统提示审核签字状态,单击"确定"按钮,完成成批审核凭证。若执行"审核"→"成批取消审核"命令,可以成批取消审核签字。

五、凭证输出

记账凭证的输出主要有查询和打印两种方式。

(1)在"企业应用平台"窗口,执行"业务工作"→"财务会计"→"总账"→"凭证"→"查询凭证"命令,打开"凭证查询"对话框,选择凭证类别、查询月份等查询条件。

(2)单击"确定"按钮,显示凭证查询结果列表。双击每一凭证所在行,可以直接调出该凭证,供查看。

(3)在"企业应用平台"窗口,执行"业务工作"→"财务会计"→"总账"→"凭证"→"凭证打印"命令,打开"凭证打印"对话框,选择凭证类别、凭证范围、期间范围等打印条件。

(4)单击"设置"按钮,可设置纸型、页边距等。设置完成后,单击"打印"按钮,可打印选定的凭证。单击"预览"按钮,可预览打印效果。

提示 ① 凭证的打印方式默认与系统选项中的设置一致,用户在打印时可以更改,系统自动保存上一次的打印选项。

② 只打印符合指定格式的凭证,即只打印所选凭证范围内凭证格式与指定凭证格式相同的凭证。例如,凭证格式选择了金额式,则只打印所选凭证范围内的金额式的凭证,数量外币式的凭证不打印。

③ 通常在月底待本月凭证全部入账后,可将全部凭证打印出来作为会计档案予以保存。

六、记账

记账凭证经审核签字后,即可用来登记总账和明细账、日记账、部门账、往来账、项目账以及备查账等。本系统记账采用向导方式,使记账过程更加明确。具体操作步骤如下。

(1) 在"企业应用平台"窗口,执行"业务工作"→"财务会计"→"总账"→"凭证"→"记账"命令,打开"记账"对话框,单击"全选"按钮,选择记账范围,如图 3-20 所示。

(2) 单击"记账"按钮,打开"期初试算平衡表"对话框,如图 3-21 所示。

(3) 单击"确定"按钮,系统开始记账。

(4) 记账结束后,弹出"记账完毕"对话框,单击"确定"按钮,返回"记账"对话框。单击"退出"按钮,结束记账操作。

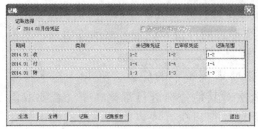

图 3-20 "记账"对话框

图 3-21 "期初试算平衡表"对话框

七、恢复记账前状态

记账凭证经审核签字后,即可用来登记总账和明细账、日记账、部门账、往来账、项目账以及备查账等。本系统记账采用向导方式,使记账过程更加明确。具体操作步骤如下。

(1) 在"企业应用平台"窗口,执行"业务工作"→"财务会计"→"总账"→"期末"→"对账"命令,打开"对账"对话框,按 Ctrl + H 组合键,激活恢复记账前状态功能。

(2) 执行"业务工作"→"财务会计"→"总账"→"凭证"→"恢复记账前状态"命令,打开"恢复记账前状态"对话框,选择"最近一次记账前状态"项。单击"确定"按钮。

(3) 系统弹出"输入"对话框,要求输入主管口令,输入口令后,单击"确定"按钮,系统开始恢复数据,恢复结束后,弹出"恢复记账完毕"对话框。单击"确定"按钮,结束"恢复记账前状态"操作。

 任务3 总账系统出纳管理

 任务解析

出纳管理是总账系统中为出纳人员提供的一套管理工具,主要包括出纳签字、现金与银行日记账的查询与打印、支票登记簿管理、资金日报表查询、银行对账等功能。通过完成本任务，使学生了解出纳管理的主要任务和操作流程，学会出纳签字的操作方法，现金、银行日记账和资金日报表的查询与打印方法，熟练掌握支票登记、银行对账的操作方法。

知识链接

一、出纳签字

企业可根据实际需要决定是否要对出纳凭证进行出纳签字管理，若不需要此功能，可在"选项"中取消"出纳凭证必须经由出纳签字"的设置。出纳凭证由于涉及企业现金的收入与支出，应加强对出纳凭证的管理。出纳员可通过出纳签字功能对制单人填制的带有现金银行科目的凭证进行检查核对，主要核对出纳凭证的出纳科目的金额是否正确，审查认为错误或有异议的凭证，应交与填制人员修改后再核对。企业还可以依据实际需要加入出纳签字后方可执行领导签字的控制，同时取消签字时控制领导尚未签字。可在"选项"中选择"主管签字以后不可以取消审核和出纳签字"。

二、出纳账查询

1. 日记账查询和输出

现金和银行存款日记账功能设置的主要作用是用于查询和打印输出。现金和银行存款日记账查询可查询日记账的详细情况，现金和银行科目必须在"会计科目"功能下的"指定科目"中预先指定。

按照会计制度规定，现金和银行存款日记账可通过计算机系统打印输出的活页账替代原来手工系统使用的订本账。

2. 资金日报表的查询

资金日报表主要用于查询输出现金、银行存款科目某日的发生额及余额情况。在资金日报表的查询中，提供今日共借、今日共贷、今日余额、借方笔数、贷方笔数、昨日余额的合计数，并按币种进行合计，每个币种一行，合计以末级科目的金额计算。

三、支票登记簿管理

支票登记簿管理是出纳人员的重要工作内容，在手工记账时，银行出纳通常建立支票领用登记簿，用来登记支票领用情况，为此用友 ERP 系统为出纳员提供了"支票登记簿"功能。支票登记簿可详细记录支票领用人、领用日期、支票用途、是否报销等情况。领用日期和支票号必须输入，其他内容为可选输入项。

只有在总账系统的初始设置中的"选项"中设置了"支票控制"选项并在结算方式中设置了"票据结算"标志，且在"会计科目"中已指定为银行的科目才能使用支票登记簿。

当有人领用支票时，出纳员进入"支票登记"功能登记支票领用日期、领用部门、领用人、支票号、备注等；当支票支出后，经办人持原始单据（发票）到财务部门报销，会计人员据此填制记账凭证。当在系统中录入该凭证时，系统要求录入该支票的结

算方式和支票号，在系统填制完成该凭证后，系统自动在支票登记簿中将该号支票写上报销日期，该号支票即为已报销。

支票登记簿中的报销日期栏，一般是由系统自动填写的，但对于有些已报销而由于人为原因造成系统未能自动填写报销日期的支票，用户可进行手工填写。

四、银行对账

银行对账是货币资金管理的主要内容，是出纳员的最基本工作之一。企业大部分结算业务是通过银行进行的，但由于企业与银行的账务处理和入账时间不一致，往往会发生双方账面不一致的情况，即所谓"未达账项"。为了能够准确掌握银行存款的实际余额，企业必须定期将银行存款日记账与银行出具的对账单进行核对，并编制银行存款余额调节表。在手工方式下，银行对账采取逐笔勾对的方式进行；在计算机方式下，银行对账采取在录入银行对账单后让计算机自动勾对的方式进行。

1. 录入银行对账期初数据

银行对账期初数据功能，用于第一次使用银行对账模块前录入企业及银行的未达账，在开始使用银行对账之后一般不再使用。当第一次开始使用总账系统时便开始使用银行对账模块，在使用"银行对账"功能进行对账之前，需要进入"银行对账期初录入"，录入企业及银行未达账项，然后再开始记账，待月末录入银行对账单，然后开始对账。通常，许多单位在使用总账系统时，先不使用银行对账模块。比如，某企业 2014 年 1 月开始使用账务处理系统，而银行对账功能则是 5 月开始使用，银行对账则应该有一个启用日期（启用日期应为使用银行对账功能前最近一次手工对账的截止日期），应在此录入最近一次企业方与银行方的调整前余额，以及启用日期之前的单位日记账和银行对账单的未达项。待所有未达项录入正确后启用此账户，再开始记 5 月的凭证，在 5 月的凭证记完账后，进入"银行对账单"，录入 5 月份的银行对账单，然后开始记账。

2. 录入银行对账单

本功能用于平时录入银行对账单。选择本功能后系统要求指定账户（银行科目），然后录入本账户下的银行对账单。要实现计算机自动进行银行对账，在每月月末对账前，必须将银行开出的银行对账单输入计算机，存入"对账单文件"中。若企业在多家银行开户，对账单应与其对应账号所对应的银行存款下的末级科目一致。

银行对账单余额方向为借方时，借方发生表示银行存款增加，贷方发生表示银行存款减少。系统默认银行对账单余额方向为借方，单击"方向"按钮可调整银行对账单余额方向。已进行过银行对账勾对的银行科目不能调整银行对账单余额。

3. 自动对账

银行对账采用自动对账与手工对账相结合的方式。自动对账是计算机根据对账依据自动进行核对、勾销，对账条件根据需要选择，"方向、金额相同"是必选条件，其他可选条件有票号、结算方式、日期等。对账的依据通常是"结算方式+结算号+方向+金额"和"方向+金额"。对于已核对的银行业务，系统将自动在银行存款日记账和银行对账单双方写上两清标志"○"。

4. 手工对账

由于系统中的银行未达账项是通过凭证处理自动形成的，期间有人工录入过程，可能存在不规范输入的情况，造成自动对账无法勾销，这时候可以通过手工对账来完成。

手工对账是对自动对账的补充。采用自动对账后，可能还有一些特殊的已达账项尚未勾对出来而被视作未达账项。为了保证对账更彻底准确，可通过手工对账进行调整勾销。

5. 输出余额调节表

对账完成后，计算机自动整理汇总未达账项和已达账项，生成银行存款余额调节表。

6. 查询对账勾对情况

用于查询单位日记账及银行对账单的对账结果。

7. 核销已达账

在总账系统中，用于银行对账的银行日记账数据和银行对账单数据是会计核算和财务管理的辅助数据。正确对账后，已达账项数据已无保留价值，因此，可通过本功能删除用于对账的银行日记账已达账项和银行对账单已达账项，以清理计算机系统的硬盘空间。但应注意在确信银行对账正确前，不要使用本功能删除已达账项；否则，若对账不正确，将造成以后对账的错误。

任务实施

延用［666］账套数据，进行支票登记管理，查询现金、银行日记账，并根据鹏达公司如下资料进行银行对账，生成银行存款余额调节表。

（1）鹏达公司银行对账期初资料如下：鹏达公司银行对账功能的启用日期为2014年1月1日，工行存款的单位日记账调整前余额为1 000 000元，银行对账单的调整前余额为1 010 000元；银行2013年12月9日收到大地监控设备经销公司转来货款30 000元，而公司未记账，票号为1222；2013年12月30日银行划拨电费款10 000元，而公司未记账，票号为6226；2013年12月16日公司收到大地监控设备经销公司直接送来的转账支票1张，票额20 000元；2013年12月28日公司开出1张10 000元的支票购买产品。

（2）银行对账单情况如表3-1所示。

表3-1 银行对账单

日　　期	结算方式	支票号	借方金额（元）	贷方金额（元）
2014.01.04	201	1001		6 000.00
2014.01.04	202	3401	80 000.00	
2014.01.04	202	3408		60 000.00
2014.01.08	202	6008		1 800.00

一、出纳签字

（1）在"企业应用平台"窗口，执行"业务工作"→"财务会计"→"总账"→

"凭证"→"出纳签字"命令,打开"出纳签字"对话框,输入要查询的凭证类别,选择查询月份和凭证号范围;选择"全部"项显示所有符合条件的凭证列表,选择"作废凭证"项或"有错凭证"项显示所有符合条件的作废或有错的凭证,三个选项可任选其一。

(2) 单击"确定"按钮,弹出"出纳签字"对话框,双击要签字的凭证行,进入到某张凭证签字状态,单击"签字"按钮,凭证底部的"出纳"处自动签上出纳姓名。依次对其他凭证进行签字。若要取消签字,可单击"取消"按钮。

(3) 在"出纳签字"对话框执行"出纳"→"成批出纳签字"命令,系统提示出纳签字状态,单击"确定"按钮,完成成批出纳签字。若执行"出纳"→"成批取消签字"命令,可以成批取消出纳签字。

二、出纳账查询

1. 日记账查询与输出

(1) 在"企业应用平台"窗口,执行"业务工作"→"财务会计"→"总账"→"出纳"→"现金日记账"命令,打开"现金日记账查询条件"对话框,如图3-22所示。

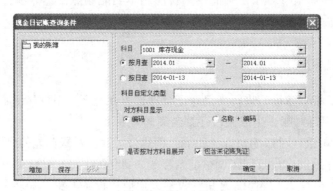

图 3-22 "现金日记账查询条件"对话框

(2) 选择查询科目和期间,单击"确定"按钮,打开"现金日记账"窗口。

(3) 银行存款日记账的查询方法与现金日记账基本相同,不同的是银行存款日记账多一个结算号栏,用于对账。

2. 资金日报表的查询

(1) 在"企业应用平台"窗口,执行"业务工作"→"财务会计"→"总账"→"出纳"→"资金日报"命令,打开"资金日报表查询条件"对话框,选择相应的日期、级次,根据具体情况选择"包含未记账凭证"和"有余额无发生也显示"项,如图3-23所示。

(2) 单击"确定"按钮,打开"资金日报表"窗口。

(3) 选择某一行并单击工具栏上的"日报"按钮,弹出"日报单"对话框,如图3-24所示。如需打印,可单击"打印"按钮。

图 3-23 "资金日报表查询条件"对话框

图 3-24 "日报单"对话框

三、支票登记簿管理

以出纳员赵丽艳的身份登录"企业应用平台"窗口,执行"业务工作"→"财务会计"→"总账"→"出纳"→"支票登记簿"命令,弹出"银行科目选择"对话框,选择"工行存款(100201)",单击"确定"按钮,打开"支票登记簿"窗口,单击"增加"按钮,登记支票领用信息。登记完毕后,单击"保存"按钮退出。

提示 ① 将光标移到需要修改的数据项上可直接修改支票登记簿内容。

② 当支票登记簿中报销日期为空时,表示该支票未报销,否则系统认为该支票已报。

③ 已报销的支票不能进行修改。若想取消报销标志,只要将光标移到报销日期处,按空格键删掉报销日期即可。

四、银行对账

1. 录入银行对账期初数据

(1) 在"企业应用平台"窗口中,执行"业务工作"→"财务会计"→"总账"→"出纳"→"银行对账"→"银行对账期初录入"命令,弹出"银行科目选择"对话框,选择"工行存款(100201)",如图 3-25 所示。

(2) 单击"确定"按钮,打开"银行对账期初"对话框,修改"启用日期",输入"单位日记账"调整前余额和"银行对账单"的调整前余额,如图 3-26 所示。

图 3-25 "银行科目选择"对话框

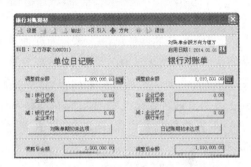

图 3-26 "银行对账期初"对话框

(3) 在"银行对账期初"对话框中,单击"对账单期初未达项"按钮,打开"银行方期初"窗口,单击"增加"按钮,输入银行已经入账而企业尚未入账业务的日期、结算方式、票号、金额等信息,如图 3-27 所示。单击"增加"按钮,返回"银行对账期初"窗口。

(4) 在"银行对账期初"窗口中,单击"日记账期初未达项"按钮,打开"企业方期初"窗口,单击"增加"按钮,输入企业已经入账而银行尚未入账业务的日期、凭证类别、凭证号、结算方式、票号、金额、摘要等信息,如图 3-28 所示。单击"增加"按钮,返回"银行对账期初"窗口,可以看到"单位日记账"调整后余额和"银行对账单"调整后的余额是平衡的。

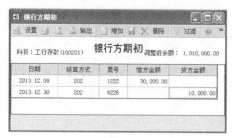

图 3-27 "银行方期初"窗口

图 3-28 "企业方期初"窗口

提示 ① 单位日记账与银行对账单的"调整前余额"应分别为启用日期时该银行科目的科目余额及银行存款余额;"期初未达项"分别为上次手工勾对截止日期到启用日期前的未达账项;"调整后余额"分别为上次手工勾对截止日期的该银行科目的科目余额及银行存款余额。若输入正确,则单位日记账与银行对账单的调整后余额应平衡。

② 输入的银行对账单、单位日记账的期初未达项的发生日期不能大于等于此银行科目的启用日期。

③ "银行对账期初"功能是用于第一次使用银行对账模块前录入日记账及对账单未达项,在开始使用银行对账之后一般不再使用。

④ 当第一次开始使用账务处理系统时,便开始使用银行对账模块;或是年初时便开始使用银行对账模块,则在建账后还需进入"银行对账期初"窗口中输入期初日记账未达项和期初银行对账单未达项,然后再开始制单记账,待月末再录入银行对账单,然后开始对账。

⑤ 在输入完单位日记账、银行对账单期初未达项后,请不要随意调整启用日期,尤其是不要向前调整,这样可能会造成启用日期后的期初数不能再参与对账。例如,录入了 4 月 1 日、5 日、8 日的几笔期初未达项后,将启用日期由 4 月 10 日调整为 4 月 6 日,那么 4 月 8 日的那笔未达项将不能在期初及银行对账中见到。

⑥ 若某银行科目已进行过对账,在期初未达项录入中,对于已勾对或已核销的记录不能再修改。

⑦ 银行对账单余额方向为借方时,借方发生表示银行存款增加,贷方发生表示银行存款减少;反之,借方发生表示银行存款减少,贷方发生表示银行存款增加。系统默认

银行对账单余额方向为借方,按方向按钮可调整银行对账单余额方向。已进行过银行对账勾对的银行科目不能调整银行对账单余额方向。

⑧ 在执行对账功能之前,应将"银行对账期初"窗口中的"调整后余额"调平(即单位日记账的调整后余额=银行对账单的调整后余额),否则,在对账后编制"银行存款余额调节表"时,会造成银行存款与单位银行账的账面余额不平。

⑨ 如果需要删除系统默认的日记账期初未达项,可单击引入后删除。

2. 录入银行对账单

录入银行对账单功能用于平时录入、查询和引入银行对账单。在此功能中显示的银行对账单为启用日期之后的对账单。本任务要求将表3-1银行对账单资料录入到系统中,操作步骤如下。

(1) 以出纳员身份登录"企业应用平台"窗口,执行"业务工作"→"财务会计"→"总账"→"出纳"→"银行对账"→"银行对账单"命令,弹出"银行科目选择"对话框,选择"工行存款(100201)",选择对账月份为"2014.01",如图3-29所示。

(2) 单击"确定"按钮,打开"银行对账单"窗口,单击"增加"按钮,依次录入表3-1所列的银行对账单内容,如图3-30所示。

图3-29 "银行科目选择"对话框

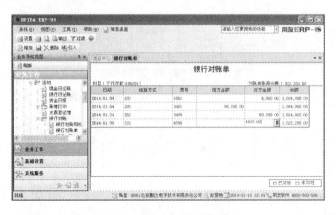

图3-30 "银行对账单"窗口

(3) 单击"删除"按钮,可删除一笔银行对账单;单击"过滤"按钮,可按条件过滤对账单供查询;单击"退出"按钮,返回"企业应用平台"窗口。

3. 银行对账

银行对账采用自动对账与手工对账相结合的方式。

(1) 以出纳员身份登录"企业应用平台"窗口,执行"业务工作"→"财务会计"→"总账"→"出纳"→"银行对账"→"银行对账单"命令,弹出"银行科目选择"对话框,选择"工行存款(100201)"项,选择对账月份为"2014.01",选择"显示已达账"项,单击"确定"按钮,打开"银行对账单"窗口,如图3-31所示。

(2) 单击"对账"按钮,弹出"自动对账"对话框,输入对账截止日期,如果不输入，则核对所有日期的账。选择对账条件：系统默认的对账条件为日期相差 12 日之内，结算方式、票号相同，可以根据业务需要确定自动对账条件。单击"确定"按钮，系统开始按照设定的对账条件对账，自动对两清的记录标记"〇"，且已经两清的记录显示背景颜色。

图 3-31 "银行对账单"窗口

（3）若不使用自动对账，也可以使用手工对账。在"单位日记账"中选择要勾对的记录，在对应的两清栏双击，会在两清栏上标记"Y"；再双击"银行对账单"中对应的对账单的两清栏，如果两清则标记"Y"，依次标记所有需要两清的记录。单击"检查"按钮检查对账是否有错误，系统弹出"对账平衡检查"对话框。若对账没有错误，则会在对话框左下角显示"平衡"框，如图 3-32 所示。单击"确定"按钮结束操作。

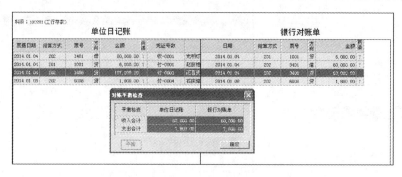

图 3-32 "对账平衡检查"对话框

4. 银行存款余额调节表的生成

以出纳员身份登录"企业应用平台"窗口，执行"业务工作"→"财务会计"→"总账"→"出纳"→"银行对账"→"余额调节表查询"命令，弹出"银行存款余额调节表"对话框，选择要查询的银行科目，双击该行或单击"查看"按钮，打开"银行存款余额调节表"对话框。

5. 查询对账勾对情况

以出纳员身份登录"企业应用平台"窗口，执行"业务工作"→"财务会计"→"总账"→"出纳"→"银行对账"→"查询对账勾对情况"命令，弹出"银行科目选择"对话框，选择"工行存款（100201）"，选中显示选项，单击"确定"按钮，打开"银行对账单"窗口，显示"已对账"和"未对账"情况，如图 3-33 所示。

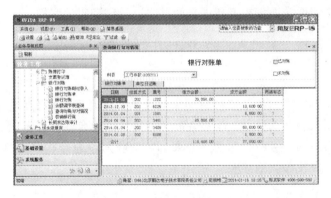

图 3-33 "银行对账单"窗口

6. 核销已达账

以出纳员身份登录"企业应用平台"窗口,执行"业务工作"→"财务会计"→"总账"→"出纳"→"银行对账"→"核销银行账"命令,弹出"核销银行账"对话框,选择"工行存款(100201)",单击"确定"按钮,即可核销已达账项。

 任务4 总账系统账表管理

 任务解析

总账系统在提供一般会计核算功能基础上,还提供了基本核算账簿和辅助核算账簿管理功能。基本核算账簿管理主要包括总账、发生额和余额表、明细账、日记账、多栏账、日报表等;辅助核算账簿管理主要包括个人往来、客户往来、供应商往来、部门核算、项目核算账簿的总账和明细账,以及部门收支分析、项目统计表的查询与打印输出等。

通过完成本任务能够掌握总账、余额表、明细账、序时账、多栏账、日记账、日报表的查询和管理方法;掌握个人往来辅助账、客户往来辅助账、供应商往来辅助账、部门辅助账、项目核算辅助账的查询与管理方法。

 知识链接

企业发生的经济业务,经过填制凭证、审核凭证和记账等处理过程,形成正式的会计账簿。对企业发生的经济业务进行查询、统计、分析等操作时,都可以通过"账簿管理"功能完成。为了能够及时地了解账簿中的数据资料,并满足对账簿数据的分析和打印需要,在总账系统中,提供了强大的查询功能,包括基本会计核算账簿的查询输出、各种辅助核算账簿以及现金、银行存款日记账的查询输出。整个系统可以方便地实现对

总账、明细账、多栏账、余额表及凭证等的账、证、表资料的联查。

一、科目账管理

1. 总账

总账查询不但可以查询各总账科目的年初余额、各月发生额合计和月末余额，而且还可查询所有二至六级明细科目的年初余额、各月发生额合计和月末余额。查询总账时，标题显示为所查科目的一级科目名称+总账，如应收账款总账；联查总账对应的明细账时，明细账显示为应收账款明细账。

2. 余额表

余额表用于查询统计各级科目的本期发生额、累计发生额和余额等。传统的总账，是以总账科目分页设账，而余额表则可输出某月或某几个月的所有总账科目或明细科目的期初余额、本期发生额、累计发生额、期末余额，在实行计算机记账后，建议用户用余额表代替总账。

3. 明细账

明细账用于平时查询各账户的明细发生情况，及按任意条件组合查询明细账。在查询过程中可以包含未记账凭证。本功能提供了三种明细账的查询格式，即普通明细账、按科目排序明细账、月份综合明细账。普通明细账是按科目查询，按发生日期排序的明细账；按科目排序明细账是按非末级科目查询，按其有发生额的末级科目排序的明细账；月份综合明细账是按非末级科目查询，包含非末级科目总账数据及末级科目明细数据的综合明细账。

4. 序时账

序时账用于按时间顺序排列每笔业务的明细数据。

5. 多栏账

多栏账是总账系统中一个很重要的功能，用户可以使用本功能设计自己企业需要的多栏明细账，按明细科目保存为不同的多栏账名称，在以后的查询中只需要选择多栏明细账直接查询即可。可按明细科目自由设置不同样式的多栏账。

6. 日记账

日记账主要用于查询除现金日记账、银行日记账以外的其他日记账，所以要先在"会计科目"对话框中将要查询日记账的科目设置为"日记账"。现金日记账、银行日记账在出纳管理中查询。如果某日的凭证已填制完毕但未登记入账，可以通过选择"包含未记账凭证"进行查询。

7. 日报表

日报表用于查询输出某日所有科目的发生额及余额情况（不包括现金、银行存款科目）。

二、辅助账管理

1. 个人往来辅助账管理

个人往来辅助账用于查询某个人往来核算科目下所有人的发生额及余额情况，能够及时地了解个人借款、还款情况，及时地清理个人借款。利用个人往来核算功能需先在设置会计科目时将需使用个人往来核算的科目的账类设为"个人往来"，同时，还需要个人项目与往来核算科目建立联系，如"总经理办公室——张伟"。

使用个人往来核算功能可以完成个人余额查询统计、个人往来明细账查询输出、个人往来清理、往来对账、个人往来催款单、个人往来账龄分析和打印催款单等。

2. 客户往来和供应商往来辅助账管理

客户往来和供应商往来辅助账用于查询某个往来客户和供应商所有科目的余额情况、明细账情况，进行客户往来和供应商往来对账、两清和账龄分析。利用客户往来和供应商往来核算功能需先在设置会计科目时将需使用客户往来和供应商往来辅助核算科目的账类设为"客户往来"和"供应商往来"。同时，还需要建立往来单位项目目录，并建立往来核算科目与往来项目之间的联系，如客户往来的"光明灯具"与"大地监控"、供应商往来的"百灵电子"与"莺歌电子"等。

3. 部门辅助账管理

为了提高管理水平和经营效率，多数企业实行了承包经营方式，将企业的经营目标分解到每个职能部门，并在此基础上明确分类核算与管理，对部门的收入与费用实行多级核算与管理。财务部门希望及时了解各部门的收支情况，各部门也希望随时掌握本部门的各项收支情况，以便进行科学管理和控制。在总账系统中，如果在定义会计科目时，把某科目账类设置为部门核算，则系统除了对这些科目进行部门核算外，还提供了横向和纵向的查询统计功能，为企业管理者提供各种会计信息，达到对部门管理的要求。在处理日常业务时，若遇到要求进行部门核算的业务（部门核算科目），系统将自动提示使用者输入相应的部门；记账时，系统将自动生成部门核算与管理所需的各种数据。

部门辅助管理的主要内容包括部门总账查询、部门明细账查询及部门收支分析三项功能。

（1）部门总账查询。本功能可根据指定的部门核算科目和会计期间，输出该部门核算科目下指定期间内各部门的期初余额、借贷方发生额及期末余额；也可根据指定的部门和会计期间，输出该部门下指定期间内对应各个部门核算科目的期初余额、借贷方发生额及期末余额。系统提供了三种部门管理方式，即部门科目总账、部门总账、部门三栏总账。

（2）部门明细账查询。本功能可以查询各部门核算科目的明细账，也可查询各部门明细账，还可以查询某一科目、某一部门的明细账以及部门多栏账。可根据指定的部门核算科目和会计期间，输出该部门核算科目在指定期间内分部门的明细账；也可以根据指定的部门和会计期间，输出该部门在指定期间内对应各个部门核算科目的明细账；还可以通过指定部门核算科目及部门和会计期间，输出该科目该部门下指定期间内的明细账。部门明细账的具体格式有金额式、原币金额式、数量金额式和原币数量式四种。输出明细账时，可根据自己的实际情况选择输出格式。另外，还可以输出多栏式明细账。

（3）部门收支分析。为了加强对各部门收支情况的管理，系统提供了部门收支分析功能，可以对所有部门核算科目的发生额及余额按部门进行统计分析，生成部门收支分析表。部门收支分析表即是对各个部门（或部分部门）指定期间内的收入（或费用开支）情况汇总分析的报表。统计分析数据可以是发生额、余额或同时有发生额和余额。在对发生额及余额进行统计分析时，系统将科目、部门的期初、借方、贷方、余额一一列出，进行比较分析。

4．项目核算辅助账管理

项目核算辅助账用于查询某项目及部门的各个费用、收入科目的总账和明细账。进行项目核算辅助账管理首先要在会计科目设置时将科目设置为"项目核算"。项目核算辅助账管理主要包括项目总账、项目明细账、项目统计分析、项目成本一览表、项目成本多栏明细账功能。

任务实施

延用鹏达公司的账套数据，以吕燕身份登录"企业应用平台"窗口，进行如下账表查询与管理。

（1）查询鹏达公司2014年1月份"管理费用"总账、明细账、发生额及余额。
（2）查询鹏达公司2014年1月份所有科目的发生额及余额。
（3）查询鹏达公司2014年1月份应收账款明细账及联查凭证与总账。
（4）查询鹏达公司2014年1月份的银行存款序时账。
（5）查询鹏达公司2014年1月份的"应交增值税"多栏账。
（6）查询鹏达公司的各部门总账及总经理办公室的部门总账。
（7）查询鹏达公司2014年1月份的客户往来明细账及科目余额表。
（8）对鹏达公司2014年1月份的个人往来账进行查询与勾对。
（9）查询鹏达公司2014年1月份的客户往来催款单。
（10）对鹏达公司2014年1月份的往来账龄进行分析。

下面以吕燕身份登录"企业应用平台"窗口，完成以上10项鹏达公司账表查询与管理任务。

一、科目账管理

1．总账查询

（1）在"企业应用平台"窗口中，执行"业务工作"→"财务会计"→"总账"→"账表"→"科目账"→"总账"命令，弹出"总账查询条件"对话框，选择或输入要查询的科目和科目级次，或直接选择查询到末级科目；根据需要选择"包含未记账凭证"项。

（2）单击"确定"按钮，打开"管理费用总账"窗口，显示"管理费用总账"上年结转、当前合计、借方发生额、贷方发生额及余额情况。

（3）在"管理费用总账"窗口中，单击"明细"按钮，打开"管理费用明细账"窗口，可联查"管理费用明细账"，如图3-34所示；单击"打印"按钮，可打印输出"管理费用"总账。

（4）在"管理费用明细账"窗口中，将光标移到某一条明细业务行，单击"凭证"按钮，即可联查到当前业务对应的凭证。

2. 余额表查询

（1）在"企业应用平台"窗口中，执行"业务工作"→"财务会计"→"总账"→"账表"→"科目账"→"余额表"命令，弹出"发生额及余额查询条件"对话框，选择要查询的起止月份、科目和级次，根据查询需要勾选其他选项，如图3-35所示。

图3-34 "管理费用明细账"窗口

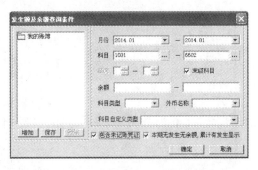

图3-35 "发生额及余额查询条件"对话框

（2）单击"确定"按钮，显示"发生额及余额表"窗口。

3. 明细账查询

查询鹏达公司2014年1月份应收账款明细账及联查凭证与总账的操作步骤如下。

（1）在"企业应用平台"窗口中，执行"业务工作"→"财务会计"→"总账"→"账表"→"科目账"→"明细账"命令，弹出"明细账查询条件"对话框，选择"月份综合明细账"项，参照输入"1122 应收账款"，在"科目"文本框参照输入"1122"，选择查询的起止月份，根据查询需要选择"包含未记账凭证"项，如图3-36所示。

图3-36 "明细账查询条件"对话框

（2）单击"确定"按钮，显示"应收账款明细账"窗口，如图3-37所示。

（3）单击"总账"按钮，可查询"应收账款"总账科目发生额及余额情况；选择某一行发生的业务后，单击"凭证"按钮，可联查相对应的凭证。

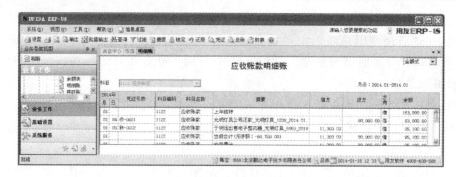

图 3-37 "应收账款明细账"窗口

4. 序时账查询

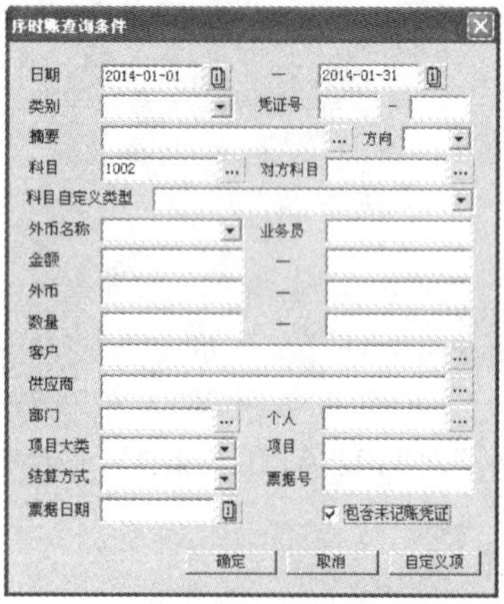

查询鹏达公司 2014 年 1 月份的银行存款序时账的操作步骤如下。

（1）在"企业应用平台"窗口中，执行"业务工作"→"财务会计"→"总账"→"账表"→"科目账"→"序时账"命令，弹出"序时账查询条件"对话框，根据查询需要选择查询起止日期、类别、凭证号等选项，在科目栏输入"1002"，根据查询需要选择"包含未记账凭证"项，如图 3-38 所示。

（2）单击"确定"按钮，显示"序时账"窗口，如图 3-39 所示。

（3）选择某一行发生的业务后，单击"凭证"按钮，可联查相对应的凭证。

图 3-38 "序时账查询条件"对话框

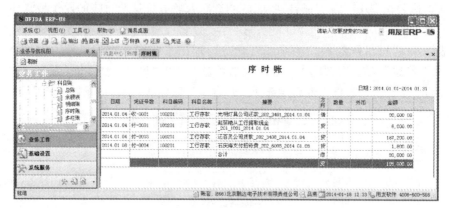

图 3-39 "序时账"窗口

5. 多栏账查询

多栏账查询用于查询和打印多栏明细账。多栏账包括普通多栏账和综合多栏账，如增值税就采用综合多栏账。综合多栏账比普通多栏账定义的难度要大，但比普通多栏账功能强、应用灵活。查询鹏达公司 2014 年 1 月份的"应交增值税"多栏账的操作步骤如下。

（1）在"企业应用平台"窗口中，执行"业务工作"→"财务会计"→"总账"→"账表"→"科目账"→"多栏账"命令，弹出"多栏账"窗口，如图3-40所示。

（2）单击"增加"按钮，打开"多栏账定义"对话框，在"核算科目"下拉列表框中选择"应交增值税"科目，在"栏目定义"区域中单击"自动编制"按钮，将根据所选核算科目的下级科目自动编制多栏账分析栏目，如图3-41所示。

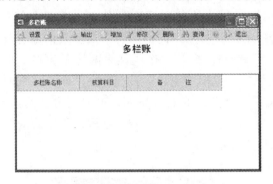

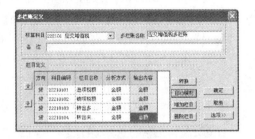

图3-40 "多栏账"窗口　　　　　　　　图3-41 "多栏账定义"对话框

（3）单击"确定"按钮，返回"多栏账"窗口，单击"查询"按钮，显示"多栏账查询"对话框，输入查询条件，如图3-42所示。

（4）单击"确认"按钮，显示"多栏账"窗口，如图3-43所示。

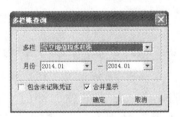

图3-42 "多栏账查询"对话框　　　　　图3-43 "多栏账"窗口

二、辅助账管理

1. 个人往来辅助账管理

使用个人往来核算功能可以完成个人余额查询统计、个人往来明细账查询输出、个人往来清理、往来对账、个人往来催款单、个人往来账龄分析和打印催款单等具体操作。对鹏达公司2014年1月份的个人往来账进行查询与勾对的操作步骤如下。

（1）在"企业应用平台"窗口中，执行"业务工作"→"财务会计"→"总账"→"账表"→"个人往来账"→"个人往来余额表"→"个人科目余额表"命令，弹出"个人往来_科目余额表"对话框，根据实际情况，选择要查询的科目、月份范围、科目余额范围、统计方向、是否包含未记账凭证等内容，如图3-44所示。

（2）单击"确定"按钮，打开"个人往来余额表"窗口，可以查询个人往来科目期初余额、本期发生额和期末余额情况。

（3）在"个人往来余额表"窗口中，单击"明细"按钮，打开"个人往来明细账"

窗口，可查询个人往来明细账。

（4）在"个人往来明细账"窗口中，单击"总账"按钮，可查询个人往来总账；单击"凭证"按钮，可联查个人往来业务凭证，查询方法与"科目账管理"基本相同，不再重复。

（5）个人往来清理。在"企业应用平台"窗口中，执行"业务工作"→"财务会计"→"总账"→"账表"→"个人往来账"→"个人往来清理"命令，弹出"个人往来两清条件"对话框，根据实际情况，选择个人往来两清的部门、个人、截止月份及显示已两清项，如图3-45所示。单击"确定"按钮，打开"个人往来两清"窗口。单击"勾对"按钮，弹出"自动勾对结果"对话框，单击"退出"按钮，在"个人往来两清"窗口中的"两清"栏显示两清标志"〇"。单击"取消"按钮，可取消自动两清。双击某一业务行，会在"两清"栏显示手工两清标志"Y"，再次双击会取消手工两清标志。单击"凭证"按钮会联查到对应的个人往来凭证。

图3-44 "个人往来_科目余额表"对话框

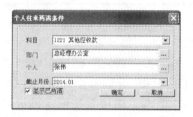

图3-45 "个人往来两清条件"对话框

（6）个人往来催款单。在"企业应用平台"窗口中，执行"业务工作"→"财务会计"→"总账"→"账表"→"个人往来账"→"个人往来催款单"命令，弹出"个人往来催款单条件"对话框，根据实际情况，选择个人往来催款的部门、个人、截止日期及包含已两清部分、包含未记账凭证项，如图3-46所示。单击"确定"按钮，打开"个人往来催款单"窗口，如图3-47所示，可查看某部门某个人往来及两清情况。

图3-46 "个人往来催款单条件"对话框

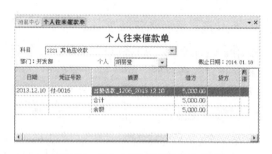

图3-47 "个人往来催款单"窗口

（7）个人往来账龄分析。本功能通过账龄区间的设置由系统科学统计个人往来款余额的时间分布情况，由此进行账龄分析，及时清理个人借款。在"企业应用平台"窗口中，执行"业务工作"→"财务会计"→"总账"→"账表"→"个人往来账"→

"个人往来账龄分析"命令,弹出"个人往来账龄分析条件"对话框,选择截止日期,根据实际情况,勾选其他选项,如图 3-48 所示。单击"账龄区间设置"按钮,可重新设置账龄区间;单击"确定"按钮,打开"个人往来账龄分析表"窗口,如图 3-49 所示,可查看某部门某个人往来欠款区间分布情况。

图 3-48 "个人往来账龄分析条件"对话框　　图 3-49 "个人往来账龄分析表"窗口

2. 客户往来和供应商往来辅助账管理

供应商往来辅助账管理与客户往来辅助账管理基本相同,因此,本部分只介绍客户往来辅助账管理。

(1) 客户往来余额表查询。在"企业应用平台"窗口中,执行"业务工作"→"财务会计"→"总账"→"账表"→"客户往来辅助账"→"客户往来余额表"→"客户科目余额表"命令,弹出"客户科目余额表"对话框,根据实际情况,选择要查询的科目、月份范围、余额范围、余额方向、是否包含未记账凭证等内容,如图 3-50 所示。单击"确定"按钮,打开"科目余额表"窗口,可以查询客户往来科目期初余额、本期发生额和期末余额情况;单击"明细"按钮可查询客户往来明细账。可以仿照此程序查询"客户余额表""客户三栏余额表""客户部门余额表"等。

(2) 客户往来明细账查询。在"企业应用平台"窗口中,执行"业务工作"→"财务会计"→"总账"→"账表"→"客户往来辅助账"→"客户往来明细账"→"客户科目明细账"命令,弹出"客户科目明细账"对话框,根据查询要求,选择要查询的科目、起止月份、明细对象等,如图 3-51 所示。单击"确定"按钮,打开"科目明细账"窗口,可以查询客户科目明细账本期发生额和期末余额情况。单击"总账"按钮可查询客户科目总账;单击"凭证"按钮可联查对应业务的客户往来凭证。可以仿照此程序查询"客户明细账""客户三栏明细账""客户部门明细账"等。

图 3-50 "客户往来余额表"对话框　　图 3-51 "客户科目明细账"对话框

(3) 客户往来两清。在"企业应用平台"窗口中,执行"业务工作"→"财务会计"→"总账"→"账表"→"客户往来辅助账"→"客户往来清理"命令,弹出"客户往来两清"对话框,根据实际情况,选择客户往来两清的科目、客户、月份、部门及勾对方式等项,如图3-52所示。单击"确定"按钮,打开"客户往来两清"窗口,如图3-53所示。单击"自动"按钮,弹出提示信息询问是否进行两清,单击"是"按钮,自动进行两清,并在"客户往来两清"窗口中的"两清"栏显示两清标志"○"。单击"取消"按钮,可取消自动两清。双击某一业务行,会在"两清"栏显示手工两清标志"Y",再次双击会取消手工两清标志。单击"凭证"按钮会联查到对应的客户往来凭证;单击"总账"按钮会联查客户往来总账。

(4)客户往来催款单。在"企业应用平台"窗口中,执行"业务工作"→"财务会计"→"总账"→"账表"→"客户往来辅助账"→"客户往来催款单"命令,弹出"客户往来催款"对话框,根据实际情况,选择客户往来催款的科目、分析对象、截止日期及是否包含未记账凭证项等,如图3-54所示。单击"确定"按钮,打开"客户往来催款单"窗口,如图3-55所示,可查看某客户往来及两清情况。

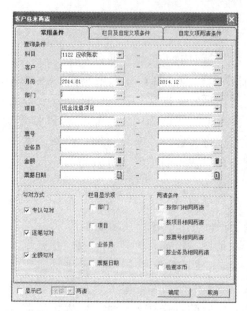

图3-52 "客户往来两清"对话框

图3-53 "客户往来两清"窗口

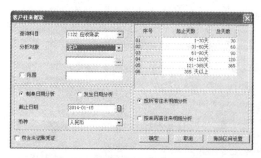

图3-54 "客户往来催款"对话框

图3-55 "客户往来催款单"窗口

(5) 客户往来账龄分析。能及时了解各单位往来款余额的时间分布情况，进行科学的账龄分析，及时通过"客户往来催款单"来催要货款或通过调整客户的信用额度控制客户延期付款的状况。在"企业应用平台"窗口中，执行"业务工作"→"财务会计"→"总账"→"账表"→"客户往来辅助账"→"客户往来账龄分析"命令，弹出"客户往来账龄"对话框，选择查询科目、分析对象，根据实际情况勾选其他选项，如图3-56所示。单击"账龄区间设置"按钮可重新设置账龄区间；单击"确定"按钮，打开"客户往来账龄分析"窗口，可查看某客户往来欠款区间分布情况。

3. 部门辅助账管理

部门辅助账管理用于查询账类设置为"部门核算"的某部门各个费用、收入科目的总账、明细账以及部门收支分析。

(1) 部门总账查询。在"企业应用平台"窗口中，执行"业务工作"→"财务会计"→"总账"→"账表"→"部门辅助账"→"部门总账"→"部门科目总账"命令，弹出"部门科目总账条件"对话框，根据实际情况，选择要查询的科目、部门、起止月份，是否包含未记账凭证项等，如图3-57所示。单击"确定"按钮，打开"部门总账"窗口，如图3-58所示，可以查询部门科目总账期初余额、本期发生额和期末余额情况。单击"明细"按钮可查询部门科目明细账。可以仿照此程序查询"部门总账""部门三栏总账"。

图3-56 "客户往来账龄"对话框

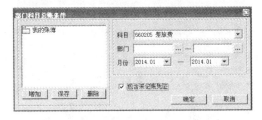

图3-57 "部门科目总账条件"对话框

(2) 部门明细账查询。在"企业应用平台"窗口中，执行"业务工作"→"财务会计"→"总账"→"账表"→"部门辅助账"→"部门明细账"→"部门科目明细账"命令，弹出"部门科目明细账条件"对话框，根据实际情况，选择要查询的科目、部门、起止月份，是否包含未记账凭证项，如图3-59所示。单击"确定"按钮，打开"部门科目明细账"窗口，可以查询部门科目明细账期初余额、本期发生额和期末余额情况。单击"总账"按钮可查询部门科目总账；单击"凭证"按钮可联查业务相关凭证。可以仿照此程序查询"部门明细账""部门三栏式明细账""部门多栏式明细账"。

(3) 部门收支分析。部门收支分析即是对各个部门或部分部门指定期间内的收入情况或费用开支情况汇总分析的报表。统计分析数据可以是发生额、余额或同时有发生额和余额。在对发生额及余额进行统计分析时，系统将科目、部门的期初、借方、贷方、余额一一列出，进行比较分析。

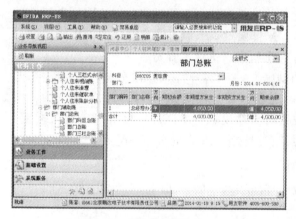

图 3-58 "部门总账"窗口　　　　图 3-59 "部门科目明细账条件"对话框

在"企业应用平台"窗口中,执行"业务工作"→"财务会计"→"总账"→"账表"→"部门辅助账"→"部门明细账"→"部门收支分析"命令,弹出"部门收支分析条件"对话框,根据实际情况,选择分析科目、分析部门、分析月份,如图 3-60 所示。单击"完成"按钮,打开"部门收支分析表"窗口,如图 3-61 所示,可以查询全部科目、收入科目和费用科目的期初余额、本期发生额和期末余额情况。

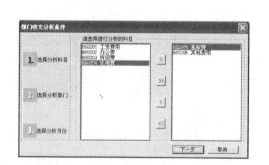

图 3-60 "部门收支分析条件"对话框　　　　图 3-61 "部门收支分析表"窗口

4. 项目辅助账管理

项目辅助账管理用于查询账类设置为项目核算的某部门的各费用、收入科目的发生额及余额汇总情况。查询方法与客户往来基本相同,此处不再详细介绍。

 任务5　总账系统期末处理

 任务解析

期末会计业务是指会计人员在每个会计期末都需要完成的一些特定的会计工作,主要包括费用的计提、分摊，成本结转，各类账户试算平衡，对账、结账等内容。期末会计业务与日常业务相比较，数量不多，业务种类繁杂且时间紧迫，但具有很强的规律性，因此比较适合利用计算机进行自动处理。在总账系统中的期末处理主要是由计算机根据用户的设置自动进行的。

通过完成本任务主要了解总账系统期末处理的基本内容和操作流程，掌握总账自动转账定义、转账凭证生成及对账、结账等操作方法。

 **知识链接**

一、自定义转账设置

1. 自动转账的内涵与特点

转账分为外部转账和内部转账。外部转账，是指将其他专项核算子系统生成的凭证转入账务处理系统中；内部转账，是指在总账系统内部把某个或某几个会计科目中的余额或本期发生额结转到一个或多个会计科目中。本书只介绍内部转账。系统内部自动转账主要包括费用分配的结转、费用分摊的结转、税金计算的结转、提取各项费用的结转、部门核算的结转、个人核算的结转、客户核算的结转和供应商核算的结转等。

第一次使用本系统的用户进入系统后，应先进行转账定义，以后各月只需调用"转账凭证生成"即可。但当某转账凭证的转账公式有变化时，需先在"转账定义"中修改转账凭证内容，然后再转账。

自动转账业务的特点：一是每期都会发生规范的转账业务，如计提税金、结转成本、结转损益等；业务发生的金额是可以事先预知或可以被描述的，如折旧额可按综合折旧公式计算，无形资产可按确定的数额或比例摊销等。

2. 自动转账凭证的定义

自动转账凭证是指将某一转账业务所涉及的摘要、借贷方科目、金额计算方法等预先存入软件环境，即建立一项业务的转账模型的过程。根据自定义转账凭证模型生成实际的记账凭证的过程称为自动转账。由自动转账产生的凭证称为机制转账凭证，简称机制凭证。

转账凭证定义主要包括：自定义转账设置、对应结转设置、销售成本结转设置、售价（计划价）销售成本结转、汇兑损益结转设置、期间损益结转设置等。

（1）自定义转账设置。自定义转账设置功能可以完成的转账业务主要有费用分配的结转、费用分摊的结转、税金计算的结转、提取各项费用的结转、部门核算的结转、项目核算的结转、往来核算的结转等。如果使用应收、应付系统管理客户和供应商，那么在总账系统中，不能按客户、供应商辅助项进行结转，只能按科目总数进行结转。

（2）对应结转设置。对应结转不仅可进行两个科目一对一结转，还提供科目的一对多结转功能，对应结转的科目可为上级科目，但其下级科目的科目结构必须一致（相同明细科目），如有辅助核算，则两个科目的辅助账类也必须一一对应。对应结转一般针对资产、成本或费用类科目，且只结转期末余额，结转时转出的科目方向根据其在科目字典中的余额方向确定。也就是说，若余额方向为"借"则从贷方转出；否则从借方转出，转入科目方向与转出科目方向相反。如果想结转发生额，则到自定义结转中设置。

（3）销售成本结转设置。销售成本结转是指在月末按一定的方法计算出库存商品（或产成品）的平均单价基础上，计算各类商品（或产品）销售成本，并对成本结转业务进行账务处理。在"总账"系统中，建立会计科目时，如果库存商品、主营业务收入和主营业务成本等科目下的所有明细科目都有数量核算，且不能带有往来辅助核算，则要求这三个科目的下级科目的结构均一一对应。输入完成后，系统自动计算出所有商品的销售成本。

（4）汇兑损益结转设置。用于期末自动计算外币账户的汇兑损益，并在转账生成中自动生成汇况损益转账凭证，汇兑损益只处理外汇存款户，外币现金户，外币结算的各项债权、债务等账户，不包括所有者权益类账户，成本类账户和损益类账户等。

（5）期间损益结转设置。本功能用于一个会计期间终了时，将损益类科目的余额结转到"本年利润"科目中，从而及时反映企业利润的盈亏情况。期间损益结转主要是对于管理费用、销售费用、财务费用、销售收入、营业外收支等科目向本年利润的结转。使用自动转账功能定义期末结转凭证模型，然后按一般的自动转账方式生成结转损益的记账凭证。损益可按收入和支出分别结转，生成两张记账凭证；也可合在一起只生成一张记账凭证。当将期末业务集中于一张凭证时，一般由系统根据各收入项目和支出项目的余额情况自动安排"本年利润"科目的方向。若收入总额大于支出总额，则"本年利润"科目在贷方，表示盈利；反之，"本年利润"科目在借方，表示亏损。

二、生成转账凭证

转账定义完成后，每月月末只需执行转账生成功能，生成转账凭证，并将生成的转账凭证自动追加到未记账凭证中。在此生成的转账凭证，需经审核，记账后才能真正完成结转工作。同一张转账凭证，年度内可根据需要多次生成，但每月一般只能生成一次。

由于转账是按照已记账的数据进行计算的，所以在进行月末转账工作之前，先将所有未记账凭证记账；否则，生成的转账凭证数据可能有误。特别是对于一组相关转账分录，必须按顺序依次进行转账生成、审核和记账。

三、对账

对账是对账簿数据进行核对，以检查记账是否正确，以及账簿是否平衡。对账主要是通过核对总账与明细账，总账与辅助账数据来完成账账核对。一般来说，实行计算机记账后，只要记账凭证录入正确，计算机自动记账后各种账簿都应是正确的、平衡的，但由于非法操作或计算机病毒或其他原因有时可能会造成某些数据被破坏，因而引起账账不符。为了保证账证相符、账账相符，用户应经常使用本功能进行对账，一般可在月末结账前进行。

四、结账

与手工会计处理一样，采用软件方式每月月底也需要进行结账处理，结账实际上就是计算和结转各账簿的本期发生额和期末余额，并终止本期的账务处理工作。结账只能每月进行一次。结账的顺序是首先选择结账月份，然后进行账簿核对，最后是进行数据备份。若结账错误，则可取消结账。

结账功能主要完成以下几项工作：检查并停止本期各科目的各项数据处理工作；计算本期发生额和累计发生额；计算本期各科目期末余额并将余额结转至下期期初。

任务实施

1. 根据以下给出的鹏达公司月末结转业务资料，设置自定义转账分录。
   (1) 计提短期借款利息（年利率6%）。
   　借：财务费用——利息费用（660301）　　　取对方科目计算结果
   　　　贷：应付利息——短期借款利息（224101）　2001 科目的贷方期末余额*5%/12
   (2) 摊销当月应负担的报刊费。
   　借：管理费用——其他费用（660206）　　　JG( )
   　　　贷：长期待摊费用——报刊费（180102）　QC（180102，月，借）/12
   (3) 摊销当月应负担的无形资产。
   　借：管理费用——其他费用（660204）（开发部）　180000/10/12
   　　　贷：无形资产（1701）　　　　　　　　　　180000/10/12
   (4) 计算税金及附加（城建税7%、教育费附加3%）。
   　借：营业税金及附加（6403）　　　　　　取对方科目计算结果
   　　　贷：应交税费——应交城建税（222104）　217102 和 217103 科目的贷方期末余额*7%
   　　　　　应交教育费附加（222105）　　　　217102 和 217103 科目的贷方期末余额*7%
   (5) 计提福利费用（管理费用/工资费用月发生额的14%）。
   　借：工资费用（660201）　　　　　　　　　取对方科目计算结果
   　　　贷：应付职工薪酬——应付福利费（221102）　550301 科目的期末余额*14%
2. 根据以下资料设置对应结转。
   (1) 结转进项税额
   　借：应交税费——未交增值税（222102）
   　　　贷：应交税费——应交增值税——进项税额（22210101）
   (2) 结转销项税额
   　借：应交税费——应交增值税——销项税额（22210102）
   　　　贷：应交税费——未交增值税（222102）
3. 将本月"期间损益"转入"本年利润"。
4. 进行月末对账。
5. 进行月末结账。

一、转账定义

1. 自定义转账

自定义转账功能的运用可以极大地提高总账系统的使用效率，但是，由于其规则复杂，函数多样，不便于理解和掌握，因此，建议在总账系统运行初期，可以不使用或少使用自定义转账功能,待系统应用深入后,逐步使用自动转账功能。

【任务 3-9】 完成计提短期借款利息转账凭证定义。

(1) 以吕燕的身份登录"企业应用平台"窗口,执行"业务工作"→"财务会计"→"总账"→"期末"→"转账定义"→"自定义转账"命令,弹出"自定义转账设置"对话框,单击"确定"按钮,打开"转账目录"对话框,输入转账序号、转账说明,选择凭证类别,如图 3-62 所示。

(2) 单击"确定"按钮,在"自定义转账设置"对话框中显示转账目录信息,单击"增行"按钮,输入摘要,参照输入科目编码 660301,选择"借方",在"金额公式"栏单元格中输入公式"JG( )"。

(3) 单击"增行"按钮,输入摘要,参照输入科目编码 224101,选择"贷方",在"金额公式"栏,单击 按钮,打开"公式向导"对话框,选择"期末余额",如图 3-63 所示。

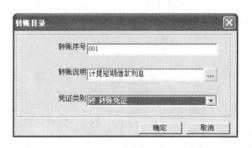
图 3-62 "转账目录"对话框

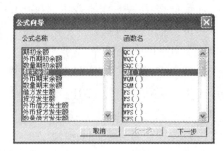
图 3-63 "公式向导"对话框

(4) 单击"下一步"按钮,打开"期末余额"的"公式向导"对话框,在"科目"栏中输入"2001",选择"期间"为"月","方向"为"贷",选择"按默认值取数"项,选中"继续输入公式"复选框后,显示"运算符"选项区域,如图 3-64 所示。

图 3-64 "公式向导"对话框

(5) 选择运行符"*（乘）",单击"下一步"按钮,再次显示"公式向导"对话框,从中选择公式名称为"常数"后,单击"下一步"按钮,出现"常数"的"公式向导"对话框,输入常数"0.05"。选中"继续输入公式"复选框,选择运算符"/（除）",如图 3-65 所示。

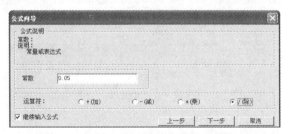

图 3-65　在"公式向导"对话框中输入常数

(6) 单击"下一步"按钮,再次显示"公式向导"对话框,选择"常数"选项,单击"下一步"按钮,在"常数"栏中输入"12",单击"完成"按钮,得到公式:"QM（2001,月,贷）*0.05/12",如图 3-66 所示。

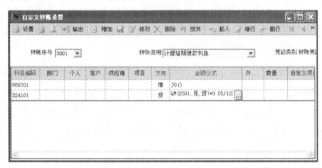

图 3-66　计提短期借款利息的转账公式

(7) 单击"保存"按钮,保存已设置的自定义转账凭证。

(8) 单击"增加"按钮,重复步骤（1）～（7）可输入其他转账凭证。

【任务 3-10】　完成摊销当月应负担的报刊费转账凭证定义。

(1) 在"企业应用平台"窗口中,执行"业务工作"→"财务会计"→"总账"→"期末"→"转账定义"→"自定义转账"命令,弹出"自定义转账设置"对话框,单击"增加"按钮,打开"转账目录"对话框,输入转账序号、转账说明,选择凭证类别,如图 3-67 所示。

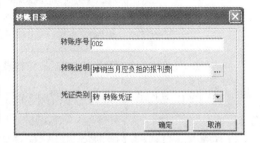

图 3-67　摊销当月应负担的报刊费的"转账目录"对话框

(2) 单击"确定"按钮,在"自定义转账设置"对话框中显示转账目录信息,单击"增行"按钮,输入摘要"摊销当月报刊费",参照输入科目编码"660206",输入摊销部门,选择"借方",在"金额公式"栏中参照输入公式"QM（180102,月,借）/12/4"（按 4 个部门平均分 12 个月摊销）,然后,依次输入其他 3 个部门。

（3）单击"增行"按钮，输入摘要"摊销当月报刊费"，参照输入科目编码"180102"，选择"贷方"，在"金额公式"栏单元格中参照输入公式"QC（180102，月，借）/12"，如图3-68所示。

图3-68 摊销当月应负担的报刊费的转账公式

【任务3-11】【任务3-12】【任务3-13】参照上述步骤由学生自主操作完成。

2. 对应结转设置

当两个或多个上级科目的下级科目及辅助项有一一对应关系时，可进行将其余额按一定比例系数进行对应结转，可一对一结转，也可一对多结转。本功能只结转期末余额。

【任务3-14】 完成进项税额结转凭证定义。

（1）在"企业应用平台"窗口中，执行"业务工作"→"财务会计"→"总账"→"期末"→"转账定义"→"对应结转"命令，弹出"对应结转设置"窗口，输入编号、转出科目名称，选择凭证类别、转出科目、摘要、转出辅助项等。

（2）单击"增行"按钮，在"转入科目编码"文本框输入"222102"，"结转系数"文本框输入"1"，如图3-69所示。

图3-69 "对应结转设置-结转进项税额"窗口

（3）单击"保存"按钮，保存设置，单击"退出"按钮退出"对应结转设置"窗口。

【任务3-15】 完成销项税额结转凭证定义。

（1）在"对应结转设置"窗口中，单击"增加"按钮，输入编号、转出科目名称，选择凭证类别、转出科目、摘要、转出辅助项。

（2）单击"增行"按钮，在"转入科目编码"文本框输入"222102"，"结转系数"文本框输入"1"，如图3-70所示。

图 3-70 "对应结转设置-结转销项税额"窗口

(3) 单击"保存"按钮,保存设置,单击"退出"按钮退出"对应结转设置"窗口。

3. 销售成本结转设置

(1) 在"企业应用平台"窗口中,执行"业务工作"→"财务会计"→"总账"→"期末"→"转账定义"→"销售成本结转"命令,弹出"销售成本结转设置"对话框,选择凭证类别、输入库存商品科目、商品销售收入科目、商品销售成本科目并选择相应项,如图 3-71 所示。

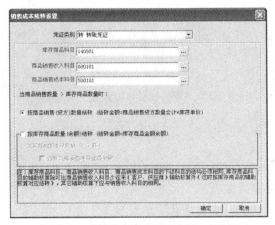

图 3-71 "销售成本结转设置"对话框

(2) 单击"确定"按钮,完成销售成本结转设置。

提示 ① 库存商品科目、主营业务收入科目、主营业务成本科目及下级科目的结构必须相同,并且辅助账类必须完全相同。如果辅助账类不同的科目结转成本,需到"自定义转账"中定义。

② 库存商品科目、销售收入科目、销售成本科目可以有部门、项目核算、往来核算。若只有销售收入有往来核算,而此外三个科目的其他辅助核算完全相同,则结转时不按往来展开转账,而只按库存商品科目和销售成本科目的辅助核算结转,否则三个科目的辅助核算要完全一致。

③ 当库存商品科目的期末数量余额小于商品销售收入科目的贷方数量发生额,若不希望结转后造成库存商品科目余额为负数,可选择按库存商品科目的期末数量余额结转。

④ 结转凭证不受金额权限控制，不受辅助核算及辅助项内容的限制。

⑤ 只有在选项中选择了"自定义项作为辅助核算"，销售成本结转才按自定义项展开。

4. 期间损益结转设置

（1）在"企业应用平台"窗口中，执行"业务工作"→"财务会计"→"总账"→"期末"→"转账定义"→"期间损益"命令，弹出"期间损益结转设置"对话框，选择凭证类别，在"本年利润科目"文本框输入"4103"，如图3-72所示。

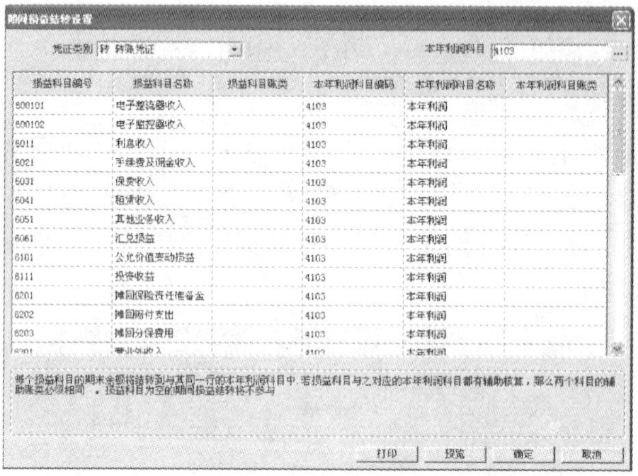

图3-72 "期间损益结转设置"对话框

（2）单击"退出"按钮，退出"期间损益结转设置"。

提示 ① 本年利润科目若有的辅助账类，则必须与损益科目的辅助账类一致。
② 结转凭证不受金额权限控制，不受辅助核算及辅助项内容的限制。
③ 只有在选项中选择了自定义项作为辅助核算，期间损益才按自定义项结转。

二、自动转账生成

自定义结转、对应结转、销售成本结转、期间损益结转的转账凭证生成步骤基本类似。下面以自定义结转为例说明转账凭证生成的操作步骤。

（1）在"企业应用平台"窗口中，执行"业务工作"→"财务会计"→"总账"→"期末"→"转账生成"命令，弹出"转账生成"对话框，单击"自定义转账"选项，选择"结转月份"；单击"全选"按钮，根据企业财务管理实际情况，选择"按所有辅助项结转"或"按所有科目发生的辅助项结转"或"按本科目有发生的辅助项结转"项，如图3-73所示。

（2）单击"确定"按钮，弹出"转账-转账凭证"窗口，显示将要生成的转账凭证，若有要修改的内容，可直接在当前凭证上进行修改。单击"保存"按钮，将当前凭证追加到未记账凭证中，并在凭证上显示"已生成"字样，如图3-74所示。

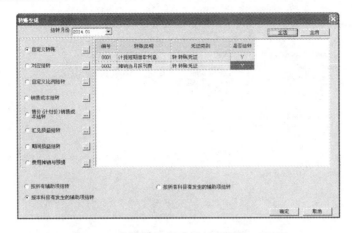

图 3-73 "转账生成-自定义转账"对话框

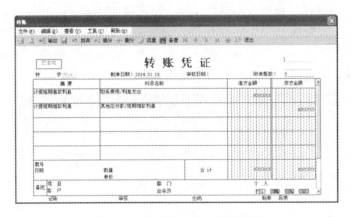

图 3-74 生成的自定义转账凭证

提示 ① 由于转账是按照已记账凭证的数据进行计算的,所以在进行月末转账工作之前,请先将所有未记账凭证记账;否则,生成的转账凭证数据可能有误。

② 若凭证类别、制单日期和附单据数与实际情况略有出入,可直接在当前凭证上进行修改,然后再保存。

③ 转账凭证每月只生成一次,生成的转账凭证,仍然需要审核、主管签字才能记账。

④ 在生成凭证时,必须注意业务发生的先后次序,否则生成凭证的金额就会发生差错。

三、对账

(1) 在"企业应用平台"窗口中,执行"业务工作"→"财务会计"→"总账"→"期末"→"对账"命令,弹出"对账"对话框,根据对账需要选中"选择核对内容"区域中的选项,如图 3-75 所示。

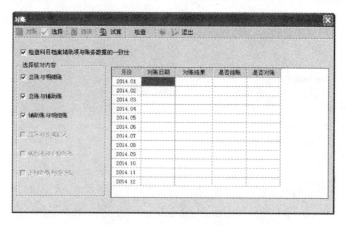

图 3-75 "对账"对话框

(2) 在"是否对账"栏处双击进行选择,显示"Y"字样。单击"对账"按钮,系统开始自动对账。若对账结果为账账相符,则对账月份的"对账结果"栏处显示"正确"字样,如图 3-76 所示。若对账结果为账账不符,则对账月份的"对账结果"栏处显示"错误"字样,单击"错误"按钮可查看引起账账不符的原因。

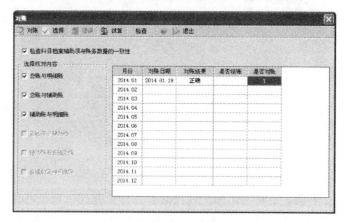

图 3-76 对账结果正确

(3) 单击"试算"按钮,可以对各科目类别余额进行试算平衡,显示"试算平衡表"对话框,如图 3-77 所示。

图 3-77 "试算平衡表"对话框

（4）单击"检查"按钮，检查明细账、总账、辅助账自身的数据完整性及有效性。例如，检查凭证是否"有借必有贷、借贷必相等"等，如图 3-78 所示。

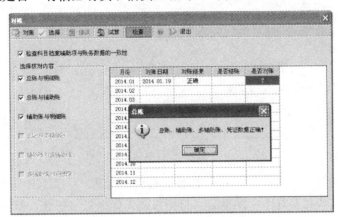

图 3-78 "对账-检查"对话框

> **提示** ① 当对账出现"错误"或记账有误时，系统允许激活"恢复记账前状态"功能，进行检查、修改。
> ②"恢复记账前状态"功能，可在"对账"功能下，按 Ctrl + H 组合键激活。

四、结账与反结账

以账套主管身份登录"企业应用平台"，进行结账和反结账操作。

1. 结账

（1）在"企业应用平台"窗口中，执行"业务工作"→"财务会计"→"总账"→"期末"→"结账"命令，弹出"结账-开始结账"对话框，如图 3-79 所示。

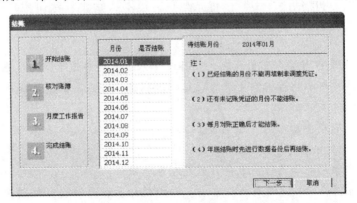

图 3-79 "结账-开始结账"对话框

（2）选择"2014.01"为结账月份，单击"下一步"按钮，屏幕显示"结账-核对账簿"对话框，单击"对账"按钮，系统自动开始核对要结账月份的账目，如图 3-80 所示。若要中止对账，可单击"停止"按钮。

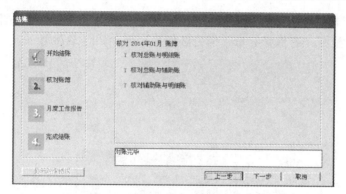

图 3-80 "结账-核对账簿"对话框

(3) 对账完成后,单击"下一步"按钮,打开"结账-月度工作报告"对话框,显示月度工作报告。若需要打印,则单击"打印月度工作报告"按钮,如图 3-81 所示。

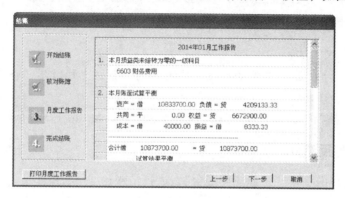

图 3-81 "结账-月度工作报告"对话框

(4) 单击"下一步"按钮,打开"结账-完成结账"对话框,系统显示"2014 年 01 月工作检查完成,可以结账……"的提示信息,单击"结账"按钮,若符合结账要求,系统将进行结账,否则不予结账。

提示 ① 如果启用了其他子系统,当其他子系统未全部结账,则本系统不能结账。

② 已经结账月份不能再填制凭证。在结账过程中,可以单击"取消"按钮,取消正在进行的结账。

③ 结账后,不能再输入这一会计期间的记账凭证或其他数据资料,也不能再进行记账。

④ 结账必须按月连续进行,且每月只能结账一次。

⑤ 年终结账时,必须先进行数据备份。年终结账后,系统自动结转余额到下年作为年初余额。

2. 反结账

(1) 在"结账-开始结账"对话框中,选择要取消结账的月份,按 Ctrl + Shift + F6 组合键后,系统弹出"确认口令"对话框。

(2) 输入账套主管口令后,单击"确定"按钮,完成反结账,去掉结账标志"Y"。

提示 反结账只能由账套主管执行。

 【项目总结】

总账系统是会计信息化系统的中枢,其他子系统的数据都必须传输到总账系统进行处理,同时总账系统还把某些数据传送给其他业务子系统供其利用。许多单位的会计电算化工作都是从总账系统开始的,总账系统既可以独立运行,又可以同其他子系统协同运行。总账系统的主要功能包括初始设置、凭证管理、出纳管理、账簿管理、辅助核算管理和期末处理等。初始设置主要包括总账选项设置、期初余额录入、权限分配等任务;凭证处理主要包括填制凭证、审核凭证、修改凭证、记账;出纳管理主要包括出纳签字、出纳日记账查询、支票登记簿管理、银行对账;账表管理主要包括总账、明细账等科目账和个人往来、客户往来、供应商往来、部门、项目等辅助账的查询与管理;期末处理主要包括自动转账定义、生成自动转账凭证、对账、结账。

【项目实训】

实训五 总账管理系统初始设置与日常业务处理

(一)进行总账系统参数设置

设置参数如表3-2所示。

表3-2 鹏达公司2014年1月会计科目及期初余额表

标签	控制对象	参数设置
凭证	制单控制	制单序时控制; 支票控制; 资金及往来科目赤字控制; 允许使用其他系统受控科目
	凭证编号方式	系统编号
权限		出纳凭证必须经由出纳签字; 允许修改、作废他人填制的凭证
凭证打印		打印凭证的制单、出纳、审核、记账等人员姓名
账簿	打印位数宽度	账簿打印位数、每页打印行数按软件的标准设定
	明细账打印方式	明细账打印按年排页
会计日历		会计日历为01月01日—12月31日
其他	外币核算	固定汇率
	排序方式	部门、个人、项目按编码方式排序

(二) 日常业务处理

1. 填制凭证

2014年1月经济业务如下。

(1) 2日,销售一部任群报销业务招待费用1 200元,以现金支付。(附单据1张)

(2) 3日,财务部陈晓慧从工行提取现金10 000元,作为备用金。(现金支票号XJ001)

(3) 5日,收到兴华集团投资资金10 000美元,汇率1:6.80。(转账支票ZZW001)

(4) 16日,企管办购办公用品170元,付现金。

(5) 18日,企管办张晓明出差归来,报销差旅费2 000元,交回现金200元。

2. 修改凭证

经查,16日企管办购办公用品190元,误输为170元。

3. 删除凭证

经查,2日任群报销的业务招待费属个人消费行为,不允许报销,现金已追回,财务上不再反映,将该笔业务做删除处理。

4. 审核凭证

由账套主管李晓明对凭证进行审核。

5. 记账

由账套主管李晓明对凭证进行记账。测试系统提供的取消记账功能,然后重新记账。

6. 查询凭证

查询现金支出在100元以上的凭证。

7. 账簿查询

查询2014年1月的余额表;定义并查询管理费用多栏账;查询2014年1月部门收支分析表;查询企管办张晓明个人往来清理情况;进行项目统计分析。

实训六 出纳业务处理

1. 出纳签字

对所有涉及现金和银行存款的记账凭证履行出纳签字手续。

2. 查询现金账

现金日记账、银行日记账与资金日报表。

3. 录入支票登记簿

20日,采购部孙燕燕借转账支票一张采购光盘,票号为155,预计金额为3 000元。

4. 银行对账

(1) 银行对账期初。龙兴股份银行账的启用日期为2014年1月1日,工行人民币户企业日记账调整前余额为211 057.16元,银行对账单调整前余额为233 829.16元,未达账项一笔,系2013年12月31日,银行已收企业未收款22 772元。

（2）银行对账单。1月份银行对账单如表3-3所示。

表3-3 1月份银行对账单

日期	结算方式	票号	借方金额（元）	贷方金额（元）
2014.01.03	201	XJ001		10 000
2014.01.06	201	XJ002		60 000
2014.01.08	202	ZZR001		3 000
2014.01.14	202	ZZR-2	99 600	

（3）利用自动对账功能进行自动对账，再进行手工对账。
（4）余额调节表的查询输出。

实训七 期末业务处理

1. 自动转账定义

（1）自定义结转。

计提短期借款利息（年利率8%）

借：财务费用——利息支出（660301）   JG( ) 取对方科目计算结果
　　贷：应付利息（2231）   短期借款（2001）科目的贷方期初余额×8%/12

（2）期间损益结转。

2. 自动转账生成

（1）生成上述定义的自定义凭证，并审核、记账。
（2）生成期间损益结转凭证，并审核记账。

3. 对账

对2014年1月的总账与明细账、总账与辅助账、明细账与辅助账进行核对。

4. 结账

对2014年1月进行结账。

薪资管理系统应用

【项目导入】

接近月末，鹏达公司的财务人员需要根据有关部门报来的公司员工业绩考核情况计算每位员工的应付薪酬，抄送银行，并打印工资表、工资条等相关内容。到了期末还要进行工资分摊和自动转账凭证的生成，工资变动处理，个人所得税计算，期末薪资管理系统生成数据向总账系统的传递，工资报表管理等。薪资核算和管理的正确关系企业的每一位职工的切身利益，对于调动每一位职工的工作积极性、正确处理企业与职工之间的经济关系具有重要意义。所以，薪资管理系统是财务人员必做的功课。

【学习目标】

1. 能进行薪资管理系统初始化设置。
2. 学会进行薪资项目计算公式的设置，薪资分摊和自动转账凭证的生成、删除及冲销。
3. 能熟练进行薪资管理系统中的日常业务处理和期末处理。

【项目实施】

任务1 薪资管理系统初始设置

任务解析

采用计算机进行薪资管理可以有效地提高薪资核算的准确性和及时性，用友 ERP-U872 应用系统中的薪资管理子系统适用于企业、行政、事业及科研单位，它提供了简单、方便的薪资核算和发放功能，以及强大的工资分析和管理功能，并提供了同一企业存在多种工资核算类型情况下的不同解决方案。

通过完成本任务，使学生了解薪资系统初始化设置的内容，掌握薪资项目定义和薪

资计算公式定义的方法，学会进行薪资管理系统初始化的设置。

知识链接

一、薪资管理系统的任务目标和基本功能

1. 薪资管理系统的任务目标

薪资管理系统的主要任务是收集、记录和存储单位人员的工资数据，并进行工资计算和汇总、工资分配、费用计提等操作，然后自动实现工资核算处理，产生工资发放表和各种工资报表，并进行相应分析。

2. 薪资管理系统的基本功能

（1）系统初始化。薪资核算初始化设置主要包括建立核算单位薪资账套、薪资账套参数设置和基础档案设置等内容。

（2）日常业务数据录入。日常业务数据录入主要是录入考勤、产量、工时等每月变动的工资数据。另外，可能发生的人员变动和工资数据变动也要在此功能中进行处理。

（3）工资的结算与分配。工资的结算包括计件工资核算模式、职工日工资的计算、职工个人应付工资合计、个人所得税计算及实发工资的计算公式设置和计算、汇总工资数据等；工资的分配包括工资费用分类、汇总、统计和进行工资费用的明细分类核算等。

（4）工资报表管理、统计分析及数据输出。工资报表管理及统计分析的主要内容有：生成各种薪资表、汇总表、明细表、统计表、分析表等，凭证查询和自定义报表查询。工资数据输出包括：工资数据的查询，工资单、工资汇总表的打印，以及向账务处理系统、成本核算管理系统输送格式化的数据和薪资管理所需要的各种管理信息等。

（5）系统与数据的维护和管理。系统的维护和管理包括系统备份、恢复、操作人员权限的分配及口令的设置等。此项功能在各个管理子系统结构相同。

数据的维护和管理包括数据上报、数据采集、人员调动、人员信息复制及数据接口管理等。

二、薪资管理系统与其他子系统之间的关系

薪资管理系统与企业应用平台共享基础数据。薪资管理系统将工资计提、分摊结果自动生成记账凭证，传递到总账系统，两个系统可以互相查询凭证，在总账中还可以联查工资系统原始单据。工资管理系统向成本管理系统传送人员的人工费用数据。薪资管理系统向项目管理系统传递项目的工资数据。人力资源系统将指定了对应关系的工资项目及人员属性对应信息传递到薪资管理系统中，同时薪资管理系统可以根据人力资源的要求从薪资管理系统中读取工资数据，作为社保等数据的计提基础。在发生人事变动时，人事管理向薪资管理发送人事变动通知。报表系统可以从薪资管理系统取得数据，进行加工分析。

三、薪资管理系统的业务处理流程

采用多工资类别核算的企业,第一次启用薪资管理系统的,应按图 4-1 所示步骤进行操作。

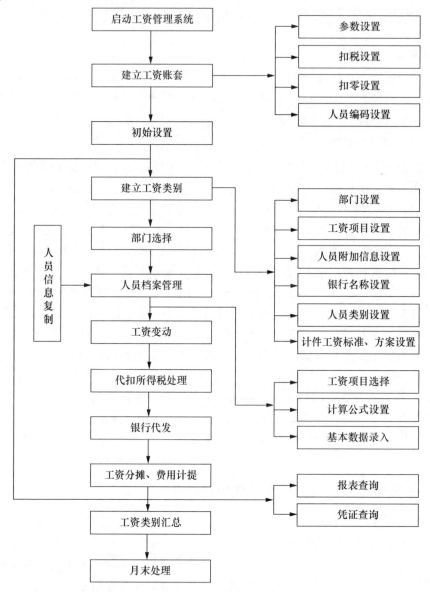

图 4-1 薪资管理系统的业务处理流程

四、薪资管理系统初始化设置

为了便于计算机自动处理数据,在使用薪资管理系统处理业务之前,需要进行账套基本信息、业务参数、基本核算规则设置。薪资管理系统的初始设置主要包括部门档案设置、人员类别设置、职员档案设置、工资项目设置、计算公式定义、银行名称设置、扣零设置、扣税设置等内容。通过初始设置，可以把通用的薪资管理系统变为满足特定企业的专用薪资管理系统，企业应根据自身需要和系统要求进行适当的初始设置。

这些数据的准备过程，是一个细致而又烦琐的过程，需要人力资源部门与财务部门的通力合作。人力资源部门需要提供详细的人事行政信息，财务部门要根据这些信息作出准确的财务判断，以便正确地反映出本单位的工资构成情况。薪资管理系统的初始设置包括工资账套初始化设置和基础信息设置两部分。

1. 账套初始化设置

（1）建立工资账套。

（2）工资类别管理。

（3）账套选项修改。

2. 基础信息设置

（1）部门设置。部门设置功能是对薪资管理系统当前打开工资类别的对应部门进行设置，以便按部门核算、汇总、统计、领取、分发职工工资，而且可以按部门记入账簿，最终达到分部门考核经营业绩的目的。

（2）人员附加信息设置。

（3）工资项目设置。

（4）银行名称设置。

（5）人员档案设置。

五、计算公式的定义

由于不同的工资类别，工资发放项目不尽相同，计算公式也不相同，因此在进入某个工资类别后，应选择本类别所需要的工资项目，再设置工资项目间的计算公式。这样可以实现计算机自动计算，减轻工资管理人员的计算工作量。

任务实施

根据如下资料完成其薪资管理系统初始化工作。

（1）薪资管理系统账套参数如下。

鹏达公司从 2014 年 1 月 1 日起启用薪资管理系统。

工资类别：多个（正式员工、临时员工）。

业务控制参数要求：核算币种为人民币，代扣个人所得税，扣零至角，人员编码长度为 3 位。

（2）人员类别：经理人员、经营人员、技术工人、采购人员、开发人员和管理人员等。

员工所需附加信息：性别、学历、年龄、婚否、职务、出生年月。

（3）鹏达公司工资项目结构如表 4-1 所示。

表 4-1 鹏达公司工资项目结构

项目名称	类型	长度	小数位数	工资增减项
基本工资	数字	10	2	增项
奖金	数字	8	2	增项
补贴	数字	8	2	增项
应发合计	数字	10	2	增项
代扣税	数字	10	2	减项
社会保险	数字	8	2	减项
请假扣款	数字	8	2	减项
扣款合计	数字	10	2	减项
实发合计	数字	10	2	增项
本月扣零	数字	8	2	其他
上月扣零	数字	8	2	其他
请假天数	数字	8	2	其他

(4) 鹏达公司采用银行代发工资形式进行工资的发放,工资发放银行指定为工行中关村分理处,银行账号长度为 11 位。

(5) 鹏达公司 2014 年年初职工资料如表 4-2 所示。

表 4-2 鹏达公司人员档案

部门	编号	姓名	类别	账号	中方	计税	性别	学历	年龄	婚否	职务	出生年月
总经理办公室	101	张伟	管理人员	20140010001	是	是	男	本科	40	已	总经理	1974
	102	刘洋	管理人员	20140010002	是	是	男	本科	30	未	主任	1984
	103	李丽	管理人员	20140010003	是	是	女	硕士	31	未	秘书	1983
基本生产车间	201	张伟民	管理人员	20140010004	是	是	男	本科	32	已	部长	1982
	202	王大力	管理人员	20140010005	是	是	男	本科	35	已	主任	1979
	203	郑百成	管理人员	20140010006	是	是	男	本科	30	未	主任	1984
	204	周立强	技术工人	20140010007	是	是	男	中专	28	未	工人	1986
	205	王立国	技术工人	20140010008	是	是	男	大专	27	未	工人	1987
辅助生产车间	206	郭志坚	技术工人	20140010009	是	是	男	中专	27	已	工人	1987
	207	李巍	技术工人	20140010010	是	是	男	本科	27	未	工人	1987
财务部	301	李明	管理人员	20140010011	是	是	男	本科	40	已	主管	1974
	302	吕燕	管理人员	20140010012	是	是	女	硕士	35	已	会计	1979
	303	赵丽艳	管理人员	20140010013	是	是	女	本科	28	未	出纳	1986
	304	朱百刚	管理人员	20140010014	是	是	男	本科	32	未	库存管理	1982
	305	周海涛	管理人员	20140010015	是	是	男	本科	37	已	材料管理	1977
销售科	401	石庆海	管理人员	20140010016	是	是	男	本科	40	已	主管	1974
	402	张燕燕	管理人员	20140010019	是	是	女	本科	40	已	科长	1974
	403	于明远	管理人员	20140010020	是	是	男	本科	40	已	科长	1974

续表

部门	编号	姓名	类别	账号	中方	计税	性别	学历	年龄	婚否	职务	出生年月
供应科	404	宋学敏	销售人员	20140010021	是	是	女	专科	30	未	采购员	1984
	405	杜志江	销售人员	20140010017	是	是	男	专科	28	未	销售员	1986
	406	栗江涛	销售人员	20140010018	是	是	男	专科	30	已	销售员	1984
开发部	501	胡丽莹	管理人员	20140010022	是	是	女	本科	35	已	主管	1979
	502	吴春花	开发人员	20140010023	是	是	女	本科	28	已	技术员	1986
	503	朱明志	开发人员	20140010024	是	是	男	本科	30	已	技术员	1984

（6）相关工资项目计算公式。

社会保险 =（基本工资 + 补贴 + 奖金）× 8%

请假扣款 = 请假天数 × 80

一、建立工资账套

1. 系统启用

以账套主管李明（代码：001）的身份，启动鹏达公司薪资管理系统。操作步骤如下。

（1）执行"开始"→"程序"→"用友 ERP-U872"→"企业应用平台"命令，打开"登录"对话框。

（2）输入操作员"001"，输入密码"1"，在"账套"下拉列表框中选择"666 北京鹏达电子技术股份有限公司"，更改操作日期"2014-01-01"，单击"确定"按钮，进入企业应用平台。

（3）执行"基础设置"→"基本信息"→"系统启用"命令，打开"系统启用"对话框；选中"WA 薪资管理"复选框，弹出"日历"对话框，选择薪资管理系统启用日期"2014 年 1 月 1 日"；单击"确定"按钮，系统弹出"确实要启用当前系统吗？"信息提示对话框，单击"是"按钮返回，如图 4-2 所示。

图 4-2 "系统启用"对话框

提示　如果已建立了总账系统及公用业务参数，可直接启用工资系统。如果重新单独建立工资账套，还需要设置工资账套的基本信息，包括账套号、账套名称、启用会计期间、单位信息及核算信息。

2. 参数设置

建立工资账套是薪资管理系统正常运行的基础。在启用薪资管理系统前，企业应结合自身实际情况，设计一个完整的工资账套，主要包括设置账套基本信息、工资核算方法及基本要求等，操作步骤如下。

（1）进入企业应用平台，打开"业务工作"标签，选择"人力资源"中的"薪资管理"选项，打开"建立工资套"对话框。

（2）在建账第一步"参数设置"中，选择本账套所需处理的工资类别个数为"多个"，选择工资账套的核算币种"人民币"，取消选中"是否核算计件工资"复选框，如图4-3(a) 所示。

（3）单击"下一步"按钮，选中"是否从工资中代扣个人所得税"复选框，如图4-3(b) 所示。

（4）单击"下一步"按钮，选中"扣零"复选框，然后选择"扣零至角"项，如图4-3(c) 所示。

（5）单击"下一步"按钮，显示"人员编码同公共平台的人员编码保持一致"的相关提示，如图4-3(d) 所示。

(a) 参数设置

(b) 扣税设置

(c) 扣零设置

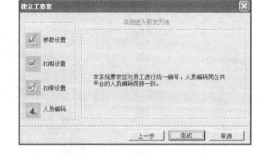

(d) 人员编码

图4-3 "建立工资套"对话框

（6）单击"完成"按钮，结束建立工资账套的过程。

> **提示** ① 选择代扣个人所得税后,系统将自动生成工资项目"代扣税",并自动进行代扣税金的计算。
>
> ② 扣零处理是指每次发放工资时将零头扣下,积累取整,于下次发工资时补上,系统在计算工资时将依据扣零类型(扣零至元、扣零至角、扣零至分)进行扣零计算,而对于银行代发工资情况则无意义。
>
> ③ 建账完毕后,部分建账参数可以在"设置"→"选项"中进行修改。
>
> ④ 若在建账过程中,参数设置中选择"多个"工资类别,则系统会提示"未建立工资类别",因此进入系统后首先要建立工资类别。

3. 建立工资类别

薪资管理系统提供了处理多个工资类别管理的功能,工资类别是指一套工资账中,根据不同情况而设置的工资数据管理类别。如某企业中将正式职工和临时职工分设为两个工资类别,两个类别同时对应一套账,新建账套时或在系统选项中选择多个工资类别,即可进入此功能。操作步骤如下。

(1) 在薪资管理系统中,执行"工资类别"→"新建工资类别"命令,打开"新建工资类别"对话框。

(2) 在文本框中输入第一个工资类别"正式人员",如图 4-4 所示,单击"下一步"按钮。

(3) 在弹出的"新建工资类别"对话框中单击"选定全部部门"按钮,选定所有部门,如图 4-5 所示。

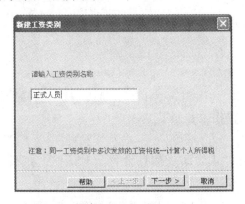
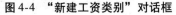

图 4-4 "新建工资类别"对话框

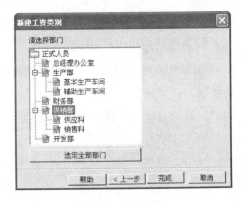

图 4-5 部门选择

(4) 单击"完成"按钮,系统弹出"是否以 2014-01-01 为当前工资类别的启用日期?"信息,单击"是"按钮,返回薪资管理系统。

(5) 执行"工资类别"→"关闭工资类别"命令,关闭"正式人员"工资类别。

(6) 重复步骤(1)~(5)建立鹏达公司临时员工工资类别。

> **提示** ① 在打开工资类别的情况下,"工资类别"菜单下显示"打开工资类别"和"关闭工资类别"两个选项。单击"关闭工资类别"选项后,"工资类别"菜单下显示"新建工资类别""打开工资类别"和"删除工资类别"三个选项。

② 同一个部门，可以被多个工资类别选中。

③ 只有主管才有权删除工资类别，且工资类别删除后数据不可再恢复。

④ 只有账套主管人员才能修改工资参数。

⑤ 对于单工资类别：参数修改就是对工资账套的修改。

⑥ 对于多工资类别：建立工资账套时，进行参数设置，系统将工资账套的参数进行统一设置，新增加的工资类别默认使用此设置。工资类别未建立时，"选项"菜单不可用，提示"没有打开的工资类别"。

⑦ 需要注意区别的是，企业部门档案的增加、修改等维护工作是在"企业应用平台"中进行的，即在"工作列表"的"设置"项中，单击展开"基础档案"→"机构人员"→"部门档案"文件夹进行设置。企业部门档案是为整个ERP系统服务的基础档案，而此处的部门设置仅是为了薪资管理系统自身设置的。

⑧ 在建立新的工资账套时设置的这些参数，后期还可以根据工作的需要对其进行修改调整。需要注意的是，对于多工资类别的账套，必须在建立工资类别后且打开工资类别的状态下，才能对参数进行修改。

二、基础设置

1. 根据资料设置鹏达公司的工资人员类别

（1）在主界面中，执行"基础设置"→"基础档案"→"机构人员"→"人员类别"命令，系统弹出"人员类别"设置窗口，如图4-6所示。

（2）在"人员类别"栏中选择"在职人员"，单击"增加"按钮，依次增加输入"经理人员""经营人员""技术工人""采购人员""开发人员"和"管理人员"等。

（3）设置完毕后单击"返回"按钮。

2. 建立鹏达公司薪资管理系统人员附加信息

本功能可用于增加人员信息，丰富人员档案的内容，便于对人员进行更加有效的管理。如增加设置人员的性别、民族、婚否等，操作步骤如下。

（1）在"业务工作"子菜单中，单击展开"人力资源"→"薪资管理"→"设置"文件夹，双击"人员附加信息设置"选项打开"人员附加信息设置"对话框，如图4-7所示。

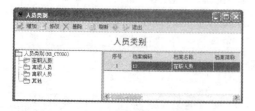

图4-6 "人员类别"设置窗口

图4-7 "人员附加信息设置"对话框

（2）单击"增加"按钮，在"信息名称"文本框中输入人员附加信息项目名称，或从"栏目参照"下拉列表中选择项目，然后再次单击"增加"按钮，保存新增内容。同理，增加其他项目。

（3）设置完成后，利用列表右侧的上、下箭头按钮，调整项目的先后顺序。

（4）单击"删除"按钮，可删除光标所在行的附加信息项目。

（5）单击"确定"按钮，返回薪资管理界面。

三、设置工资项目及定义工资项目计算公式

1. 定义鹏达公司工资项目

工资项目设置是指工资结算表或工资结算单上所列的各个项目，包括工资构成项目、计算工资的原始数据项目和中间过渡项目。根据表4-1资料完成定义，操作步骤如下。

（1）在薪资管理系统中，执行"设置"→"工资项目设置"命令，打开"工资项目设置"对话框，如图4-8所示。

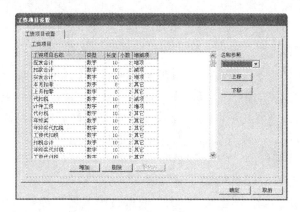

图4-8 "工资项目设置"对话框

（2）单击"增加"按钮，工资项目列表中增加一空行。

（3）单击"名称参照"下拉式列表框，从下拉列表中选择"基本工资"选项。

（4）双击"类型"栏，单击下拉式列表框，从下拉列表中选择"数字"选项，"长度"选择为10。

（5）双击"小数"栏，单击微调框的上三角按钮，将小数设置为2。

（6）双击"增减项"栏，单击下拉列表框，从下栏列表中选择"增项"选项。

（7）单击"增加"按钮，增加其他工资项目。

（8）单击"确定"按钮，系统弹出"工资项目已经改变，请确认各工资类别的公式是否正确？"信息提示对话框，单击"确定"按钮。

提示 ① 工资项目设置的内容主要有以下几项。

● 项目名称：系统对项目名称的定义没有特别的规范，用户可以使用通用或方便的名称定义薪资项目。

● 项目类型：系统一般提供"字符型"和"数值型"两种属性。通常将不参加薪资

运算和薪资编辑的项目设置为字符型，而将需要对数据进行编辑或需要参与薪资计算的项目定义为数值型。

- 项目长度：项目长度是指项目数据在系统数据库内所占用的空间数。对于数值型项目来讲，其长度是指其数值的位数，总长度中包含小数点和小数点后面的位数。例如，"基本薪资"项目的长度是12位，则去掉小数点和小数点后的2位后，整数部分最长可录入9位数字。
- 小数位数：小数位数是指数值型数据的小数点后需要保留的位数。

② 不同单位的工资项目不尽相同。有些工资项目的名称与数据性质可能长期不会改变，属于固定项目；有的项目名称不变但其数据每月都会有可能变动，属于变动项目。因此，在薪资项目设置的操作中，对于系统设置中必不可少的固定项目（如"应发合计""扣款合计""实发合计"等）不能删除和重命名；其他项目则可以根据实际情况定义或参照增加，如基本工资、奖励工资、请假天数等。

③ 系统提供若干常用工资项目供参考，可选择输入。对于参照中未提供的工资项目，可以双击"工资项目名称"一栏直接输入，或先从"名称参照"中选择一个项目，然后单击"重命名"按钮修改为需要的项目。

2. 银行档案设置

银行名称设置主要用于设置职工工资发放的银行名称和账号长度。在薪资管理系统中可以设置多个发放工资的银行，以适应不同的需要。例如，同一工资类别中的人员由于在不同的工作地点，需要在不同的银行代发工资，或者不同的工资类别由不同的银行代发工资，均需设置相应的银行名称。操作步骤如下。

（1）在企业应用平台的"基础设置"中，执行"基础档案"→"收付结算"→"银行档案"命令，打开"银行档案"对话框。

（2）单击"增加"按钮，增加"中国工商银行中关村分理处（01001）"，默认个人账号为"定长"，账号长度"11"，自动带出个人账号长度"7"，如图4-9所示。

（3）保存以上设置，单击"退出"按钮。

图4-9 "增加银行档案"对话框

3. 职员档案设置

鹏达公司2014年年初职工资料如表4-2所示，试建立该公司的职员档案。

人员档案的设置用于登记工资发放人员的姓名、职工编号、所在部门、人员类别等信息，管理员工的增减变动等情况。在人员档案设置功能中，可以进行人员档案的增加、修改、删除、替换、定位等处理。

薪资管理系统各工资类别中的人员档案一定是来自于在企业应用平台基础档案设置中设置的人员档案。企业应用平台中设置的人员档案是企业全部职工信息，薪资管理系统中的人员档案是需要进行工资发放和管理的人员，它们之间是包含关系，操作步骤如下。

（1）执行"工资类别"→"打开工资类别"命令，打开"打开工资类别"对话框。

（2）选择"001 正式人员"工资类别，单击"确定"按钮。

（3）在薪资管理系统中，执行"设置"→"人员档案"命令，进入"人员档案"窗口。

（4）单击工具栏上的"批增"按钮，打开"人员批量增加"对话框。

（5）在左侧的"人员类别"列表框中，单击"管理人员""技术工人""销售人员"和"开发人员"前面的选择栏，出现"是"的字样，所选人员类别下的人员档案出现在右侧列表框中，如图 4-10 所示。单击"确定"按钮返回。

（6）在"人员档案明细"对话框中修改人员档案信息，补充输入银行账号等信息，如图 4-11 所示。最后单击工具栏上的"确定"按钮结束操作。

图 4-10 "人员批量增加"对话框

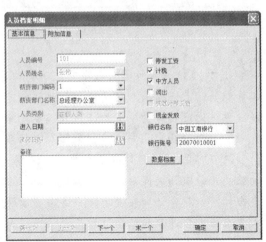

图 4-11 "人员档案明细"对话框

提示 ① 人员档案的操作是针对某个工资类别的，即应先打开相应的工资类别。

② 人员档案的增加方式有两种：一种是逐一增加，另一种是批量增加，即可以按照人员类别一次性将多个人员档案选入。

4. 定义工资项目计算公式

（1）在"工资项目设置"对话框中，打开"公式设置"选项卡。

（2）单击"增加"按钮，在"工资项目"列表中增加一空行，单击该行，在下拉列表中选择"请假扣款"项。

（3）单击"公式定义"文本框，单击"工资项目"列表中的"请假天数"。

（4）单击运算符"*"，在"*"后单击，输入数字80，如图4-12所示。单击"公式确认"按钮。

（5）自行设置社会保险的计算公式，如图4-13所示，单击"公式确认"按细返回"工资项目设置"对话框。

（6）单击"确定"按钮，退出公式的设置。

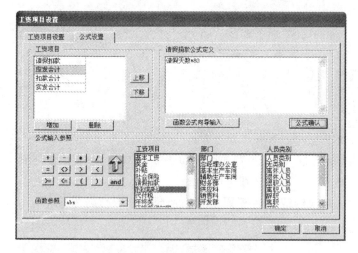

图4-12 事假扣款公式设置

图4-13 社会保险公式设置

 提示 ① 设置计算公式即定义工资项目之间的运算关系，计算公式的正确与否关系工资核算的最终结果。定义公式可通过选择工资项目、运算符、关系符、函数等组合完成。系统固定的工资项目如"应发工资"的计算公式，由系统根据工资项目设置的"增减项"自动给出，用户在此只能增加、修改、删除其他工资项目的计算公式。

② 定义工资项目计算公式要符合逻辑，系统将对公式进行合法性检查，不符合逻辑的系统将给出错误提示。定义公式时要注意先后顺序，先得到的数据应先设置公式。应发合计、扣款合计和实发合计公式应是公式定义框的最后3个公式，并且实发合计的公式要在应发合计和扣款合计的后面。如果计算公式超长，可将所用到的工资项目的名称缩短，或设置过渡项目，如应纳税总额。定义公式时可使用函数公式向导参照输入。

任务2　薪资管理系统本期业务处理

 任务解析

工资的日常核算业务主要是指对职工工资数据进行计算和调整，按照计算数据发放工资，并进行凭证填制等账务处理。工资日常核算业务的重点是及时根据职工的人员变动对人员档案进行调整，根据工资政策的变化及时进行工资数据的准确计算。

通过完成本任务，了解薪资管理系统日常核算业务的基本内容和流程；掌握固定工资数据和变动工资数据的处理方法，学会计算个人所得税的操作，掌握工资数据计算与汇总的处理。

 **知识链接**

一、工资数据的管理

第一次使用工资管理系统，必须将所有人员的基本工资数据录入计算机，每月发生的工资数据变动也在此进行调整，如缺勤情况的录入、资金的录入等。工资变动处理之前，需要事先设置好工资项目及计算公式。

1. 工资数据的录入

在第一次使用工资管理系统时，可以在"工资变动"功能中录入每一项工资数据，也可以在"人员档案"的"数据档案"中为每一个人录入工资数据。

2. 工资数据的变动

（1）筛选和定位。如果需要录入或修改某个部门或人员的工资数据，最好采用数据过滤的方法，先将所要修改的人员过滤出来，然后进行工资数据修改。修改完毕后单击"计算"按钮和"汇总"按钮，这样可以大大地提高计算速度。过滤操作可以利用系统提示的"筛选"按钮或"定位"按钮来完成。

（2）页编辑。"工资变动"窗口提供了"编辑"按钮，可对选定的个人进行快速录入。单击"上一人"按钮、"下一人"按钮可变更人员，录入或修改其他人员的工资数据。

（3）替换。将符合条件的人员的某个工资项目的数据，统一替换成某个数据。

3. 计算汇总

在修改某些数据、重新设置计算公式、进行数据替换或者个人所得税中执行自动扣税的操作中，必须使用"计算"按钮和"汇总"按钮功能对个人工资数据重新计算，以保证数据正确。通常实发合计、应发合计、扣款合计在修改完工资项目数据后不自动计算合计项，如果要检查是否正确，需要先重新算工资；如果不执行重算工资，在退出工资变动时，系统会自动提示重新计算。

二、工资分钱清单

工资分钱清单是按单位计算的工资发放分钱票面额清单，会计人员根据此表从银行取款并发给各个部门。执行此功能必须在个人数据输入调整完之后，如果个人数据在计算后又做了修改，必须重新执行本功能，以保证数据正确。本功能包括部门分钱清单、人员分钱清单、工资发放取款单三部分。采用银行代发工资的企业一般无须进行工资分钱清单的操作。

三、个人所得税

个人所得税是根据《中华人民共和国个人所得税法》对个人所得征收的一种税。手工情况下每个月末财务部门都要对超过扣除基数金额的部分进行计算和纳税申报。系统只提供对工资薪金所得征收所得税的申报。

鉴于许多企业、事业单位计算职工个人所得税的工作量较大，系统中提供了个人所得税自动计算功能，用户只需要定义所得税税率并设置扣税基数就可以由系统自动计算个人所得税。这样既减轻了用户的工作负担，又提高了工作效率。

四、银行代发

目前许多单位发放工资时都采用工资卡方式，这种做法既减轻了财务部门发放工资工作的繁重劳动，又避免了财务部门到银行提取大量现金所承担的风险，提高了对员工个人工资的保密程度。

1. 银行文件格式设置

银行代发文件格式设置是根据银行的要求，设置提供数据中所包含的项目，以及项目的数据类型、长度和取值范围等。

2. 银行代发磁盘输出格式设置

银行代发磁盘输出格式设置是指根据银行的要求，设置向银行提供的数据的文件形式，在文件中各数据项目是如何存放和区分的。

3. 磁盘输出

磁盘输出是指按用户已设置好的格式和设定的文件名，将数据输出到指定的地方。

任务实施

按下列资料完成工资业务的日常处理。

（1）工资数据：如表4-3所示。

表4-3　北京鹏达公司正式职工工资数据表

部门	编号	姓名	类别	账号	基本工资（元）	奖金（元）	补贴（元）
总经理办公室	101	张伟	管理人员	20140010001	8 000	2 000	1 500
	102	刘洋	管理人员	20140010002	6 000	1 800	1 400
	103	李丽	管理人员	20140010003	3 000	1 400	1 200
基本生产车间	201	张伟民	管理人员	20140010004	5 000	1 800	1 400
	202	王大力	管理人员	20140010005	5 000	1 800	1 400
	203	郑百成	管理人员	20140010006	2 500	1 300	1 200
	204	周立强	技术工人	20140010007	2 500	1 300	1 200
	205	王立国	技术工人	20140010008	5 000	1 800	1 400
辅助生产车间	206	郭志坚	技术工人	20140010009	2 500	1 300	1 200
	207	李巍	技术工人	20140010010	2 500	1 300	1 200

续表

部门	编号	姓名	类别	账号	基本工资（元）	奖金（元）	补贴（元）
财务部	301	李明	管理人员	20140010011	6 000	1 000	1 400
	302	吕燕	管理人员	20140010012	3 500	1 400	1 300
	303	赵丽艳	管理人员	20140010013	3 500	1 400	1 300
	304	朱百刚	管理人员	20140010014	3 500	1 400	1 200
	305	周海涛	管理人员	20140010015	3 500	1 400	1 200
销售科	401	石庆海	管理人员	20140010016	5 000	1 800	1 400
	402	张燕燕	管理人员	20140010019	5 000	1 800	1 200
	403	于明远	管理人员	20140010020	5 000	1 800	1 200
供应科	404	宋学敏	销售人员	20140010021	5 000	1 800	1 400
	405	杜志江	销售人员	20140010017	2 800	1 400	1 200
	406	栗江涛	销售人员	20140010018	2 800	1 400	1 200
开发部	501	胡丽莹	管理人员	20140010022	5 000	1 800	1 400
	502	吴春花	开发人员	20140010023	3 000	1 300	1 200
	503	朱明志	开发人员	20140010024	3 000	1 300	1 200

（2）本月出勤：于明远请假 2 天，李明请假 1 天。

（3）奖金：鹏达公司董事会决定给正式职工的奖金每人每月增加 500 元。

（4）个人工资、薪金所得额超过 3 500 元的，要对其征收个人所得税。

一、工资数据录入

1. 录入工资初始数据

鹏达公司正式职工工资初始数据见表 4-3，请将其录入到工资系统中，操作步骤如下。

（1）执行"业务处理"→"工资变动"命令，进入"工资变动"窗口。

（2）单击"过滤器"下拉列表框，从中选择"过滤设置"选项，打开"项目过滤"对话框。

（3）选择"工资项目"列表框中的"基本工资""奖金"和"补贴"选项，单击">"按钮，将这三项选入"已选项目"列表框中，如图 4-14 所示。

（4）单击"确认"按钮，返回"工资变动"窗口，此时每个人的工资项目只显示三项。

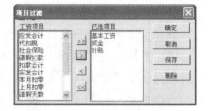

图 4-14 "项目过滤"对话框

（5）输入"正式人员"工资类别的工资数据。

提示 这里只需输入没有进行公式设定的项目，如基本工资、奖金和补贴及请假天数等，其余各项由系统根据计算公式自动计算生成。

（6）单击"过滤器"下拉列表框，从中选择"所有项目"，屏幕上显示所有工资项目。

2. 录入考勤与奖金情况

本月正式职工的出勤情况：于明远请假2天，李明请假1天。鹏达公司董事会决定给正式职工的奖金每人每月增加500元，操作步骤如下。

（1）输入考勤情况：于明远请假2天，李明请假1天。

（2）单击"全选"按钮，人员前面"选择"栏出现选中标记"Y"，如图4-15所示。

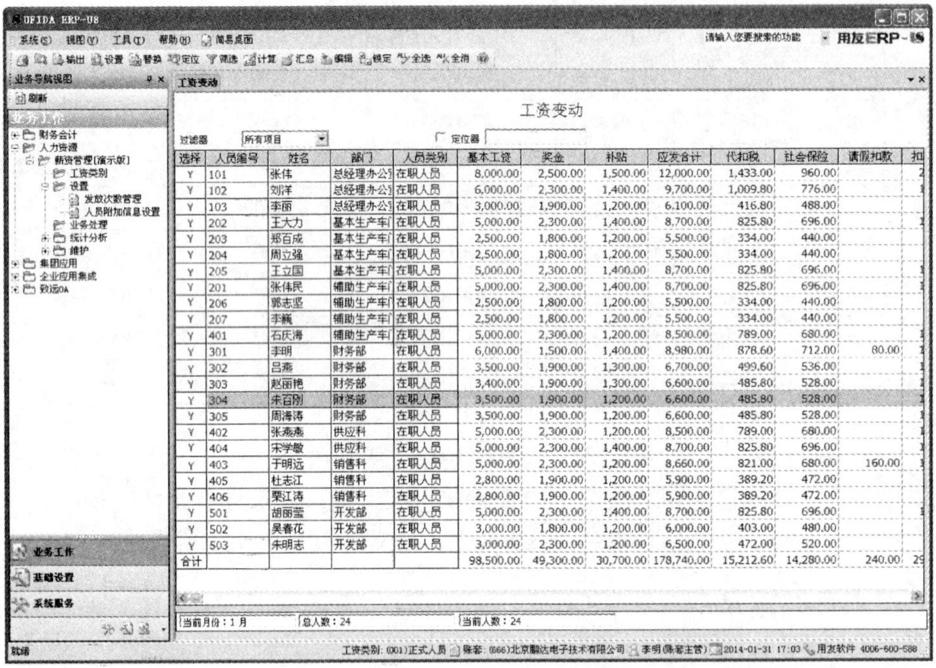

图4-15 "工资变动"设置对话框

（3）单击工具栏上的"替换"按钮，单击"将工资项目"下拉列表框，从中选择"奖金"选项，在"替换成"文本框中，输入"奖金+500"。

（4）在"替换条件"文件框中分别选择"中方""＝""是"，单击"确定"按钮，系统弹出"数据替换后将不可恢复。是否继续"提示信息，如图4-16所示；单击"是"按钮，系统弹出"24条记录被替换，是否重新计算"信息提示；单击"是"按钮，系统自动完成工资计算。

（5）在"工资变动"窗口中，单击工具栏上的"计算"按钮，计算工资数据。

（6）单击工具栏上的"汇总"按钮，汇总工资数据。

（7）单击工具栏上的"退出"按钮，退出"工资变动"窗口。

二、个人所得税的计算与申报

按照《个人所得税法》的有关规定：个人工资、薪金所得额超过3 500元的，要对其征收个人所得税，附加费用扣除标准为1 300元，试根据上述规定对鹏达公司的职工进行个人所得税的计算,操作步骤如下。

(1)执行"业务处理"→"扣缴所得税"命令,打开"个人所得税申报模板"对话框。如图 4-17 所示。

(2)选择"北京"地区"扣缴个人所得税报表",单击"打开"按钮,打开"所得税申报"对话框,单击"确定"按钮,进入"北京扣缴个人所得税报表"窗口。

(3)单击工具栏上的"税率"按钮,在"基数"栏中输入"3500","附加费用"栏中输入"1300"。

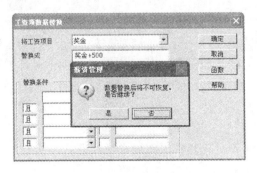

图 4-16　数据不可恢复提示

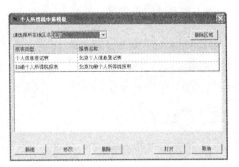

图 4-17　个人所得税申报模板

任务 3　薪资管理系统期末业务处理

 任务解析

通过完成本任务,使学生熟练掌握薪资分摊和自动转账凭证的生成、删除及冲销;学会利用系统自动转账功能结转薪资费用,了解关于薪资数据的维护。掌握工资数据查询和打印的操作方法,掌握薪资分配,费用计提及工资转账凭证生成的方法及操作,会进行结账处理。

 **知识链接**

一、工资分摊

在会计期末,用户需要对工资核算进行相应的处理,将当期的工资数据经过处理结转到下一期,并自动生成下期新的工资明细表。如果要对多个工资类别进行处理,就需要打开多个工资类别,逐个进行月末处理;如果当期的工资数据未汇总,系统将不允许进行月末处理。同时,如果进行了月末处理,就不能在对工资数据进行修改。

1. 设置工资分摊类型

工资分摊是指对当月发生的工资费用进行工资总额计算、分配及各种工资附加费用的计提，并制作自动转账凭证，传递到总账系统供登账处理之用。

月末，单位要对各部门、各类人员的工资费用进行分配核算。通过本系统可以设置各项费用计提基数，并计提应付福利费、工会经费、职工教育经费等费用。

2. 分摊工资并生成转账凭证

生成转账凭证是指将工资分配及附加费用分摊的结果通过凭证的形式传递到总账系统，避免在总账系统中进行二次录入。

二、月末结账处理

月末结账是指将当月数据经过处理后结转至下月。每月工资数据处理完毕后均可进行月末结账。由于在工资项目中的项目是变动的，即每月的数据均不相同，在每月工资处理时，均需要将其数据清为0，而后输入当月数据，此类项目即为清零项目。

三、反结账

在薪资管理系统结账后，发现还有一些业务或其他事项需要在已结账月份进行账务处理，此时需要使用反结账功能，取消已结账标记。

在薪资管理系统中，以下个月的日期登陆，单击"业务处理"菜单中的"反结账"命令，选择要反结账的工资类别，确认后即可以完成反结账的操作。

提示 在进行月末处理后，如果发现还有一些业务或其他事项要在已进行月末处理的月份进行账务处理，可以由账套主管使用反结账功能，取消已结账标记。

四、查询统计与分析

1. 工资数据查询系统

工资数据处理结果最终通过工资报表的形式反映，薪资管理系统提供了主要的工资报表，报表的格式由系统提供。如果对报表提供的固定格式不满，可以通过"修改表"和"新建表"功能自行设计。

（1）工资表。工资表包括工资发放签名表、工资发放条、工资卡、部门工资汇总表、人员类别工资汇总表、条件汇总表、条件统计表、条件明细表、工资变动明细表、工资变动汇总表等由系统提供的原始表。主要用于本月工资发放和统计，工资表可以进行修改和重建。

（2）工资分析表。工资分析表是以工资数据为基础，对部门、人员类别的工资数据进行分析和比较，产生各种分析表，供决策人员使用。

（3）凭证查询。工资核算的结果以转账凭证的形式传输到总账系统，在总账系统中可以进行查询、审核、记账等操作，但不能修改或删除。工资管理系统中的凭证查询功能可以对工资系统中所发生的转账凭证进行删除及冲销操作。

2. 工资数据的分析

工资业务处理完成后，相关工资报表数据同时生成，这是计算机处理与手工处理的不同之处。薪资核算的结果以转账凭证的形式传输到总账系统，在总账系统内可以进行查询、审核、记账等操作，但是不能修改、删除。要删除、冲销转账凭证，需要执行薪资管理系统中的凭证查询功能。

五、数据维护

1. 数据上报

数据上报主要是指本月与上月相比新增加人员数量信息及减少人员数量信息的上报，本功能是在基层单位账中使用，形成上报数据文件。单工资类别账时，一直可用，多工资类别时，需关闭所有工资类别才可以使用。人员信息包括人员档案的所有字段信息、工资数据包含所有工资项目信息。

2. 数据采集

数据采集是指人员信息采集，人员信息采集是指将人员上报盘中的信息，读入至系统中。本功能用于人员的增加、减少、工资数据的变更。数据采集功能在单工资类别账时，一直可用；多工资类别时，需关闭所有工资类别才可以使用。

3. 汇总工资类别

在多个工资类别中，以部门编号、人员编号、人员姓名为标准，将此三项内容相同人员的工资数据做合计。例如需要统计所有工资类别本月发放工资的合计数，或某些工资类别中的人员工资都由一个银行代发，希望生成一套完整的工资数据传到银行，则可使用此项功能。

任务实施

按下列资料进行工资费用分摊，汇总工资类别并完成月末结账。

月末工资费用分配比例：工资总额按 100% 分配；按应发合计计提职工福利费（14%）；计提工会经费（2%）和职工教育经费（1.5%），如表4-4所示。

表4-4 工资分摊设置表

工资分摊 部门		应付工资		职工福利费（14%）		工会经费（2%）		职工教育经费（1.5%）	
		借方科目	贷方科目	借方科目	贷方科目	借方科目	贷方科目	借方科目	贷方科目
总经理办公室、财务部、开发部	企业管理人员	660201	221101	660201	221102		221103		221104
供销部（供应科、销售科）	经营人员	6601	221101	6601	221102	660204	221103	660204	221104
生产部（基本生产车间、辅助生产车间）	车间管理人员	510101	221101	510101	221102		221103		221104
	生产人员	500102	221101	500102	221102		221103		221104

一、工资费用分摊

1. 工资费用分摊设置

2014年1月31日,鹏达公司对1月份工资费用进行分摊,并计提职工福利费、工会经费和职工教育经费。操作步骤如下。

(1)执行"业务处理"→"工资分摊"命令,打开"工资分摊"对话框,如图4-18所示。

(2)单击"工资分摊设置"按钮,打开"分摊类型设置"对话框,如图4-19所示。

(3)单击"增加"按钮,打开"分摊计提比例设置"对话框。

(4)输入计提类型名称为"应付工资",单击"下一步"按钮,打开"分摊构成设置"对话框,如图4-20所示。

(5)按所给资料内容进行设置。返回"分摊类型设置"对话框,继续设置工会经费、职工教育经费等分摊计提项目,如图4-21所示。

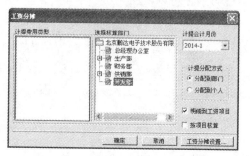

图4-18 "工资分摊"对话框

图4-19 "分摊类型设置"对话框

图4-20 "分摊构成设置"对话框

图4-21 "分摊类型设置"对话框

2. 自动生成分配与费用计提转账凭证

(1)执行"业务处理"→"工资分摊"命令,打开"工资分摊"对话框。

(2)选择需要分摊的计提费用类型,确定分摊计提的月份为"2014-1"。

(3)选择核算部门。

(4)选中"明细到工资项目"复选框,如图4-22所示。

(5)单击"确定"按钮,打开"应付工资一览表"对话框,如图4-23所示。

(6)选中"合并科目相同、辅助项相同的分录"复选框,单击工具栏上的"制单"按钮,即生成记账凭证。

(7)单击凭证左上角的位置,选择"转账凭证",输入附单据数;单击"保存"按钮，凭证左上角出现"已生成"字样，代表该凭证已传递到总账系统，如图 4-24 所示。

（8）单击工具栏上的"退出"按钮，返回。

图 4-22 "工资分摊"对话框

图 4-23 "应付工资一览表"对话框

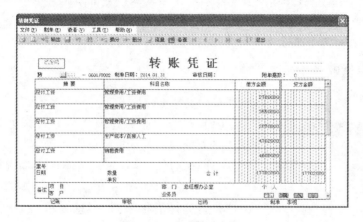

图 4-24 生成转账凭证

二、汇总工资类别

1 月 31 日，鹏达公司进行汇总工资类别操作，操作步骤如下。

（1）执行"工资类别"→"关闭工资类别"命令。

（2）执行"维护"→"工资类别汇总"命令，弹出"工资类别汇总"对话框，如图 4-25 所示。

（3）选择要汇总的工资类别，单击"确定"按钮，完成工资类别汇总。

（4）执行"工资类别"→"打开工资类别"命令，弹出"打开工资类别"对话框，如图 4-26 所示。

（5）选择"666 汇总工资类别"，单击"确定"按钮，查看工资类别汇总后的各项目数据。

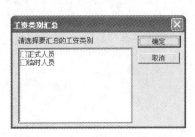

图 4-25 "工资类别汇总"对话框

图 4-26 "打开工资类别"对话框

提示 ① 该功能必须在关闭所有工资类别时才可以使用。

② 所选工资类别中必须有汇总月份的工资数据。

③ 如果是第一次进行工资类别汇总，需在汇总工资类别中设置工资项目计算公式。如果每次汇总的工资类别一致，则公式无须重新设置。如果与上一次所选择的工资类别不一致，则须重新设置计算公式。

④ 汇总工资类别不能进行月末结算和年末结算。

三、月末结账

1月31日，鹏达公司进行月末结账，操作步骤如下。

图 4-27 "选择清零项目"对话框

（1）执行"业务处理"→"月末处理"命令，打开"月末处理"对话框。单击"确定"按钮，系统弹出"月末处理之后，本月工资将不许变动，继续月末处理吗？"信息提示对话框；单击"是"按钮，系统继续弹出"是否选择清零项？"信息提示对话框；单击"是"按钮，打开"选择清零项目"对话框。

（2）在"选择清零项目"对话框中，单击选择"请假天数""请假扣款"和"奖金"等项目，单击">"按钮，将所选项目移动到右侧的列表框中，如图 4-27 所示。

（3）单击"确定"按钮，系统弹出"月末处理完毕！"信息提示对话框，单击"确定"按钮返回。

提示 ① 月末结转只有在会计年度的 1 月至 11 月进行。

② 如果是处理多个工资类别，则应打开工资类别，分别进行月末结算。

③ 如果本月工资数据未汇总，系统将不允许进行月末结转。

④ 进行期末处理后，当月数据将不再允许变动。

⑤ 月末处理功能只有主管人员才能执行。

【项目总结】

"薪资管理"项目通过"系统初始化""本期业务处理""期末处理"三个任务来实

现,其中初始化包括新建工资账套、设置工资类别、人员附加信息设置、工资发放次数设置、部门设置、人员档案设置、系统选项设置;"本期业务处理"任务包括工资核算、工资发放、个人所得税核算;"期末处理"任务包括工资费用分摊、月末结账、反结账处理、工资统计分析、年末结账处理等。

【项目实训】

实训八　薪资管理系统应用

百灵电子技术有限公司2014年1月1日启用工资管理系统,其业务控制参数如下。

1. 建立工资账套

工资类别个数为多个,核算币种为人民币,扣个人所得税,不进行扣零处理。

2. 基础信息设置

(1) 部门设置。设有总经理办公室、财务部、市场部、开发部、一车间和二车间6个部门。

(2) 职工附加信息设置。增加"学历"作为人员附加信息。

(3) 工资项目设置,如表4-5所示。

表4-5　工资项目设置表

项目名称	类型	长度	小数位数	增减项
基本工资	数字	8	2	增项
奖励工资	数字	8	2	增项
交补	数字	8	2	增项
应发合计	数字	10	2	增项
请假扣款	数字	8	2	减项
养老保险	数字	8	2	减项
扣款合计	数字	10	2	减项
实发合计	数字	10	2	增项
代扣税	数字	10	2	减项
请假天数	数字	8	2	其他

(4) 工资类别及相关信息。

工资类别:正式职工。

部门选择:所有部门。

增加工资项目:基本工资、奖励工资、交补、请假扣款、养老保险、请假天数。

工资计算表和工资数据表分别如表4-6、表4-7所示。

表4-6 工资计算公式表

工资项目	定义公式
请假扣款	请假天数*20
养老保险金	基本工资*0.08
交补	Iff（职工类别="管理人员" or 职工类别="车间经理人员",300,150)

表4-7 百灵电子技术有限公司正式职工档案及工资数据表　　　　单位：元

部门名称	编号	姓名	类别	账号	中方人员	计税	学历	年龄	职务	基本工资	奖金	补贴	水电费
总经理办公室	101	王义	经理人员	20140010001	是	是	本科	40	总经理	5 000	800	40	57
财务处	102	张明	经理人员	20140010002	是	是	本科	30	财务主管	4 500	600	300	50
财务处	103	郑辉	管理人员	20140010003	是	是	本科	30	会计	3 500	450	250	45
财务处	104	赵伍	管理人员	20140010005	是	是	本科	30	出纳	3 500	450	250	45
市场部	201	吕明	经理人员	2014001006	是	是	中专	27	主任	3 500	450	250	78
市场部	202	吴强	经营人员	2014001007	是	是	本科	27	业务员	3 000	400	200	60
开发部	301	李丽	管理人员	2014001008	是	是	硕士	40	部长	4 500	500	300	87
开发部	302	朱燕	开发人员	2014001009	是	是	本科	35	业务员	3 500	450	250	45
一车间	401	张昆	经理人员	2014001010	是	是	本科	40	部长	4 500	500	300	65
一车间	402	李立伟	经理人员	2014001011	是	是	专科	28	主任	4 000	450	250	43
二车间	403	周庆国	经理人员	2014001012	是	是	专科	40	主任	4 000	450	250	43

工资类别二：临时人员。

部门选择：一车间和二车间。

增加工资项目：基本工资、请假扣款、请假天数。

人员档案，如表4-8所示。

表4-8 百灵电子技术有限公司临时人员档案及工资数据表　　　　单位：元

人员编号	姓　名	部门名称	人员类别	账　号	中方人员	是否计税	基本工资
404	罗江	一车间	经营人员	20140010010	是	是	1 800
405	刘青	二车间	经营人员	20140010011	是	是	1 200

（5）银行名称

中国工商银行中关村分理处：账号定长为11。

3．工资数据

1月份工资变动情况有以下两点。

考勤情况：吕明请假2天；李立伟请假1天。

因去年市场部推广产品业绩较好，该部门每人增加奖励工资200元。

4. 代扣个人所得税

计税基数为3 500元。

5. 工资分摊

应付工资总额等于工资项目"实发合计"，应付福利费、工会经费、职工教育经费也以此为计提基数，如表4-9所示。

表4-9 工资费用分配的转账分录设置表

工资分摊 部门		应付工资		应付福利费 （14%）		工会经费 （2%）		职工教育经费 （1.5%）	
		借方科目	贷方科目	借方科目	贷方科目	借方科目	贷方科目	借方科目	贷方科目
总经理办公室、财务处、开发部	管理人员	660201	221101	660201	221102	660201	221104	660201	221105
市场部	经营人员	660101	221101	660101	221102	660101	221104	660101	221105
一车间 二车间	生产管理人员	510101	221101	510101	221102	510101	221105	510101	221105
	生产工人	500102	221101	500102	221102	500102	221105	500102	221105

要求：

(1) 建立百灵电子技术有限公司工资账套，并进行初始设置。

(2) 进行相应的日常业务处理。

(3) 进行月末工资费用分摊，并生成转账凭证。

固定资产管理系统应用

【项目导入】

鹏达公司已经安装调试好用友 ERP-U8（V8.72）管理软件，并从 2014 年 1 月 1 日开始启用固定资产管理系统，采取平均年限法计提折旧，要求业务发生后立即制单。公司开始应用固定资产系统进行业务处理，主要包括固定资产初始设置、固定资产日常业务处理、固定资产期末业务处理等工作。

【学习目标】

1. 了解固定资产子系统的功能、主要任务及其业务处理流程；
2. 熟练掌握固定资产子系统账套设置及初始化操作方法；
3. 熟练掌握输入固定资产原始卡片的录入方法；
4. 熟练掌握固定资产增加、减少、原值变化及固定资产计提折旧的处理方法；
5. 熟练掌握固定资产月末转账、对账与结账的操作方法。

【项目实施】

 任务1　固定资产管理系统初始设置

 任务解析

固定资产管理系统初始化是根据企业的具体情况，建立一个适合单位需要的固定资产系统账套的过程。初始化操作主要包括约定及说明、启用月份、折旧信息、编码方案、账务接口等内容。初始化完成后进行基础设置操作，主要包括部门对应折旧科目设置、资产类别设置、增减方式设置、使用状况设置、折旧方法设置和卡片项目定义、卡片样式定义及原始卡片录入。

通过完成本任务，使学生了解固定资产管理系统初始化设置的内容，掌握固定资产管理系统初始化、基础设置和卡片管理的操作流程与方法。

知识链接

一、固定资产管理系统的任务和功能

固定资产管理系统适用于各类企业和行政事业单位进行固定资产管理、折旧计提等。可同时为总账系统提供折旧凭证，为成本管理系统提供固定资产的折旧费用依据。

1. 固定资产管理系统的任务

固定资产具有使用年限较长、单位价值较高的特点，它是企业进行生产经营活动的物质基础，一旦流失就会给企业造成巨大损失，为此，合理有效地组织固定资产的核算，对于保证固定资产的安全完整，充分发挥其效能，促进企业再生产具有重要意义。固定资产系统主要任务为以下几点。

（1）管理固定资产卡片，核算和监督固定资产的增加、减少及变动情况，规范固定资产管理。

（2）计提固定资产折旧，汇总、分配折旧费用，促进企业做好固定资产的维护修理和更新工作。

（3）分析固定资产利用效果，节约设备投资，提高固定资产利用率和投资的经济效益。

（4）实现与相关系统的数据传递。

2. 固定资产管理系统的功能

固定资产管理系统的主要工作是通过填制固定资产卡片，完成企业的固定资产和日常业务的核算和管理，按月反映固定资产的增减变动、原值变化及其他变动，并输出相应的增减变动明细账，按月自动计提折旧，生成折旧分配凭证，同时输出相关的报表和账簿。固定资产管理系统的基本功能结构如图 5-1 所示。

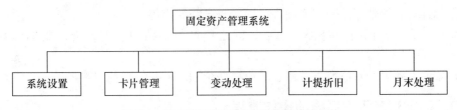

图 5-1　固定资产管理系统的基本功能结构

（1）系统设置。主要包括以下功能：

① 提供外币管理资产设备；

② 用户可自定义资产分类编码方式和资产类别；

③ 用户可自定义固定资产的使用年限、残值率等；

④ 用户自定义部门核算的科目，转账时自动生成凭证；

⑤ 用户可自定义使用状况，并增加折旧属性，使用更灵活；

⑥ 恢复月末结账前状态，又称"反结账"，是本系统提供的一个纠错功能；

⑦ 为适应行政事业单位固定资产管理的需要，提供整套账不提折旧功能。

（2）业务处理。主要包括以下功能：

① 用户可自由设置卡片项目；

② 提供固定资产卡片批量打印的功能；

③ 提供资产附属设备和辅助信息的管理；

④ 提供按类别定义卡片样式，适用不同企业定制样式的需要；

⑤ 提供固定资产卡片批量复制、批量变动及从其他账套引入的功能，极大地提高了卡片录入效率；

⑥ 提供原值变动表、启用记录、部门转移记录、大修记录、清理信息等附表；

⑦ 可处理各种资产变动业务，包括原值变动、部门转移、使用状况变动、使用年限调整、折旧方法调整、净残值（率）调整、工作总量调整、累计折旧调整、资产类别调整等；

⑧ 提供对固定资产的评估功能，包括对原值、使用年限、净残值率、折旧方法等进行评估。

（3）计提折旧。主要包括以下功能：

① 自定义折旧分配周期，满足不同行业的需要；

② 提供折旧公式自定义功能，并按分配表自动生成记账凭证；

③ 提供两种平均年限法（计算公式不同）计提折旧；

④ 提供平均年限法、工作量法、年数总和法、双倍余额递减法计提折旧；

⑤ 折旧分配表更灵活全面，包括部门折旧分配表和类别折旧分配表，各表均按辅助核算项目汇总；

⑥ 考虑原值、累计折旧、使用年限、净残值和净残值率、折旧方法的变动对折旧计提的影响，系统自动更改折旧计算，计提折旧，生成折旧分配表，并按分配表自动制作记账凭证。

（4）输出账表。主要包括以下功能：

① 账簿：固定资产总账与明细账、固定资产登记簿、部门类别明细账；

② 统计表：评估汇总表与变动表、固定资产统计表等；

③ 折旧表：部门折旧计提汇总表、固定资产折旧清单、固定资产折旧计算明细表等；

④ 减值准备表：减值准备总账、减值准备余额表、减值准备明细账。

二、固定资产管理系统的操作流程

1. 系统初始化

在系统管理模块建立新账套后，运行固定资产系统，并打开该账套，第一步要做的工作是系统初始化，主要包括约定及说明、启用月份、折旧信息、编码方案、账务接口等内容的设置。

2. 基础设置

初始化工作完成后，进行基础设置操作。基础设置操作包括卡片项目定义、卡片样式定义、折旧方法定义、类别设置、部门设置、使用状况定义、增减方式定义等部分。除资产类别设置没有预置内容外，其他部分都把常用的内容预置出来，如果符合您的要求，可不再设置。资产类别设置是必须经过的步骤。系统运行过程中，如果设置的内容不满足要求，可在系统允许的范围内重新设置。

3. 原始卡片录入

原始卡片录入是把使用系统前的原始资料录入系统，以保持固定资产管理和核算的连续性和完整性。鉴于原始资料可能较多，在一个月内不一定能录入完毕，所以本系统原始卡片录入不限于第一个月。也就是说如果第一个月到月底原始资料没有录入完毕，您可以有两种选择：一是一直以该月日期登录，直到录入完毕，再进行以下各部分操作；另一种做法是，月底前在没有完成全部原始卡片的情况下，继续以下各部分操作，以后各月陆续进行录入。由于固定资产系统和其他系统的制约关系，本系统不结账，总账不能结账，所以在特定情况下，必须执行第二种做法。

4. 日常操作

（1）卡片操作。主要包括卡片录入（包括原始卡片资料和新增资产卡片）、卡片修改、卡片删除、资产减少、卡片查询、卡片打印几部分的操作。

（2）资产变动操作。因为资产发生原值变动、部门转移、使用状况调整、折旧方法调整、累计折旧调整、净残值（率）调整、工作总量调整、使用年限调整、类别调整、计提减值准备、转回减值准备、资产评估，需制作变动单或评估单，该部分主要是制作变动单和评估单的操作。

5. 月末处理

月末处理包括与相关系统的数据传送、对账、计提折旧、结账、查看及打印报表等操作。

详细的操作流程请参见固定资产管理系统的帮助信息。

任务实施

鹏达公司（简称鹏达公司）固定资产管理资料如下，请据此资料进行固定资产管理系统的初始化，并录入固定资产原始卡片。

（1）系统设置资料：鹏达公司2014年1月1日启用固定资产管理系统，其核算要求为：采取平均年限法（一）计提折旧，折旧分配周期为1个月；固定资产按"类别编码+序号"自动编码，类别编码方式为"2112"，卡片序号长度为2；要求与财务系统进行对账，固定资产对账科目为1601（固定资产）；累计折旧科目为1602（累计折旧）；在对账不平情况下允许进行月末结账。鹏达公司要求业务发生后立即制单，已发生资产减少卡片可删除时限为5年。

（2）鹏达公司对应的固定资产折旧科目，如表5-1所示，试进行部门对应折旧科目设置。

表 5-1 固定资产对应折旧科目

编码	所在部门	对应折旧科目
1	总经理办公室	（660203）管理费用——折旧费
2	生产部	（5101）制造费用
201	基本生产车间	（5101）制造费用
202	辅助生产车间	（5101）制造费用
3	财务部	（660203）管理费用——折旧费
4	供销部	（6601）销售费用
401	供应科	（6601）销售费用
402	供销科	（6601）销售费用
5	开发部	（660203）管理费用——折旧费

（3）鹏达公司将固定资产分为交通运输工具、电子设备两大类；每类设备又分为经营设备和非经营设备；所有设备均正常提取折旧，折旧方法均采用平均年限法（一）。据此进行固定资产类别设置，如表 5-2 所示。

表 5-2 固定资产分类表

编码	类别名称	使用年限	净残值率（%）	计量单位
01	电子设备	5	4	台
02	交通运输工具	10	4	辆

（4）鹏达公司决定在固定资产卡片中增加一个项目，具体要求如下：名称为"数量"，数据类型为"数字型"，整数位长为"2"，小数位长为"0"，并要求在系统提供的样式基础上加入"数量"项目。请修改固定资产卡片。

（5）鹏达公司 2014 年 1 月 1 日前的部分固定资产原始资料如表 5-3 所示，根据上述资料，进行该公司固定资产原始卡片录入。

表 5-3 鹏达公司部分固定资产原始数据   单位：元

资产名称	数量	类别编码	所在部门	增加方式	可使用年限	开始使用日期	原值	累计折旧	对应折旧科目
货车	1	021	供销部	直接	10	2012.01	180 000	31 680	销售费用
轿车	1	022	总经理办公室	直接	10	2012.01	160 000	28 160	管理费用
复印一体机	1	011	财务部	直接	5	2012.07	2 000	704	管理费用
笔记本电脑	1	011	开发部	直接	5	2012.01	14 000	4 928	管理费用
空调	1	012	总经理办公室	直接	5	2012.01	5 000	1 760	管理费用
合计							361 000	67 232	

一、启用固定资产管理系统的初始参数设置

初始参数设置主要包括约定及说明、启用月份、折旧信息、编码方案、账务接口等项目的设置，具体操作步骤如下。

(1) 以吕燕身份登录"企业应用平台",执行"业务工作"→"财务会计"→"固定资产"命令,弹出"固定资产"对话框,询问是否进行初始化。

(2) 单击"是"按钮,打开"初始化账套向导-约定及说明"对话框,仔细检查阅读后,选择"我同意"单选按钮,如图 5-2 所示。

(3) 单击"下一步"按钮,打开"初始化账套向导-启用月份"对话框,如图 5-3 所示。

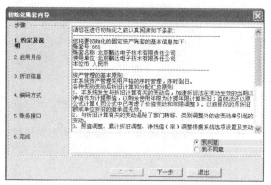
图 5-2 "初始化账套向导-约定及说明"对话框

图 5-3 "初始化账套向导-启用月份"对话框

提示 该功能用于查看本账套固定资产开始使用的年份和会计期间,启用日期只能查看不可修改。要录入系统的期初资料一般是指截止该期间期初的资料。固定资产账的开始使用期间不得大于系统管理中的建该账套的期间。

(4) 单击"下一步"按钮,打开"初始化账套向导-折旧信息"对话框,选中"本账套计提折旧"复选框,根据任务要求选择主要折旧方法为"平均年限法(一)",选择折旧汇总分配周期为"1 个月",如图 5-4 所示。

提示 ① 本账套计提折旧设置是判断本单位选择何种应用方案:若为行政事业单位则可不计提折旧。一旦确定本账套不提折旧,账套内与折旧有关的功能不能操作,该判断在保存初始化设置后不能修改。所以在选择前请您慎重。如果选用企业单位应用方案,则根据制度规定资产需要计提折旧,请在该框内打钩。

② 选择本系统常用的折旧方法,主要有六种方法:平均年限法(一)、平均年限法(二)、工作量法、年数总和法、双倍余额递减法(一)、双倍余额递减法(二);另外也可以选择"不提折旧"。默认"平均年限法(二)"。如果选择"本账套不计提折旧",则选择的折旧方法为"不提折旧"。

③ 折旧汇总分配周期:企业在实际计提折旧时,不一定每个月计提一次,可能因行业和自身情况的不同,每季度、半年或一年计提一次,折旧费用的归集也按照这样的周期进行。本系统提供该功能,用户可自行选择。系统具体的处理办法是,每个会计月期间均计提折旧,但折旧的汇总分配按这里设定的周期进行,把该周期内各会计月计提的折旧汇总分配。一旦选定折旧汇总分配周期,系统自动提示您第一次分配折旧,也是本系统自动生成折旧分配表制作记账凭证的期间。

(5) 单击"下一步"按钮,打开"初始化账套向导-编码方式"对话框,根据公司要求定义编码为"2112",选择"自动编码"及"类别编号+序号"选项,选择序号长度为"3",如图 5-5 所示。

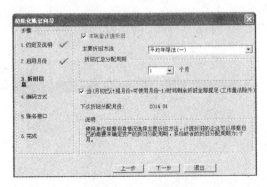
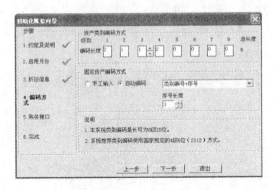

图 5-4 "初始化账套向导-折旧信息"对话框　　图 5-5 "初始化账套向导-编码方式"对话框

提示 ① 固定资产编号有两种输入方法:手工输入和自动编码。若选择"手工输入",则在卡片输入时通过手工输入的方式录入资产编号。若选择了"自动编号",可单击下拉键,从"类别编号+序号、部门编号+序号、类别编号+部门编号+序号、部门编号+类别编号+序号"中根据单位的情况选择一种,系统根据选择的编码原则自动生成固定资产编号。自动编号中序号的长度可自由设定为 1~5 位。自动编号的好处在于输入卡片时简便快捷,并可根据资产编号了解资产的基本情况,便于资产管理。

② 资产类别编码方式设定以后,如果某一级资产设置了类别,则该级的长度不能修改,没有使用过的各级的长度可修改。每一个账套资产的自动编码方式只能一种,一经设定,该自动编码方式不得修改。

(6) 单击"下一步"按钮,打开"初始化账套向导-账务接口"对话框,根据资料要求选择"1601"为固定资产对账科目,选择"1602"为累计折旧对账科目,根据需要勾选"在对账不平情况下允许固定资产月末结账"选项,如图 5-6 所示。

提示 ① 与账务系统对账:只有存在对应总账系统的情况下才可操作,若在该判断框内打钩,表示本系统要与账务系统对账,即将固定资产系统内所有资产的原值、累计折旧和总账系统中的固定资产科目和累计折旧科目的余额核对,看数值是否相等。如果不想与总账系统对账,可不打钩,表示不对账。

② 对账不平允许月末结账:本系统在月末结账前自动执行"对账"功能一次,给出对账结果,如果不平,说明两系统出现偏差,应予以调整。如果希望严格控制系统间的平衡,并且能做到两个系统录入的数据没有时间差异,则不要在该判断的判断框内打钩,否则打钩。

(7) 单击"下一步"按钮,打开"初始化账套向导-完成"对话框,如图 5-7 所示。

项目 5　固定资产管理系统应用

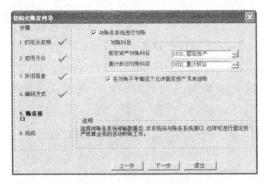 

图 5-6　"初始化账套向导-账务接口"对话框　　图 5-7　"初始化账套向导-完成"对话框

（8）上述初始化设置已经完成后，仔细查看，如果无误单击"完成"按钮保存设置。弹出固定资产系统账套设置完成的提示。单击"是"按钮，弹出"已成功初始化固定资产账套"提示框。

二、基础设置

1. 部门对应折旧科目设置

固定资产计提折旧后必须把折旧归入成本或费用，根据不同使用者的具体情况按部门或按类别归集。当按部门归集折旧费用时，某一部门所属的固定资产折旧费用将归集到一个比较固定的科目，所以部门对应折旧科目设置就是给部门选择一个折旧科目，录入卡片时，该科目自动显示在卡片中，不必一个一个输入，可提高工作效率。然后在生成部门折旧分配表时每一部门按折旧科目汇总，生成记账凭证。

注意在使用本功能前，必须已建立好部门档案，可在基础设置中设置，也可在本系统的"部门档案"中完成。

（1）在"企业应用平台"窗口中，执行"业务工作"→"财务会计"→"固定资产"→"设置"→"部门对应折旧科目"命令，打开"部门对应折旧科目"窗口。

（2）选择要设置对应折旧科目的部门，选择"单张视图"标签，单击"修改"按钮，参照输入相应的折旧科目，如"总经理办公室"相对应的折旧科目为"660203 管理费用——折旧费"，如图 5-8 所示。

图 5-8　"部门对应折旧科目设置-单张视图"窗口

（3）单击"保存"按钮，重复步骤（2）依次输入其他部门对应的折旧科目，输入结果如图 5-9 所示。

2. 资产类别设置

（1）在"企业应用平台"窗口中，执行"业务工作"→"财务会计"→"固定资产"→"设置"→"资产类别"命令，打开"类别编码表"窗口，单击工具栏上的"增加"按钮，打开"固定资产类别"窗口，按照要求输入拟增加的类别编码、类别名称、使用年限、净残值率、计量单位、计提属性、折旧方法、卡片样式等，如图5-10所示。

图5-9 部门对应折旧科目设置结果

图5-10 "资产类别"窗口

（2）单击"保存"按钮，保存设置内容。再单击"增加"按钮，录入拟增加的其他资产类别。

3. 增减方式设置

固定资产管理系统已经设置了常用的增减方式，企业可以根据需要选用，也可以根据自身固定资产管理特点设置其他增减方式。

增减方式包括增加方式和减少方式两类。增加的方式主要有：直接购入、投资者投入、捐赠、盘盈、在建工程转入、融资租入。减少的方式主要有：出售、盘亏、投资转出、捐赠转出、报废、毁损、融资租出、拆分减少等。

为了在增减业务发生时，固定资产管理系统能自动生成记账凭证，可以按照不同的增减方式设置对应入账科目。

（1）在"企业应用平台"窗口中，执行"业务工作"→"财务会计"→"固定资产"→"设置"→"增减方式"命令，打开"增减方式"窗口，选择"1 增加方式"选项卡，单击工具栏上的"增加"按钮，打开"增减方式"对话框，在"增减方式名称"栏中输入"自建"，在"对应入账科目"栏中输入"1604，在建工程"，如图5-11所示。

（2）单击"保存"按钮，"自建"会自动添加到"增加方式"栏中。

（3）选择"直接购入"方式，再单击"修改"按钮，在"对应入账科目"栏中输入"100201，工行存款"，如图5-12所示。

图5-11 "增减方式"对话框

图5-12 修改"直接购入"方式

4. 使用状况设置

从固定资产核算和管理的角度，需要明确资产的使用状况，一方面可以正确地计算和计提折旧，另一方面便于统计固定资产的使用情况，提高资产的利用效率，设置步骤如下。

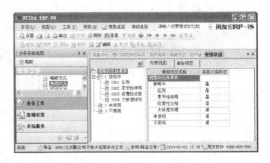

图 5-13 "使用状况"窗口

（1）在"企业应用平台"窗口中，执行"业务工作"→"财务会计"→"固定资产"→"设置"→"使用状况"命令，打开"使用状况"窗口，如图 5-13 所示。

（2）单击工具栏上的"增加"或"删除"按钮，可增加或删除某种使用状况。

（3）选中某种使用状况，单击"修改"按钮，可修改某使用状况是否计提折旧。

> **提示** ① 系统预置的使用状况不能删除。
> ② 只能有 3 种一级使用状况，不能增加、删除；"使用中"不能修改，"未使用、不需用"这两种使用状况可修改。
> ③ 可以在一级使用状况下增加二级使用状况。

5. 折旧方法设置

折旧方法设置是系统自动计算折旧的基础。系统给出了常用的 6 种系统设置的折旧方法，只能选用，不能删除和修改。如果这几种方法不能满足企业的使用需要，系统提供了折旧方法的自定义功能，可以定义自己合适的折旧方法的名称和计算公式，具体操作步骤如下。

（1）在"企业应用平台"窗口中，执行"业务工作"→"财务会计"→"固定资产"→"设置"→"折旧方法"命令，打开"折旧方法"窗口，如图 5-14 所示。

（2）单击工具栏上的"增加"按钮，可增加一种新的折旧方式。

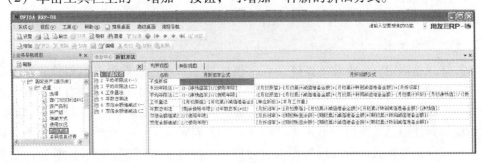

图 5-14 "折旧方法"窗口

三、卡片管理

1. 卡片项目定义

卡片项目是固定资产卡片上显示的用来记录资产资料的栏目，如原值、资产名称、使用年限、折旧方法等卡片最基本的项目。固定资产系统提供了一些常用卡片必需的项目，称为系统项目，如果这些项目不能满足企业对资产特殊管理的需要，可以通过卡片项目来定义个性化需求的项目，定义的项目称为自定义项目，这两部分构成卡片项目目录。自定义卡片项目时需要定义卡片项目名称、数据类型、字符长度、小数位长等信息。自定义卡片项目的操作步骤如下。

图 5-15　"卡片项目"窗口

（1）在"企业应用平台"窗口中，执行"业务工作"→"财务会计"→"固定资产"→"卡片"→"卡片项目"命令，打开"卡片项目"窗口。

（2）单击"增加"按钮，在"名称"栏输入"数量"，在"数据类型"栏选择"数字型"，将"整数位长"设置为"2"，"小数位长"设置为"0"，如图 5-15 所示。单击"保存"按钮，完成卡片项目增加操作。

提示　① 已定义的系统项目或自定义卡片项目均不能修改数据类型。

② 所有系统项目可以修改名称，卡片上该项目名称也改变，但该项目代表的意义不因名称更改而变化。如"累计折旧"被改为"回收基金"，但该项目的内容表示的仍然是该卡片的累计折旧值，内容并不随名称改变而改变。

③ 单位折旧、净残值率、月折旧率的小数位长度系统默认为 4（没有换算成百分数），可以根据用户要求的精度修改。

④ 系统项目除"币种、币种单位、部门编码、部门名称、单位折旧、对应折旧科目、固定资产编码、汇率、减少方式、卡片编号、类别编号、类别名称、使用部门、使用年限、使用状况、是否多部门使用、项目、本月计提折旧额、月折旧率、增加方式、折旧方法"外，其他项目用"参照"的属性可以修改，系统默认的是"不参照"。

⑤ 系统项目不允许删除。

⑥ 已被使用的自定义项目不能删除。

2. 卡片样式定义

卡片样式指固定资产卡片的整体样式，包括其"格式"（是否有表格线、对齐形式等）、"包含项目"等。不同企业对固定资产管理要求不同，卡片样式也有所不同。固定资产管理系统提供了卡片样式定义功能，以满足不同需求。定义新的卡片样式比较复杂，通常情况下可使用系统提供的通用卡片样式。若要自定义，可以在已定义好的卡片样式中选择比较接近的样式，修改后另存为新建样式。新建卡片样式有两种途径：一是如果要以当前卡片样式为基础建立新样式，在卡片通用样式界面，选中一个卡片样式，单击"增加"按钮，确认后显示通用卡片样式，在通用卡片样式上修改，另外保存为新的卡片样式；二是如果不以当前样式为基础，可在"卡片样式参照"中选择其他最相近的卡片样式修改后另存，具体操作步骤如下。

（1）在"企业应用平台"窗口中，执行"业务工作"→"财务会计"→"固定资产"→"卡片"→"卡片样式"命令，打开"卡片样式"窗口，如图 5-16 所示。

（2）选定某一卡片样式，单击"增加"按钮，进行卡片项目设置，设置完毕，单击"保存"按钮。

（3）若只对通用卡片做局部修改，可在选定卡片后，单击"修改"按钮，进行相应的修改，修改完毕后，单击"保存"按钮。

3．原始卡片录入

建立固定资产原始卡片是进行固定资产

图 5-16　"卡片样式"窗口

管理的一项重要内容，通过卡片的建立可以详细了解每项资产的由来、价值、折旧情况、所属部门和存放地点等重要信息，为日后管理奠定基础。

在对固定资产系统进行核算前，必须将原始卡片资料录入系统，保持历史资料的连续性，原始卡片的录入不限制必须在第一个期间结账前完成，任何时候都可以录入原始卡片。在输入过程中，对于一些计算项目如计提折旧月份、累计折旧额、月折旧额、月折旧率等，由计算机自动计算。

根据鹏达公司提供的 2014 年 1 月 1 日前的部分固定资产原始资料，进行原始卡片录入，其操作步骤如下。

（1）在"企业应用平台"窗口，执行"业务工作"→"财务会计"→"固定资产"→"卡片"→"录入原始卡片"命令，打开"固定资产类别档案"窗口，如图 5-17 所示。

（2）选择固定资产类别"01 电子设备"，单击"确定"按钮，打开"固定资产卡片"对话框，选择"固定资产卡片"标签，如图 5-18 所示。

图 5-17　"固定资产类别档案"窗口

图 5-18　"固定资产卡片"标签内容

（3）录入固定资产卡片各项目数据，单击"保存"按钮。

（4）继续录入其他原始卡片内容。

（5）固定资产的主卡录入后，单击其他页签，输入附属设备和录入以前卡片发生的各种变动。附属页签上的信息只供参考，不参与计算。

提示　① 在原始卡片的录入中，固定资产编号和类别编号由系统自动生成。

② 与计算折旧有关的项目录入后，系统会按照输入的内容将本月应提的折旧额显示在"本月计提折旧额"项目内，可将该值与手工计算的值比较，看是否有录入错误。

③ 其他页签录入的内容只是为管理卡片设置，不参与计算。并且除附属设备外，其他内容在录入月结账后除"备注"外不能修改和输入，由系统自动生成。

④ 原值、累计折旧、累计工作量录入的一定要是卡片录入月月初的价值，否则将会出现计算错误。

⑤ 已计提月份必须严格按照该资产已经计提的月份数，不包括使用期间停用等不计提折旧的月份，否则不能正确计算折旧。

⑥ 原值、增值税、价税合计一定要符合"原值+增值税=价税合计"。

任务2　固定资产管理系统本期业务处理

 任务解析

固定资产的本期业务是指固定资产的日常核算业务，主要包括新增固定资产卡片的录入、修改、删除、查询、打印等操作，还包括固定资产变动、计提折旧、制单操作等。固定资产变动主要包括原值变动、部门转移、使用状况调整、工作量调整、折旧方法调整、类别调整、使用状况调整等。

通过完成本任务，了解固定资产系统日常核算业务的基本内容和处理流程；掌握固定资产卡片操作、增减变动、计提折旧、生成记账凭证等操作方法。

 **知识链接**

固定资产日常处理是固定资产核算系统中非常重要的一部分内容，对于某一特定的固定资产在日常情况下很少发生增加或减少的情况，其核算的内容主要是计提固定资产折旧，其中固定资产增加、部门间转移以及调整原值、使用年限或折旧方法的业务处理可以在业务发生时进行，而按照会计制度的规定，对减少的固定资产当月仍需计提折旧，所以固定资产减少的业务处理应在计提了固定资产折旧以后进行，在进行固定资产业务处理时，应注意这种时间顺序上的要求。

一、固定资产卡片管理

卡片管理主要是对固定资产系统中所有卡片进行综合管理，通过卡片管理可完成卡片修改、卡片删除、卡片查询及卡片打印等操作。

1. 卡片查询

卡片查询即可以查询单张卡片的信息，也可以查询卡片汇总的信息。每张卡片在固定资产列表显示为一条记录行。通过这条记录行或快捷信息窗口可查看该资产的简要信息，要想查看详细情况，可以在卡片管理列表中选择要查看的卡片记录行，并双击该记录行，即可显示单张卡片的详细内容。查看卡片汇总信息即查看企业实际业务中的固定资产台账，固定资产系统内置了按部门查询和按类别查询及自定义查询3种查询方式。

2. 修改卡片

当用户在使用过程中发现卡片录入有错误，或需要修改卡片内容时，可通过卡片修改功能来实现。

（1）原始卡片的原值、使用部门、工作总量、使用状况、累计折旧、净残值（率）、折旧方法、使用年限、资产类别在没有做变动单或评估单处理情况下，录入当月可修改。如果做过变动单，只有删除变动单后才能修改。

（2）通过"资产增加"录入系统的卡片，如果没有制作凭证和变动单、评估单情况下，录入当月可修改。如果做过变动单，只有删除变动单才能修改。如果已制作凭证，要修改原值或累计折旧必须删除凭证后，才能修改。

（3）原值、使用部门、使用状况、累计折旧、净残值（率）、折旧方法、使用年限、资产类别各项目在作过一次月末结账后，只能通过变动单或评估单调整，不能通过卡片修改功能改变。

3. 删除卡片

固定资产管理系统提供的卡片删除功能，是指把卡片资料彻底从系统内清除，不是资产清理或减少，该功能只有在下列两种情况有效。

（1）卡片录入当月若发现卡片录入有错误。

（2）通过"资产减少"功能减少的资产的资料，按照会计档案管理要求必须保留一定的时间后。

二、固定资产增减管理

1. 固定资产增加

固定资产增加是指企业通过购入或其他途径增加固定资产。固定资产增加的方式主要有：直接购入、投资者投入、捐赠、盘盈、在建工程转入、融资租入等，核算时可根据实际业务要求，在固定资产卡片中选择新增固定资产的方式，具体操作方法与输入固定资产原始卡片相同。

固定资产是通过"原始卡片"输入，还是通过"资产增加"输入，取决于资产的开始使用日期，只有当开始使用日期的期间与录入的期间相等时，才能通过"资产增加"输入，为此，必须注意固定资产的开始使用日期。

2. 固定资产减少

固定资产减少的方式主要有：出售、报废、毁损、盘亏等。当业务发生时，必须首先进行固定资产减少登记，以便系统自动进行固定资产卡片整理，为编制记账凭证提供数据。在进行固定资产减少登记之前，必须先进行计提本月折旧。

三、固定资产变动管理

固定资产变动管理是指除了资产增减变动以外的资产原值调整、部门间调拨、使用年限调整、使用状况变动、折旧方法调整以及资产类别调整等计提和分配固定资产折旧等相关的业务变动。这些内容同样必须在固定资产卡片上进行反映。

资产在使用过程中，除发生下列情况外，价值不得任意变动：

（1）根据国家规定对固定资产重新估价；
（2）增加补充设备或改良设备；
（3）将固定资产的一部分拆除；
（4）根据实际价值调整原来的暂估价值；
（5）发现原记固定资产价值有误的。

四、资产评估

随着市场经济的发展，企业在经营活动中，根据业务需要或国家要求需要对部分资产或全部资产进行评估和重估，其中固定资产评估是资产评估很重要的部分。

1. 资产评估的主要功能

（1）将评估机构的评估数据手工录入或定义公式录入到系统。
（2）根据国家要求手工录入评估结果或根据定义的评估公式生成评估结果。

2. 资产评估的步骤

（1）选择要评估的项目。进行资产评估时，每次要评估的内容可能不一样，您可以根据需要从系统给定的可评估项目中选择。

（2）选择要评估的资产。每次要评估的资产也可能不同，可以选择以手工选择方式，或以条件选择方式，挑选出要评估的资产。如果要评估的资产没有共同点，则选中"手工选择"；如果要评估的资产有共同之处，可以通过条件选择的方式选择资产，而不用一个资产一个资产地增加。

（3）制作资产评估单。选择评估项目和评估资产后，必须录入评估后数据或通过自定义公式生成评估后数据，系统才能生成评估单，评估单显示评估资产所评估的项目在评估前和评估后的数据。选择评估资产，生成评估数据。通过定义公式，自动生成评估后数据。当评估后的数据和评估前的数据有数据关系或评估后的数据有共同点的情况下，可通过定义公式自动生成评估后的数据。

任务实施

使用鹏达公司账套，根据以下资料完成固定资产本期业务处理。

（1）查询鹏达公司总经理办公室固定资产情况。

（2）2014年1月2日，鹏达公司开发部购买联想C8400N3000彩色激光打印机一台，价值18 000元，以转账支票付讫，折旧方法为"平均年限法（一），净残值率为4%"，预计使用年限为5年，已交付使用。根据原始凭证，为该打印机建立固定资产卡片档案。

（3）2014年1月5日，鹏达公司空调损坏，予以减少，清理收入200元，清理费用30元，请进行固定资产减少的登记。

（4）2014年1月6日，因工作需要，鹏达公司经批准将总经理办公室的一部轿车调拨到财务部使用，卡片编号为：00005。

（5）对供应科的货车进行资产评估。

一、卡片管理

卡片管理是对固定资产系统中所有卡片进行综合管理的功能操作,主要包括卡片查询、修改、删除、打印等操作。

1. 卡片查询

查询鹏达公司总经理办公室固定资产情况的操作步骤如下。

(1) 在"企业应用平台"窗口,执行"业务工作"→"财务会计"→"固定资产"→"卡片"→"卡片管理"命令,打开"卡片管理"窗口。

(2) 在"按部门查询"栏中,单击"总经理办公室"部门,则窗口右侧区域显示总经理办公室固定资产情况,如图5-19所示。

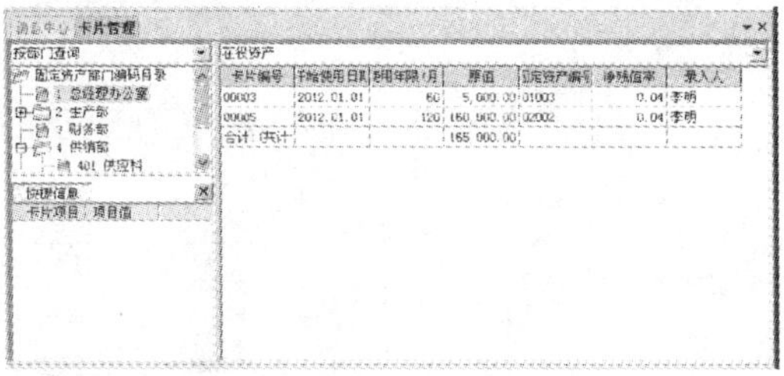

图5-19 "卡片管理"窗口

(3) 单击"退出"按钮,退出查询。

2. 卡片修改

当发生已经录入的卡片出现错误时,要对卡片进行修改,其操作步骤如下。

(1) 在"企业应用平台"窗口,执行"业务工作"→"财务会计"→"固定资产"→"卡片"→"卡片管理"命令,打开"卡片管理"窗口。

(2) 在"按部门查询"栏中,单击"固定资产部门编码目录"项,右侧显示所有固定资产卡片,找到要修改的卡片记录并双击,则调出该卡片。

(3) 单击"修改"按钮,则进入卡片修改状态,修改完毕,单击"保存"按钮。

3. 卡片删除

当发生卡片所记载的固定资产已经通过资产减少进行了业务处理,或发现当月录入的卡片有错误时,可以进行删除操作,其步骤如下。

(1) 在"企业应用平台"窗口,执行"业务工作"→"财务会计"→"固定资产"→"卡片"→"卡片管理"命令,打开"卡片管理"窗口。

(2) 在"卡片管理"窗口右侧固定资产卡片记录中,找到要删除的记录,单击"删除"按钮,则弹出"卡片删除"提示框,询问是否删除,单击"是"按钮即可删除该卡片。

二、资产增加

"资产增加"即新增加固定资产卡片,在系统日常使用过程中,可能会购进或通过其他方式增加企业资产,该部分资产通过"资产增加"操作录入系统。当"固定资产开始使用日期的会计期间=录入会计期间"时,才能通过"资产增加"录入。例如某单位新购入了一部手机,2002年3月3日开始使用,录入系统时间是2002年3月15日,则该卡片需通过资产增加录入。

根据任务实施中任务(2)的要求,增加固定资产,其操作步骤如下。

(1) 在"企业应用平台"窗口,执行"业务工作"→"财务会计"→"固定资产"→"卡片"→"资产增加"命令,打开"固定资产类别档案"对话框,选择要录入的卡片所属的资产类别,本例中选择"01 电子设备"类别。

(2) 单击"确定"按钮,打开"固定资产卡片"窗口,显示单张卡片编辑界面,单击"固定资产卡片"页签,依次录入"联想 C8400N3000 彩色激光打印机"的各项数据,如图 5-20 所示。

(3) 单击其他页签,输入附属设备及其他信息。附属页签上的信息只供参考,不参与计算。

图 5-20 "固定资产卡片"窗口

(4) 单击"保存"按钮,在"数据成功保存"提示框中,单击"确定"按钮,完成资产增加操作。

提示 ① 原值录入的一定要是卡片录入月月初的价值,否则将会出现计算错误。
② 如果录入的累计折旧、累计工作量不是零,说明是旧资产。
③ 已计提月份必须严格按照该资产在其他单位已经计提或估计已计提的月份数,不包括使用期间停用等不计提折旧的月份,否则不能正确计算折旧。
④ 原值、增值税、价税合计一定要符合"原值+增值税=价税合计"。
⑤ 允许在卡片的规格型号中输入或粘贴如"直径符号"等工程符号。

三、折旧处理

自动计提折旧是固定资产系统的主要功能之一。系统每期计提折旧一次,系统根据录入的资料自动计算每项资产的折旧,并自动生成折旧分配表,然后制作记账凭证,将本期的折旧费用自动登账。执行此功能后,系统将自动计提各个资产当期的折旧额,并将当期的折旧额自动累加到累计折旧项目。

1. 工作量输入

当单位有固定资产是按工作量法计提折旧时,则计提折旧前需要输入本月工作量。本项目提供当月工作量的录入和以前期间工作量信息的查看功能。

在"企业应用平台"窗口,执行"业务工作"→"财务会计"→"固定资产"→"处理"→"工作量输入"命令,打开"工作量输入"窗口,在"本月工作量"栏输入当月工作量,单击"保存"按钮,系统提示"数据保存成功",单击"确定"按钮,完成工作量输入。

2. 计提本月折旧

(1) 在"企业应用平台"窗口，执行"业务工作"→"财务会计"→"固定资产"→"处理"→"计提本月折旧"命令，弹出固定资产工作量输入的提示信息，如图 5-21 所示。

(2) 单击"是"按钮，系统弹出"是否要查看折旧清单？"的提示信息。

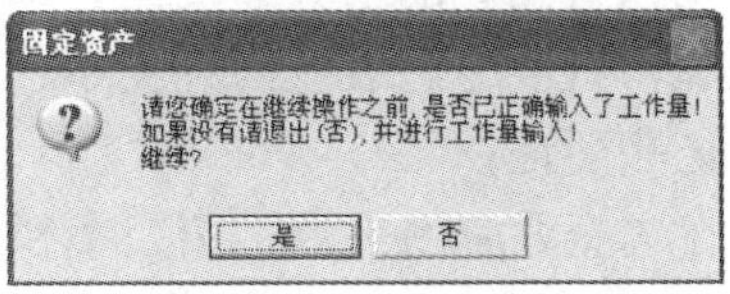

图 5-21 固定资产工作量输入的提示信息

(3) 单击"是"按钮，系统弹出"本操作将计提本月折旧，并花费一定时间，是否继续？"的提示信息。

(4) 单击"是"按钮，打开"折旧清单"窗口，如图 5-22 所示。可以进行查看，查看后单击"退出"按钮，系统自动弹出"折旧分配表"窗口，如图 5-23 所示。

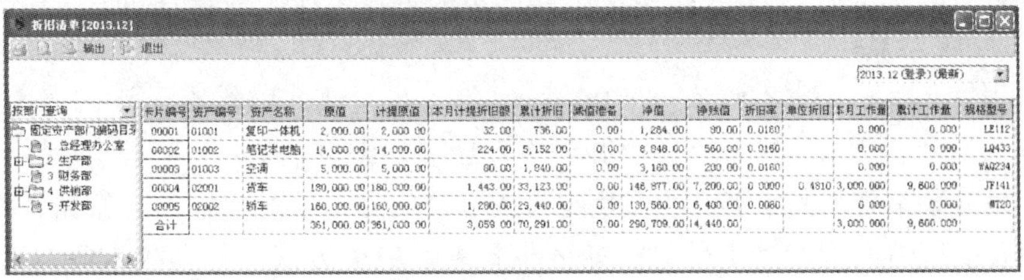

图 5-22 "折旧清单"窗口

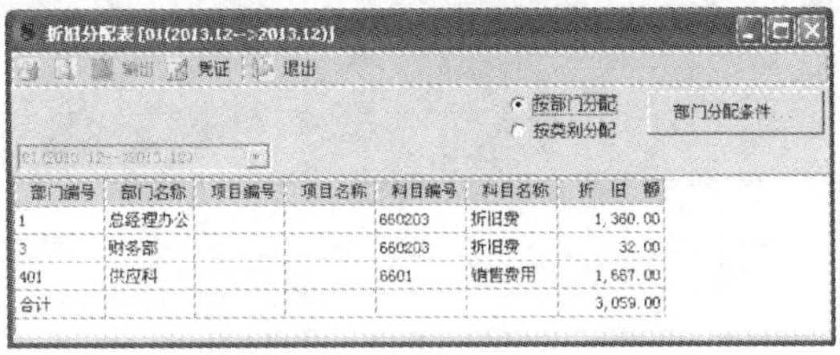

图 5-23 "折旧分配表"窗口

提示 ① 本系统在一个期间内可以多次计提折旧，每次计提折旧后，只是将计提的折旧累加到月初的累计折旧，不会重复累计。

② 如果上次计提折旧已制单把数据传递到账务系统，则必须删除该凭证才能重新计提折旧。

③ 计提折旧后又对账套进行了影响折旧计算或分配的操作，必须重新计提折旧，否则系统不允许结账。

④ 如果自定义的折旧方法月折旧率或月折旧额出现负数，自动中止计提。

(5) 单击"凭证"按钮，打开"填制凭证"窗口，选择凭证类别和相应项目后，单击"保存"按钮，在凭证上显示"已生成"字样。连续单击"退出"按钮，系统弹出"计提折旧完成！"的提示，单击"确定"按钮，完成计提折旧操作。

3. 折旧分配表

折旧分配表是编制记账凭证，把计提折旧额分配到成本和费用的依据。什么时间生成折旧分配凭证是根据在"初始化"或"选项"中选择的折旧分配汇总周期来确定的,若选定的是 1 个月,则每期计提折旧后自动生成折旧分配表;如果选定的是 3 个月,则只有到 3 的倍数的期间,即第 3、6、9、12 期间计提折旧后才自动生成折旧分配凭证。折旧分配表有两种类型:部门折旧分配表和类别折旧分配表,只能选择一个制作记账凭证。

在"企业应用平台"窗口,执行"业务工作"→"财务会计"→"固定资产"→"处理"→"折旧分配表"命令,可以打开"折旧分配表"窗口,如图 5-23 所示。

四、资产减少

1. 固定资产减少的处理

资产在使用过程中,总会由于各种原因,如毁损、出售、盘亏等,退出企业,该部分操作称为"资产减少"。本系统提供资产减少的批量操作,为同时清理一批资产提供方便。

(1)在"企业应用平台"窗口,执行"业务工作"→"财务会计"→"固定资产"→"卡片"→"资产减少"命令,打开"资产减少"窗口。

(2)输入要清理的固定资产的卡片编号或资产编号,单击"增加"按钮,将资产选到减少列表中,输入资产减少信息,如减少日期、减少方式、清理收入等,如图 5-24 所示。

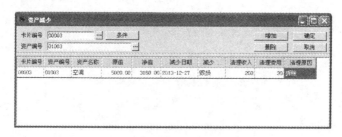

图 5-24 "资产减少"窗口

(3)单击"确定"按钮,弹出"所选卡片已经减少成功"的提示信息。单击"确定"按钮,完成资产减少操作。

2. 恢复失误减少的固定资产

对当月失误减少的固定资产,可以使用固定资产系统提供的纠错功能来恢复。如果资产减少操作已经制作凭证,必须删除凭证后才能恢复。

(1)在"企业应用平台"窗口,执行"业务工作"→"财务会计"→"固定资产"→"卡片"→"卡片管理"命令,打开"卡片管理"窗口,见图 5-19 所示。

(2)单击右侧的下拉箭头,选择"已减少资产"选项,显示已减少的资产记录,找到要恢复的资产记录,单击工具栏上的"撤消减少"按钮,弹出"确实要恢复[00003]号卡片的资产吗?"的提示信息,单击"是"按钮,已减少资产记录被恢复到在役资产记录中。

提示 ① 只能撤销当月减少的资产。

② 已减少的资产已经生成凭证，不能直接撤销减少，必须删除凭证后方可撤销减少。

五、资产变动管理

固定资产在使用过程中，可能会发生原值增减、部门转移、使用状况变动、折旧方法调整等情况，因此要进行资产变动管理。变动管理主要通过填制变动清单来进行。

任务实施中的任务（4）发生使用部门变动，具体调整步骤如下。

在"企业应用平台"窗口，执行"业务工作"→"财务会计"→"固定资产"→"卡片"→"变动单"→"部门转移"命令，打开"固定资产变动单"窗口，在"卡片编号"空白处输入"00005"，即可调出要变动使用部门的轿车卡片。"变动后部门"栏输入"财务部"，根据需要决定是否输入"新存放地点"和"变动原因"，如图5-25所示。最后，单击"保存"按钮，显示数据保存成功。

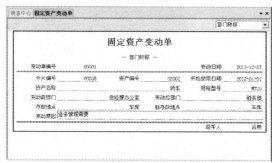

图5-25 "固定资产变动单"窗口

提示 ① 当月原始录入或新增的资产不允许做此种变动业务。
② 当月录入的新增卡片不能执行本功能。
③ 进行部门转移变动的资产在变动当月就按变动后的部门计提折旧。

六、资产评估

（1）在"企业应用平台"窗口，执行"业务工作"→"财务会计"→"固定资产"→"卡片"→"资产评估"命令，打开"资产评估"窗口。单击"增加"按钮，弹出"评估资产选择"对话框，选中可评估的项目（原值、累计折旧和净值3个中只能选两个，并且必须选择两个，另一个通过公式"原值－累计折旧＝净值"推算得到）。选择评估资产的方式为"手工选择"或"条件选择"，如图5-26所示。

图5-26 "评估资产选择"对话框

（2）单击"确定"按钮，系统要求输入卡片编号或资产编号，本例中输入卡片编号为"00004"，即可调出要评估的资产，如图5-27所示。

图 5-27 "资产评估"窗口

（3）选中"评估后原值"项，单击"计算公式"按钮，打开"评估计算公式"对话框，选择"原值"，在右侧窗口中输入原值的计算公式，如图 5-28 所示。

（4）输入完成后，单击"确定"按钮，在"评估状态"栏显示"Y"字样，同时，评估后原值也发生了变化，如图 5-29 所示。

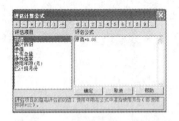

图 5-28 "评估计算公式"对话框

图 5-29 "资产评估"后的窗口

（5）单击"保存"按钮，弹出"是否进行资产评估"的提示信息，单击"是"按钮，显示"数据保存成功"，并生成资产评估单，如图 5-30 所示。

图 5-30 生成的资产评估单

（6）单击"删除"按钮，显示提示信息，咨询是否真的要删除评估单，单击"是"按钮，即可删除评估单。

 提示 ① 只有当月制作的评估单才可以删除。

② 要删除的评估单中包含的资产中，只要任一资产做过变动单或评估单，必须先删除后边的操作。

任务 3　固定资产管理系统期末业务处理

 任务解析

固定资产管理系统期末业务处理主要包括自动生成凭证、对账、结账、查账及恢复月末结账等功能。

通过完成本任务，使学生熟练掌握期末自动生成凭证、对账、结账、查账及恢复月末结账的操作步骤和方法，深入了解期末业务工作的特点，更好地进行月末业务处理。

 **知识链接**

一、生成凭证

固定资产管理系统与总账系统之间存在着数据传递关系，该关系主要是通过生成记账凭证来实现的。固定资产管理系统能够产生记账凭证的业务主要有资产增加、资产减少、原值增加、原值减少、累计折旧调整、计提坏账准备、折旧分配等。在完成每一笔业务时，都可以双击"选择"制作记账凭证传输到总账系统，也可以在当时不制单（选项中制单时间的设置必须为不立即制单），而在某一时间（比如月底）利用本系统提供的另一功能："批量制单"完成制单工作。批量功能可同时将一批需制单业务连续制作凭证传输到账务系统，避免了多次制单的烦琐。

凡是业务发生当时没有制单的，该业务自动排列在批量制单表中，表中列示应制单而没有制单的业务发生的日期、类型、原始单据号，默认的借贷方科目和金额以及选择标志。

二、对账

固定资产管理系统对账是指将固定资产系统中的资产和总账系统中的资产科目进行核对。在运行过程中，应保证本系统管理的固定资产的价值和账务系统中固定资产科目的数值相等。而两个系统的资产价值是否相等，通过执行本系统提供的对账功能实现，对账操作不限制执行的时间，任何时候均可进行对账。系统在执行月末结账时自动对账一次，给出对账结果，并根据初始化或选项中的判断确定不平情况下是否允许结账。只有系统初始化或选项中选择了与账务对账，对账功能才可操作。

固定资产系统生成凭证后，自动传递到总账系统，然后，在总账系统中经出纳签字、审核签字、主管签字后进行记账。总账系统记账完毕后，固定资产系统才可以对账。

三、月末结账

当固定资产系统完成了本月所有业务处理后，可以进行月末结账。月末结账每月进行一次，结账后本月数据不能修改。若要修改，可执行"恢复月末结账前状态"功能。

恢复月末结账前状态，又称"反结账"，是固定资产系统提供的一个纠错功能。如果由于某种原因，在结账后发现结账前的操作有误，而结账后不能修改结账前的数据，因此可使用此功能恢复到结账前状态去修改错误。

四、固定资产系统账表管理

固定资产系统的任务是及时反映和监督企业固定资产的增加、调出、保管、使用及清理报废等情况，起到保护企业财产安全，充分发挥固定资产效能的作用。通过账表管理功能可及时掌握资产的统计、汇总和其他各方面的信息。固定资产系统提供了分析表、减值准备表、统计表、账簿、折旧表五类账表，若不能满足需要，还可以通过自定义功能进行设置。

1. 分析表

固定资产系统提供了部门构成分析表、价值结构分析表、类别构成分析表、使用状况分析表等分析类账表，用以综合分析资产在各使用部门之间的分布情况、资产的期末原值和净值、累计折旧净值率等情况、资产的类别情况、资产的总体使用情况等，为管理者提供管理和决策的依据。

2. 减值准备表

固定资产系统提供了减值准备总账、减值准备明细账、减值准备余额表等减值类核算账表，用以反映固定资产在当年各期间减值准备的总发生情况、明细发生情况和余额情况。

3. 统计表

固定资产系统提供了固定资产原值一览表、固定资产变动情况表、固定资产到期提示表、固定资产统计表、盘盈盘亏报告表、评估变动表、评估汇总表、役龄资产统计表、逾龄资产统计表等统计类账表，用以统计资产各类情况。

4. 账簿

固定资产系统提供了固定资产总账、固定资产明细账、部门与类别明细账、固定资产登记簿等账簿，用以反映固定资产价值变化总体情况和明细情况。

5. 折旧表

固定资产系统提供了（部门）折旧计提汇总表、固定资产及累计折旧表、固定资产折旧计算明细表、固定资产折旧清单表等，用以反映该账套内固定资产各级使用部门计提折旧的情况，反映资产按类别计算折旧的情况，反映各类固定资产的原值、累计折旧（包括年初数和期末数）和本年折旧的明细情况和用于查询按资产明细列示的折旧数据及累计折旧数据信息情况。

任务实施

使用鹏达公司账套，完成如下固定资产期末业务。
（1）批量生成固定资产系统相关业务的记账凭证并完成总账系统的审核、记账等操作；
（2）完成固定资产系统期末对账和结账操作；
（3）完成固定资产系统账簿查询操作。

一、批量制单

（1）在"企业应用平台"窗口，执行"业务工作"→"财务会计"→"固定资产"→"处理"→"批量制单"命令，打开"批量制单"对话框，单击"制单选择"选项卡，选中需要制作凭证的业务，如图5-31所示。

（2）选择"制单设置"标签，根据具体业务设置科目及辅助核算项目，如图5-32所示。

图 5-31 "批量制单-制单选择"对话框

图 5-32 "批量制单-制单设置"对话框

（3）单击"制单"按钮，系统将打开"填制凭证"对话框，选择凭证类别，修改相应的项目后，单击"保存"按钮，凭证上自动显示"已生成"字样。

提示 ① 如该单据在其他系统已制单或发生其他情况不应制单，可去除选中标记。
② 如果在选项中选择了"月末结账前一定要完成制单登账业务"，则只要本表中有记录，该月不能结账。
③ 当生成凭证时取到的固定资产、累计折旧或减值准备的默认科目为部门辅助核算科目时，该科目的分录会按有值的部门进行拆分。

（4）进入总账系统中进行出纳签字、审核、主管签字和记账操作。

二、对账

（1）在"企业应用平台"窗口，执行"业务工作"→"财务会计"→"固定资产"→"处理"→"对账"命令，打开"与账务对账结果"对话框，显示对账是否正确，如图 5-33 所示。

（2）单击"确定"按钮，完成对账操作。

图 5-33 "与账务对账结果"对话框

三、结账

（1）在"企业应用平台"窗口，执行"业务工作"→"财务会计"→"固定资产"→"处理"→"月末结账"命令，打开"月末结账"对话框。

（2）单击"开始结账"按钮，系统自动结账，并显示对账结果和结账提示信息。

（3）若发现结账前数据有错误，可单击执行"处理"→"恢复月末结账前状态"命令，弹出"恢复月末结账前状态"对话框，单击"是"按钮，系统自动恢复到结账前状态。

四、账表查询

（1）在"企业应用平台"窗口，执行"业务工作"→"财务会计"→"固定资产"→"账表"→"我的账表"命令，打开"报表"窗口，如图 5-34 所示。

（2）执行"账簿"→"账簿"→"固定资产总账"命令，弹出"条件-[固定资产总账]"对话框，分别输入类别名称和部门名称，如图 5-35 所示。单击"确定"按钮，即可查询到供销部固定资产总账，如图 5-36 所示。

图 5-34 "报表"窗口

图 5-35 "条件-[固定资产总账]"对话框   图 5-36 供销部固定资产总账

(3) 执行"账簿"→"折旧表"→"固定资产折旧清单表"命令,弹出"条件-固定资产折旧清单表"对话框,输入"交通运输设备"类别和"供销部"部门,单击"确定"按钮,即可查询到供销部固定资产折旧清单表,如图 5-37 所示。

图 5-37 供销部固定资产折旧清单表

可以仿照此方法进行其他账表查询。

【项目总结】

"固定资产管理系统"通过"系统初始化""本期业务处理""期末处理"三个任务来实现,其中系统初始化包括部门折旧科目设置、资产类别设置、增减方式设置、使用状况设置、折旧方法定义、卡片项目定义、卡片样式定义、原始卡片录入等;本期业务处理包括资产增加、资产减少、资产变动、计提折旧、卡片管理等;期末业务包括批量制单、总账记账、对账、月末结账、恢复月末结账、账表查询等。

【项目实训】

实训九 固定资产管理系统应用

龙兴股份有限公司是中型商业企业,2014年1月启用固定资产管理系统,试根据企业资料,完成固定资产系统初始化、本期业务处理和月末业务处理。

1. 初始设置

(1)控制参数设置,如表5-4所示。

表5-4 控制参数设置

控制参数	参数设置
启用月份	2014.01
折旧信息	本账套计提折旧 折旧方法:平均年限法(一) 折旧汇总分配周期:1个月 当(月初已计提月份 = 可使用月份 – 1)时,将剩余折旧全部提足
编码方式	资产类别编码方式:2112 固定资产编码方式:按"类别编码 + 部门编码 + 序号"自动编码;卡片序号长度为3
财务接口	与财务系统进行对账 对账科目:固定资产对账科目——1601固定资产;累计折旧对账科目——1602累计折旧
补充参数	业务发生后立即制单 月末结账前一定要完成制单登账业务 固定资产默认入账科目——1601;累计折旧默认入账科目——1602

(2)资产类别,如表5-5所示。

表5-5 资产类别

编码	类别名称	净残值率	单位	计提属性
01	交通运输设备	4%		正常计提
011	经营用设备	4%	台	正常计提
012	非经营用设备	4%	台	正常计提
02	电子设备及其他通信设备	4%		正常计提
021	经营用设备	4%	台	正常计提
022	非经营用设备	4%	台	正常计提

(3)部门及对应折旧科目,如表5-6所示。

表5-6 部门及对应折旧科目

部门	对应折旧科目
企管办、财务部	管理费用——折旧费(660205)
采购部、销售部	营业费用——折旧费(660105)

(4) 增减方式的对应入账科目,如表 5-7 所示。

表 5-7 增减方式的对应入账科目

增减方式目录	对应入账科目
增加方式	
直接购入	100201,人民币户
减少方式	
毁损	1606,固定资产清理

(5) 原始卡片,如表 5-8 所示。

表 5-8 原始卡片　　　　　　　　　　　　　　　　单位:元

固定资产名称	类别编号	所在部门	增加方式	可使用年限(月)	开始使用日期	原值	累计折旧	对应折旧科目名称
轿车	012	企管办	直接购入	72	2011.11.1	215 470	37 254.75	管理费用——折旧费
笔记本电脑	022	企管办	直接购入	60	2011.10.1	28 900	6 473.60	管理费用——折旧费
传真机	022	企管办	直接购入	60	2010.11.1	3 510	900.40	管理费用——折旧费
微机	021	采购部	直接购入	60	2011.12.1	6 490	1 246.08	管理费用——折旧费
微机	021	销售部	直接购入	60	2011.12.1	6 490	1 246.08	管理费用——折旧费
合计						260 860	47 120.91	

注:净残值率均为 4%,使用状况均为"在用",折旧方法均采用"平均年限法(一)"。

2. 日常业务

(1) 1 月 21 日,财务部购买扫描仪 1 台,价值 1 500 元,净残值率 4%,预计使用年限 5 年。

(2) 1 月 23 日,总经理办公室使用的轿车需要进行大修理,修改固定资产卡片,将使用状况由"在用"修改为"大修理停用"。

(3) 1 月 25 日,总经理办公室的轿车添置新配件价值 10 000 元(转账支票号 ZZR005)。

(4) 1 月 27 日,总经理办公室的传真机转移到采购部。

(5) 1 月 28 日,经核查对 2009 年购入的笔记本电脑计提 1 000 元的减值准备。

(6) 1 月 31 日,生产部毁损计算机 1 台。

(7) 1 月 31 日,计提本月折旧费用。

3. 期末业务

(1) 批量生成固定资产系统相关业务的记账凭证并完成总账系统的审核、记账等操作;

(2) 完成固定资产系统期末对账和结账操作;

(3) 完成固定资产系统账簿查询操作。

项目 6

采购与应付账款管理系统应用

【项目导入】

鹏达公司从 2014 年 1 月 1 日使用采购与应付账款管理系统模块。通过采购与应付账款管理系统模块的启用,达到掌握此模块系统初始化、日常业务处理及月末处理的操作的目的。同时要求理解采购管理、应付账款管理、总账系统间的数据传递关系,并最终实现企业与供应商之间业务往来账款的核算与管理。

【学习目标】

1. 了解采购管理与应付账款管理系统的基本功能;
2. 掌握采购与应付账款管理系统初始化的内容、方法和步骤;
3. 熟练掌握采购与应付账款管理系统日常业务处理的主要内容和操作方法;
4. 掌握应付账款系统与总账系统组合时应付账款系统的基本功能和操作方法;
5. 熟悉应付账款系统账簿查询的作用和基本方法。

【项目实施】

任务1 采购与应付账款管理系统初始设置

任务解析

采购管理是企业物资供应部门按照企业物资供应计划,通过采购、加工等途径,取得企业生产经营活动所需要的各种物质资料的活动,采购业务管理会直接影响企业的生产经营活动效果。应付账款是企业的重要核算内容,是企业正常经营活动中,由于采购商品、物资或接受劳务,而向供货单位或提供劳务单位所支付的款项。通过完成本任务,使学生了解采购与应付账款管理系统在企业核算方面所起的作用,能够根据企业实际情况及未来发展需要进行有效的采购与应付账款管理系统的初始设置，为后续的日常业务处理和期末业务处理做好充分的准备。

知识链接

一、采购管理系统

1. 采购管理系统的主要功能

采购管理是 ERP 的基本模块。采购管理模块主要是实现从根据物料需求计划产生采购订单开始到收到货物的全过程进行管理。

采购工作主要为企业提供生产与管理所需的各种物料，任何企业要向市场提供产品或服务都离不开原材料或消耗品的采购。那么采购管理就是对整个采购业务过程进行组织、实施与控制，从而为生产部门适时、适量、适质、适价地提供生产所需要的原材料（或外加工件）的管理过程。

2. 采购管理的重要性

对于企业（尤其是制造业）来说，物料成本占整个产品成本的比重较大或非常大。例如，石油炼制企业的原材料成本占销售额的 80%，对于占用原材料费用最少的制药业，其原材料成本也占了近 30%。因此，采购管理在企业中有着举足轻重的作用。

3. 采购管理系统的业务流程分析

企业的采购管理工作主要由采购部门完成，有的企业将采购、计划、仓库组成一个部门，称为 MC（material control）部或 PMC（plan material control）总部。

采购部门是企业物资的重要入口部门，是物流的主要部门，与其他部门都有密切的联系，但它的主要职能是完成生产物资的采购。它与生产、财务和仓库部门的业务联系是根据生产计划和物料需求制订采购计划，并形成用款计划提交财务部门，再发出采购订单（合同）。供应商按计划送料，仓库部门根据订单（采购计划）收料，安排检验，合格后办理入库业务，入库单据交财务，并根据发票形成应付账款。采购管理业务流程如图 6-1 所示。

4. 采购管理系统与其他系统的主要关系

采购管理系统既可以单独使用，也可以与拥有 ERP-U8 管理系统的库存管理、存货核算、销售管理、应付账款管理等系统集成使用，采购管理系统与其他系统的主要关系如图 6-2 所示。

5. 采购管理系统的初始设置要求

采购管理系统初始设置的主要内容包括采购管理系统的建账、基础信息设置以及期初余额录入等工作。

项目6 采购与应付账款管理系统应用

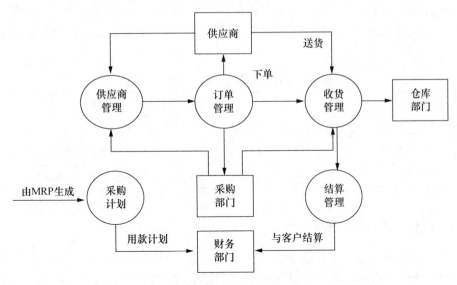

图 6-1 采购管理业务流程

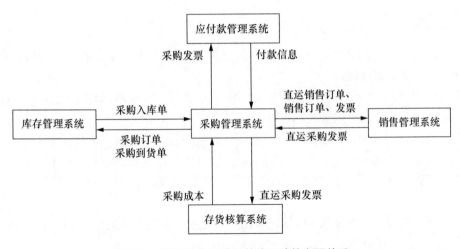

图 6-2 采购管理系统与其他系统的主要关系

（1）采购管理系统的建账。本书设计的鹏达公司会计电算化实施过程是进行总账、固定资产、薪资等子系统的核算，而后进行供应链管理系统的电算化。建账在前面已经介绍，这里的采购管理系统的建账工作只需启动对应的子系统并设置系统选项即可。

（2）基础信息设置。如前所述，鹏达公司根据实施的方案步骤进行了基于与财务相关的基础信息的设置工作。但随着公司会计信息化过程的不断深入，与供应链管理系统相关子系统就需要在基础信息设置中增设与业务处理、查询统计、财务连接相关的基础信息，这些信息包括：仓库档案、收发类别、采购类型、费用项目以及设置存货系统业务科目。通过增设这些信息便能快速、准确地在存货系统生成各种存货的购进的业务凭证。

（3）期初余额录入。在采购管理系统中，期初余额录入是一项非常关键的环节，它标志着采购管理系统初始化工作全部结束，相关的参数和期初数据不能修改、删除。期初数据的录入包括录入期初数据、执行期初记账或审核等步骤，其中，期初数据的录入内容如表6-1所示。

表6-1 采购管理系统期初数据的录入内容

内容	说明
期初暂估入库数据	暂估入库是指货到票未到，通过"期初采购入库单"录入
期初在途存货数据	在途存货是指票到货未到，通过"期初采购普通（或专用）发票"录入
采购期初数据	无论有无期初数据都要执行期初记账，否则不能开始日常业务处理

二、应付账款管理系统

应付账款管理系统主要实现企业与供应商之间业务往来账的核算与管理，在应付账款管理系统中，以采购发票、其他应付单等原始单据为依据，记录采购业务及其他业务所形成的往来款项，处理应付账款项的支付、转账等情况，实现对应付账款的管理。

1. 应付账款管理系统的主要功能

（1）应付单据处理功能：主要是对应付票据（采购发票、应付单据）进行管理，包括应付单据的录入和审核。

（2）付款结算功能：主要是对结算单据（付款单、收款单即红字付款单）进行管理，包括付款单、收款单的录入和审核。

（3）核销处理功能：主要是确定付款单与原始凭证发票之间的对应关系。

（4）票据管理功能：主要是对银行承兑汇票和商业承兑汇票进行记录和管理。

（5）转账处理功能：主要用于处理日常业务中涉及的应付冲应付、预付冲应付等业务。

（6）制单处理功能：主要根据采购发票、应付单等原始单据生成相应的记账凭证，并将凭证传递到总账系统。

2. 应付账款管理系统的两种应用方案

（1）详细核算应用方案的功能主要包括记录应付账款项的形成（包括商品交易和非商品交易所形成的所有应付项目）、处理应付项目的付款及转账情况、对应付票据进行记录和管理、随应付项目的处理过程自动生成凭证并传递给总账系统、对外币业务及汇兑损益进行处理以及提供针对多种条件的各种查询和分析。

（2）简单核算应用方案的功能主要包括接受采购系统的发票并对其进行审核以及对采购发票进行制单处理并传递给总账系统。

3. 应付账款管理系统的业务处理流程

应付账款管理系统的业务处理流程如图6-3所示。

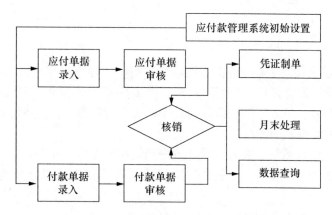

图6-3 应付账款管理系统的业务处理流程

4. 应付账款管理系统与其他系统的主要关系

应付账款管理系统与其他系统的主要关系如图6-4所示。

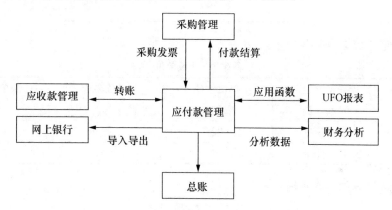

图6-4 应付账款管理系统与其他系统的主要关系

5. 应付账款管理系统的初始设置要求

由于初次使用应付账款管理系统，需要对该系统进行初始设置，确定使用哪些单据处理应付业务及各个业务类型的凭证科目，将正式启用账套前的所有应付业务数据录入到系统中，便于日后进行日常业务处理。

在应用应付账款管理系统之前，应该对现有的数据资料进行整理，以便能够及时、顺利、准确地运用该系统。为便于系统初始化，应该准备如下数据和资料。

（1）有业务往来的所有供应商的详细资料。包括：供应商名称、地址、联系电话、开户银行、信用额度、最后的交易情况以及供应商的分类方式等。

（2）用于采购的所有存货的详细资料。包括存货的名称、规模型号、价格、成本等数据以及存货的分类方式。

（3）上 期期末及本期期初所有供应商的应付账款、预付账款、应付票据等数据。这些期初数据最好能够精确到某一张具体的发票或某一笔具体的业务。

（4）定义好发票、应付单、付款单的格式。

 **任务实施**

本任务主要进行采购与应付账款管理系统的初始化操作。分别完成采购与应付账款系统初始参数设置、设置科目、逾期账龄区间设置、报警级别设置、设置允许修改"采购专用发票"的编号、录入期初余额并与总账系统进行对账、账套备份等工作。

本次任务的主要资料如下。

(1) 打开采购管理系统,并设置采购管理系统初始参数。

采购选项:订单 \ 到货单 \ 发票单价;录入方式:手工录入;专用发票默认税率:17%。

(2) 存货分类如表6-2所示。

表6-2 存货分类

存货分类编码	存货分类名称
1	原材料
2	库存商品

(3) 计量单位如表6-3所示。

表6-3 计量单位

单位组编码	计量单位组别	单位编码	单位名称	计量单位组类别
01	基本计量	01	支	无换算
02	基本计量	02	块	无换算
03	基本计量	03	台	无换算

(4) 存货档案如表6-4所示。

表6-4 存货档案

存货编码	存货名称	主计量单位	存货分类	存货属性
001	电容	支	1	外购、生产耗用
002	集成电路	块	1	外购、生产耗用
003	电阻	支	1	外购、生产耗用
004	电子整流器	支	2	内销
005	电子监控器	台	2	内销

(5) 开户银行。

编码:01;银行账号:110005566111;开户银行:中国工商银行北京分行。

(6) 仓库档案如表6-5所示。

表6-5 仓库档案

仓库编码	仓库名称	计价方式
1	原材料库	全月平均法
2	产成品库	先进先出法

(7) 收发类别如表6-6所示。

表6-6 收发类别

一级编码及名称	二级编码和名称	一级编码及名称	二级编码和名称
1 入库	11 采购入库	2 出库	21 销售出库
	12 采购退货		22 销售退货
	13 盘盈入库		23 盘亏出库
	14 调拨入库		24 调拨出库
	15 其他入库		25 其他出库

(8) 采购类型如表6-7所示。

表6-7 采购类型

采购类型编码	采购类型名称	入库类别	是否默认值
01	普通采购	采购入库	是

(9) 设置"允许修改采购系统采购专用发票的编号"。

(10) 进行采购期初记账。

(11) 应付账款管理系统初始设置参数，如表6-8所示。

表6-8 应付账款管理系统选项

项目	参数	项目	参数
应付账款核销方式	按单据	单据审核日期依据	单据日期
控制科目依据	按供应商	受控科目制单方式	明细到单据
采购科目依据	按存货	汇兑损益方式	月末处理

基本科目设置：应付科目为"2202 应付账款"，预付科目为"1123 预付账款"，采购科目为"1401 材料采购"，采购税金科目为"22210101 应交税费—应交增值税—进项税额"，银行承兑科目为"2201 应付票据"，商业承兑科目为"2201 应付票据"，现金折扣科目为"660301"，票据利息科目为"660301"，票据费用科目为"660301"，收支费用科目为"6601"。

结算方式科目：现金结算方式科目为"1001 库存现金"，现金支票结算方式科目、转账支票结算方式科目及银行汇票结算方式科目均为"100201 工行存款"。

逾期账龄区间：总天数分别为30天、60天、90天和120天。

报警级别：A级时的总比率为10%，B级时的总比率为20%，C级时的总比率为30%，D级时的总比率为40%，E级时的总比率为50%，总比率在50%以上的为F级。

应付账款期初余额如表6-9所示。

表6-9 应付账款期初余额

单据名称	方向	开票日期	票号	供应商	采购部门	科目编码	货物名称	数量	无税单价	价税合计
采购专用发票	正	12.16	1202	百灵电了	供应科	2202	电阻	1 000 000	0.16	187 200
采购专用发票	正	12.20	1210	莺歌电子	供应科	2202	电容	100 000	1.00	117 000

根据以上资料，完成采购管理系统和应付账款管理系统的初始设置。

一、采购管理系统的初始化

1. 采购管理系统启用与注册

（1）执行"开始"→"程序"→"用友 ERP-U8"→"企业应用平台"命令，以账套主管李明的身份注册进入企业应用平台。在"操作员"文本框中可以输入操作员编码，也可以输入操作员姓名。此处输入编码"001"，密码"1"，选择"666"账套，操作日期为 2014 年 1 月 1 日。

（2）单击"确定"按钮，进入企业应用平台窗口，如图 6-5 所示。

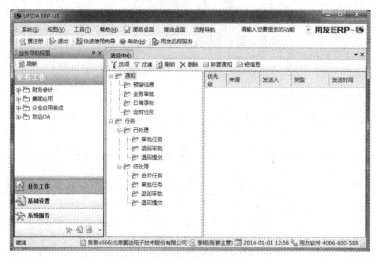

图 6-5　企业应用平台

（3）在窗口左侧的"工作列表"中选择"基础设置"。

（4）执行"基本信息"命令，打开"基本信息"对话框。

（5）执行"系统启用"命令，打开"系统启用"对话框。

（6）选中"采购管理"系统前的复选框，弹出"日历"对话框。选择启用会计期间。时间为"2014 年 1 月 1 日"。系统弹出提示"是否启用当前系统"窗口。

（7）单击"是（Y）"按钮，确认并完成采购管理系统的启用。

2. 采购管理系统参数设置

采购管理系统参数的设置，是指在处理日常采购业务之前，确定采购业务的范围、类型以及对各种采购业务的核算要求，这是采购管理系统初始化的一项重要工作。因为一旦采购管理系统进行期初记账或开始处理日常业务，有的系统参数就不能修改，有的也不能重新设置。因此，在系统初始化时应该设置好相关的系统参数。操作步骤如下：

（1）在企业应用平台中，打开"业务工作"选项卡，执行"供应链"→"采购管理"命令，打开采购管理系统。

（2）在系统菜单下，执行"设置"→"采购选项"命令，弹出"采购选项设置"对话框。

（3）选择"业务及权限控制"标签，对本单位需要的参数进行选择。选中"订单\

到货单\发票单价录入方式"选项区域中的"手工录入"单选按钮，其他选项可以按系统默认设置，如图6-6所示。

（4）选择"公共及参照控制"标签，修改"单据默认税率"为"17"，如图6-7所示。所有参数选定后，单击"确定"按钮，保存系统参数的设置。

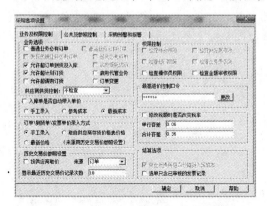 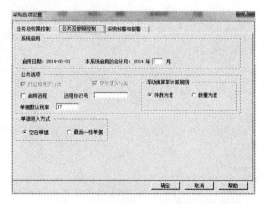

图6-6 "采购选项设置-业务及权限控制"　　图6-7 "采购选项设置—公共及参照控制"
　　　　　对话框　　　　　　　　　　　　　　　　　对话框

3. 采购管理系统基础信息设置

（1）存货相关信息设置。

① 存货分类。如果企业存货较多，可以按一定方式对存货进行分类管理。存货分类是指按照存货固有的特征或属性，将存货划分为不同的类型，以便于分类核算和统计。操作步骤如下。

执行"基础档案"→"存货"→"存货分类"命令，打开"存货分类"窗口。如图6-8所示，按资料输入存货分类信息。

② 计量单位。企业的存货种类繁多，不同的存货具有不同的计量单位；同一种存货用于不同业务，其计量单位也可能不同。例如，对于服装，采购、批发销售可能用"包"作为计量单位；而库存和零售则可能是按"件"计价。因此，在基础设置中，需要定义好存货的计量单位。操作步骤如下。

图6-8 "存货分类"窗口

a. 执行"存货"→"计量单位"命令，打开"计量单位"窗口。

b. 单击"分组"按钮，打开"计量单位组"窗口。

c. 单击"增加"按钮，输入计量单位组的编码、名称、换算类别等信息。输入"基本计量"计量单位组后。

d. 退出"计量单位组"窗口，显示计量单位组列表。

e. 选中"（01）基本计量〈无换算率〉"计量单位组，单击"单位"按钮，打开"计量单位"对话框。

f. 单击"增加"按钮,输入计量单位编码、名称、所属计量单位组、换算率等信息。

g. 单击"保存"按钮,保存计量单位信息,如图 6-9 所示。

h. 单击"退出"按钮,退出自然单位组计量单位的设置。

③ 存货档案。存货档案主要是对企业全部存货目录的设立和管理,包括随同发货单位或发票一起开具的应税劳务,也应设置在存货档案中。存货档案可以进行多计量单位设置。操作步骤如下。

a. 执行"存货"→"存货档案"命令,打开"存货档案"窗口。

b. 选中"(1)原材料"存货分类,如图 6-10 所示。

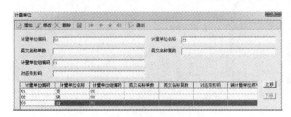

图 6-9 基本计量组的计量单位

图 6-10 "存货档案"窗口

c. 单击"增加"按钮,打开"增加存货档案"窗口。

d. 根据所给资料填制"001 电容"的存货档案的"基本"选项,如图 6-11 所示。

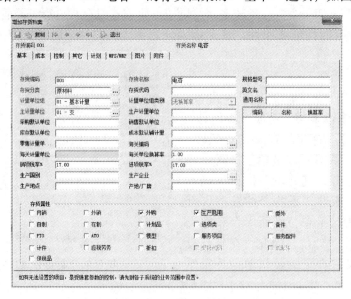

图 6-11 "增加存货档案"窗口

e. 单击"保存"按钮,保存存货档案信息。

f. 重复上述步骤,输入全部存货档案。存货档案列表如图 6-12 所示。

(2)开户银行。"开户银行"用于设置本企业在收付结算中对应的各个开户银行信息。系统支持多个开户银行和账号。在供应链管理系统中,如果需要开具增值税专用发票,则需要设置开户银行信息。同时,在客户档案中还必须输入客户的开户银行信息和税号信息。操作步骤如下。

执行"收付结算"→"本单位开户银行"命令,打开"本单位开户银行"窗口。按资料输入开户银行信息,如图6-13所示。

图6-12 存货档案列表

图6-13 "本单位开户银行"窗口

(3)仓库档案。对存货进行核算和管理,首先应对仓库进行管理。此处设置的仓库可以是企业实际拥有的仓库,也可以是企业虚拟的仓库。全部仓库档案的设置结果如图6-14所示。操作步骤如下。

执行"业务"→"仓库档案"命令,打开"仓库档案"窗口。按资料设置企业仓库。

(4)收发类别。设置收发类别,是为了使用户对企业的出入库情况进行分类汇总、统计而设置的,用以标识材料的出入库类型。用户可以根据企业的实际情况进行灵活的设置。操作步骤如下。

执行"业务"→"收发类别"命令,打开"收发类别"窗口。按实验资料输入收发类别。全部收发类别的设置结果,如图6-15所示。

图6-14 "仓库档案"窗口

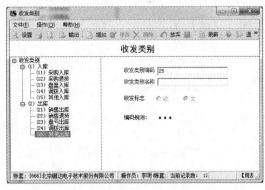

图6-15 "收发类别"窗口

(5)采购类型。采购类型是用户对采购业务所做的一种分类,是采购单据上的必填项。如果企业需要按照采购类别进行采购统计,则必须设置采购类型。操作步骤如下。

执行"业务"→"采购类别"命令,打开"采购类型"窗口,按资料输入采购类型。采购类型的设置结果如图6-16所示。

(6)设置"允许修改采购系统采购专用发票的编号"。采购发票编号既可以由系统统一编号,也可以由用户自行编号。用户进行手工编号或修改编号时,需要先进行单据设置；否则，只能由系统编号，用户不能修改。操作步骤如下。

① 在"基础设置"选项卡中，执行"单据设置"→"单据编号设置"命令，打开"单据编号设置"对话框。

② 选择"单据类型"→"采购管理"→"采购专用发票"选项，单击"修改"按钮 ，选中"手工改动，重号时自动重取"复选框，如图6-17所示。

③ 单击"保存"按钮，再单击"退出"按钮退出。

④ 如果需要修改其他单据编号的设置，可以重新选中需要修改的单据类型，选中"手工改动，重号时自动重取"复选框，并保存修改设置。

图6-16 "采购类型"窗口

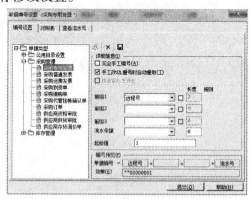

图6-17 "单据编号设置"对话框

4. 采购管理系统期初记账

期初记账是指将有关期初数据记入相应的账表中，它标志着供应链管理系统各个子系统的初始工作全部结束，相关的参数和期初数据不能修改、删除。如果供应链管理系统的各个子系统集成使用，则期初记账应该遵循一定的顺序。

图6-18 "期初记账"对话框

（1）执行"采购管理"→"设置"→"采购期初记账"命令，打开"期初记账"对话框，如图6-18所示。

（2）单击"记账"按钮，弹出"期初记账完毕"信息提示框。

（3）单击"确定"按钮，完成采购管理系统期初记账。

二、应付账款管理系统的初始化

启用采购管理系统的同时，应该启用应付账款管理系统。应付账款管理系统参数设置和初始设置，应该在处理日常业务之前完成。

1. 应付账款管理系统的启用与注册

（1）进入企业应用平台窗口，在窗口左侧的"工作列表"中选择"基础设置"。执行"基本信息"命令，打开"基本信息"对话框。执行"系统启用"命令，打开"系统启用"对话框。选中"应付账款管理"系统前的复选框，弹出"日历"对话框。选择启用会计期间。时间为"2014年1月1日"。系统弹出提示"是否启用当前系统"窗口。

（2）单击"是"按钮，确认并完成应付账款管理系统的启用。

2. 应付账款管理系统账套参数设置

（1）执行"业务工作"→"财务会计"命令，进入应付账款管理系统。

（2）在系统菜单下，执行"设置"→"选项"命令，弹出"账套参数设置"对话框。

（3）选择"常规"标签，单击"编辑"按钮，使所有参数处于可修改状态。在"单据审核日期依据"栏选择"单据日期"，如图 6-19 所示。

（4）按照任务要求，将其他参数设定完成。

（5）单击"确定"按钮，保存应付账款管理系统的参数设置。

3. 应付账款管理系统初始设置

（1）执行"设置"→"初始设置"命令，打开"初始设置"对话框。单击"设置科目"中的"基本科目设置"，根据要求对应付账款管理系统的基本科目进行设置，如图 6-20 所示。

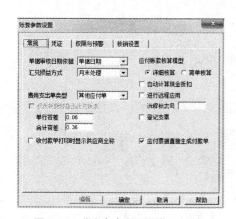

图 6-19 "账套参数设置"对话框　　图 6-20 应付账款管理系统基本科目设置

（2）根据任务资料，依次将结算方式、逾期账龄期间、报警级别等项目进行设置。

4. 应付账款管理系统期初余额录入

（1）在应付账款管理系统中，执行"设置"→"期初余额"命令，打开"期初余额—查询"对话框。

（2）单击"确定"按钮，进入"期初余额明细表"窗口。

（3）单击"增加"按钮，打开"单据类别"窗口。

（4）单击"确定"按钮，打开"采购专用发票"窗口。

（5）修改开票日期为"2013-12-16"，录入发票号"1202"，在"供应商"栏录入"001"，或单击"供应商"栏的参照按钮，选择"百灵电子"，在"货物编号"栏录入"003"，或单击"存货编码"栏的参照按钮，选择"电阻"，在"数量"栏录入"1000000"，在"原币单价"栏录入"0.16"，如图 6-21 所示。

（6）单击"保存"按钮。以此方法继续录入第 2 张采购专用发票。

图 6-21 录入期初采购专用发票

5. 应付账款管理系统与总账系统对账

(1) 在"期初余额明细表"窗口中,单击"对账"按钮,打开"期初对账"窗口,如图 6-22 所示。

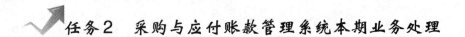

图 6-22 "期初对账"窗口

(2) 单击"退出"按钮退出。

任务2　采购与应付账款管理系统本期业务处理

 任务解析

鹏达公司已经成功启用了采购管理和应付账款管理系统,并且完成采购与应付系统的初始设置工作。通过采购管理核算员朱百刚与会计吕燕的共同配合完成本任务。在操作中使学生能够准确填写采购订单、采购到货单、采购专用发票、办理采购结算、确认采购应付货款。

 **知识链接**

一、采购业务的处理流程

采购管理系统的日常业务包括普通采购、直运采购、采购退货、现付采购、账表查询等业务类型。需要说明的是,当采购管理系统与库存管理系统集成使用时,日常入库业务在库存管理系统中进行处理;当采购管理系统不与库存管理系统集成使用时,日常入库业务在采购管理系统中进行处理。鹏达公司采用的是集成使用的方式。采购业务的处理流程如图 6-23 所示。

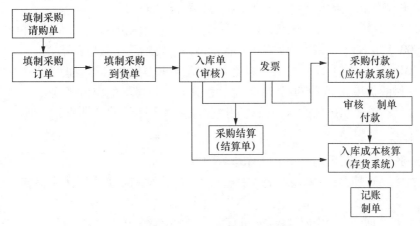

图 6-23 采购业务的处理流程

二、采购入库业务类型及处理方式

根据货物及采购发票的到达先后顺序，可将采购入库业务类型划分为单货同到、货到单未到（暂估入库）、单到货未到（在途货物）3 种类型。不同业务类型的处理方式有所不同。

（1）单货同到。如果货物及采购发票同时到达企业时，首先检验发票与货物是否一致。如果单货一致，可以先填采购发票，再填写采购入库单，并及时进行采购结算。也可以先填写采购入库单，再参照采购入库单生成采购发票，用户可选择自动进行采购结算。如果单货不一致，可区分损耗原因，报有关领导批准后做有损耗的采购结算。

（2）货到单未到（暂估入库）。当货物先到，而采购发票如果到月底仍未到达企业时，为了准确核算企业的库存成本，企业可以根据实际入库数量填写采购入库单，填写暂估单价，暂估入库，记入存货明细账，生成暂估凭证。

**任务实施**

本任务主要进行采购与应付账款管理系统的日常业务处理。分别完成采购订单、采购到货单等普通采购业务单据的录入、审核；录入或生成采购发票，并按要求修改采购发票编号；进行采购结算；支付采购款项或确认应付账款；在总账系统查看有关凭证。

本次任务的主要资料如下。

（1）2014 年 1 月 3 日，向百灵电子公司订购集成电路 5 000 块，12 元/块；电阻 300 000 支，0.3 元/支。并正式签订订货合同，要求 1 月 8 日到货。

（2）2014 年 1 月 8 日，收到百灵电子公司发来的电阻、集成电路和专用发票，发票号 ZY20140108。该批电子器材系本月采购。发票载明电阻 300 000 支，集成电路 5 000 块。经检验质量全部合格，办理入库（原材料库）手续，尚未付款。

（3）2014 年 1 月 23 日，以转账支票支付向莺歌电子器材公司购买 100 000 个电容的货税款 117 000 元。

（4）2014 年 1 月 25 日，发现 2014 年 1 月 24 日所填制的以转账支票支付百灵电子公司购买1 000 000个电阻的货税款172 000元应为187 200元。

（5）2014年1月26日，发现2014年1月23日所填制的以转账支票支付向莺歌电子购买100 000个电容的货税款117 000元有错误，需要删除该张付款单。

（6）2014年1月31日，经三方同意将2013年12月20日形成的应向"莺歌电子器材公司"支付的货税款117 000元转为向"百灵电子公司"的应付账款。

根据以上资料，完成采购管理系统和应付账款管理系统的日常业务处理。

1. 第1笔业务的处理

本笔业务需要录入采购订单。操作步骤如下。

（1）在采购管理系统中，执行"采购订货"→"采购订单"命令，打开"采购订单"窗口。

（2）单击"增加"按钮，修改订单日期为"2014-01-03"。

（3）填写不含税单价信息：集成电路12元，电阻0.3元，补充录入供货单位，在"计划到货日期"栏选择"2014-01-08"。修改完成后单击"保存"按钮，如图6-24所示。

图6-24 "采购订单"窗口

（4）单击"审核"按钮，审核确认拷贝生成的采购订单。

2. 第2笔业务的处理

本笔业务需要录入采购到货单、采购入库单和采购专用发票，也可以只录入采购入库单和采购专用发票，并进行采购结算。采购到货单可以直接录入，也可以根据采购订单拷贝生成；采购入库单只能在库存系统中输入或生成，可以直接录入，也可以根据采购到货单、采购订单自动生成；采购专用发票可以直接录入，也可以通过拷贝采购入库单或采购订单生成。

（1）生成采购到货单。

① 在采购管理系统中，执行"采购到货"→"到货单"命令，打开"到货单"窗口。

② 单击"增加"按钮，修改日期为"2014-01-08"。

③ 单击"生单"按钮，选择"采购订单"，单击"过滤"按钮，系统弹出"拷贝并执行"窗口。

④ 在"拷贝并执行"窗口中选中所选的采购订单，单击"确定"按钮，系统自动生成到货单。

⑤ 单击"保存"按钮。根据采购订单生成的采购到货单如图6-25所示。

⑥ 单击"退出"按钮。

（2）填制采购发票。采购发票是供应商开出的销售货物的凭证，系统根据采购发票确认采购成本,并据以登记应付账款。采购发票按业务性质分为蓝字发票和红字发票;按发票类型分为增值税专用发票、普通发票和运费发票。收到供应商开具的增值税专用发票,则需要在采购管理系统中录入采购专用发票,或根据采购订单和采购入库单生成采购专用发票;如果收到供应商开具的普通发票,则录入或生成普通发票。操作步骤如下。

图 6-25 "到货单"窗口

① 在采购管理系统中,执行"采购发票"→"专用采购发票"命令,打开"专用发票"窗口。

② 单击"增加"按钮,输入表头部分的信息。默认业务类型为"普通采购",修改发票日期为"2014 年 1 月 8 日",并修改发票号为"ZY20140108"。

③ 单击"生单"按钮,选择"采购订单"。

④ 执行"采购订单"命令,打开"过滤条件选择"对话框,如图 6-26 所示。

图 6-26 "过滤条件选择-采购订单列表过滤"对话框

⑤ 单击"过滤"按钮,系统显示"拷贝并执行"窗口。双击所要选择的采购入库单,选择栏显示"Y",如图 6-27 所示。

图 6-27 "采购并执行"窗口

⑥ 单击"确定"按钮，系统将采购入库单自动传递过来，生成采购专用发票，如图6-28 所示。

图 6-28　采购专用发票

⑦ 所有信息输入、修改完成后，单击"保存"按钮，保存参照采购入库单生成的采购专用发票。

（3）采购结算。采购结算就是采购报账，是指采购人员根据采购入库单、采购发票核算采购入库成本。采购结算生成采购结算单，它是记载采购入库单记录与采购发票记录对应关系的结算对照表。采购结算分为自动结算和手工结算。操作步骤如下。

① 在采购管理系统中，执行"采购结算"→"自动结算"命令。系统弹出"采购自动结算"对话框，如图6-29 所示。

② 根据需要输入结算过滤条件和结算模式，如单据的起止日期，选择单据和发票结算模式，单击"过滤"按钮，系统自动进行结算。如果存在完全匹配的记录，则系统弹出信息提示对话框，如图6-30 所示。如果不存在完全匹配的记录，则系统弹出"状态：没有符合条件的红蓝入库单和发票"信息提示框。

图 6-29　"过滤条件选择-采购自动结算"对话框

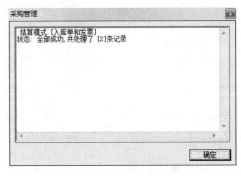

图 6-30　成功结算信息

③ 单击"确定"按钮。

（4）财务部门确认应付账款。采购结算后的发票会自动传递到应付账款管理系统，需要在应付账款管理系统中审核确认后进行制单，形成应付账款并传递给总账系统。操作步骤如下。

① 进入应付账款管理系统，执行"应付单据处理"→"应付单据审核"命令，打开"应付单过滤条件"对话框。输入相关查询条件，如图6-31 所示。

② 单击"确定"按钮，系统弹出"应付单据列表"

图 6-31　"应付单过滤条件"对话框

窗口。

③ 单击"选择"栏，或单击"全选"按钮，如图 6-32 所示。

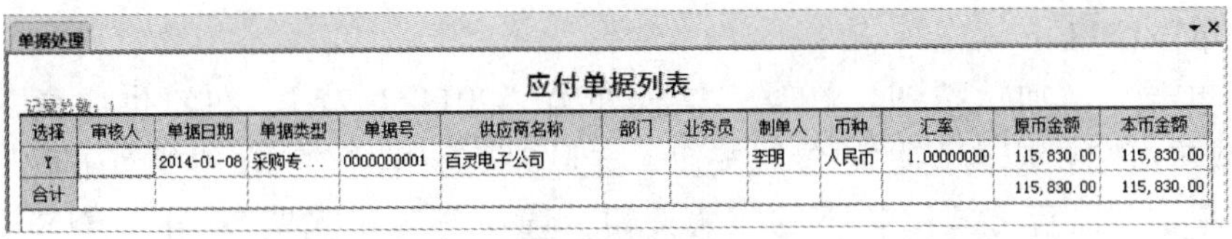

图 6-32 "应付单据列表"窗口

④ 单击"审核"按钮，系统完成审核并给出审核报告，如图 6-33 所示。
⑤ 单击"确定"按钮后退出。
⑥ 执行"制单处理"命令，打开"制单查询"对话框，如图 6-34 所示，选择"发票制单"。

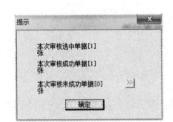

图 6-33 应付单据审核

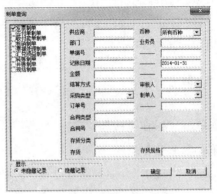

图 6-34 "制单查询"对话框

⑦ 单击"确定"按钮，打开"采购发票制单"窗口。
⑧ 选择"转账凭证"，修改制单日期为"2014-01-31"，再单击"全选"按钮，选中要制单的"采购专用发票"，如图 6-35 所示。
⑨ 单击"制单"按钮，生成一张转账凭证，如图 6-36 所示。

图 6-35 "采购发票制单"窗口

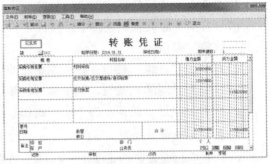

图 6-36 转账凭证

提示 只有采购结算后的采购发票才能自动传递到应付账款管理系统，并且需要在应付账款管理系统中审核确认才能形成应付账款。

3. 第 3 笔业务的处理

(1) 在应付账款管理系统中，执行"付款单据处理"→"付款单据录入"命令，进入"付款单"窗口。

(2) 单击"增加"按钮。修改开票日期为"2014-1-22"，在"供应商"栏录入"001"，或单击"供应商"栏的参照按钮，选择"百灵电子"；在"结算方式"栏录入"202"或单击"结算方式"栏下的三角按钮，选择"转账支票"；在"金额"栏录入"172000"，在"摘要"栏录入"支付购买电阻货税款"，如图6-37所示。

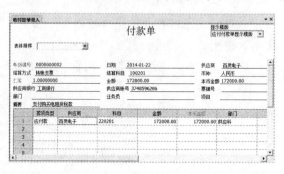

图 6-37 "付款单"窗口

(3) 单击"保存"按钮。

4. 第 4 笔业务的处理

录入 2014 年 1 月 24 日付款 172 000 元的操作步骤同第 3 笔业务，修改付款金额的操作步骤如下。

(1) 在应付账款管理系统中，执行"付款单据处理"→"付款单据录入"命令，进入"付款单"窗口。

(2) 单击"下张"按钮，找到要修改的"付款单"，在要修改的"付款单"中，单击"修改"按钮，分别将上部分和下部分的金额修改为"187200"。

(3) 单击"保存"按钮，在单击"退出"按钮。

5. 第 5 笔业务的处理

(1) 在应付账款管理系统中，执行"付款单据处理"→"付款单据录入"命令。进入"付款单"窗口。

(2) 单击"下张"按钮，找到要删除的付款单。

(3) 单击"删除"按钮，系统提示"单据删除后不能恢复，是否继续？"

(4) 单击"是"按钮。再单击"退出"按钮退出。

6. 第 6 笔业务的处理

(1) 在应付账款管理系统中，执行"转账"→"应付冲应付"命令，打开"应付冲应付"对话框。

(2) 在"转出户"栏录入"002"，或单击"转出户"栏的参照按钮，选择"莺歌电子器材公司"，再在"转入户"栏录入"001"，或单击"转入户"栏的参照按钮，选择"百灵电子"，如图 6-38 所示。

（3）单击"过滤"按钮。在第 1 行"并账金额"栏录入"117000"，如图 6-39 所示。

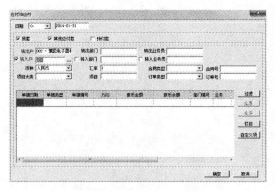

图 6-38 "应付冲应付"对话框

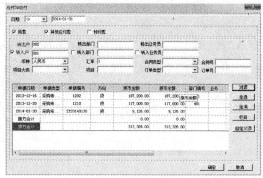

图 6-39 录入并账金额

（4）单击"确定"按钮，弹出"是否立即制单"信息提示框，单击"否"按钮，单击"取消"按钮退出。

（5）在应付账款管理系统中，执行"制单处理"命令，打开"制单查询"对话框。

（6）单击选中"转账制单"和"并账制单"前的复选框。

（7）单击"确定"按钮，打开"应付制单"窗口，单击"全选"按钮，再单击"凭证类别"栏的参照按钮，在弹出的"并账制单"窗口中选择"转账凭证"，如图 6-40 所示。

（8）单击"制单"按钮，出现第一张转账凭证，单击"保存"按钮，保存第一张记账凭证。

（9）单击"下张"按钮，单击"保存"按钮，保存第二张转账凭证，如图 6-41 所示。

图 6-40 "并账制单"窗口

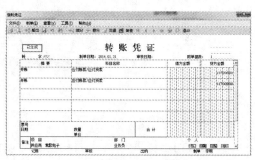

图 6-41 应付冲应付转账凭证

（10）单击"退出"按钮。

7. 审核本月付款单并制单

（1）在应付账款管理系统中，执行"付款单据处理"→"付款单据审核"命令。打开"付款单过滤条件"对话框。

（2）单击"确定"按钮，进入"收付款单列表"窗口。

（3）单击"全选"按钮，单击"审核"按钮，系统提示"本次审核成功单据 1 张"。

（4）单击"确定"按钮，再单击"退出"按钮。

(5) 在应付账款管理系统中,执行"制单处理"命令,打开"制单查询"对话框。

(6) 选中"收付款单制单"前的复选框,单击"确定"按钮,进入"收付款单制单"窗口。

(7) 单击"全选"按钮,如图6-42所示。

(8) 单击"制单"按钮,生成记账凭证。

(9) 修改第一张凭证的凭证类别为"付款凭证",再单击"保存"按钮。结果如图6-43所示,单击"退出"按钮结束操作。

图6-42 "收付款单制单"窗口

图6-43 应付账款凭证

 提示 ① 如果在"单据查询"窗口中,在选择中"收付款单制单"后,再去掉"发票制单"的选项,则会打开"收付款单制单"窗口。如果不去掉"发票制单"选项,虽然制单窗口显示的是"应付制单",但两种特制单据都不会显示出来。

② 在制单功能中还可以根据需要进行合并制单。

任务3 采购与应付账款管理系统期末业务处理

任务解析

鹏达公司已将2014年1月份的日常业务处理完毕。1月31日,以核算员朱百刚的身份登录企业应用平台,完成当月采购管理系统月末结账工作;同时,以会计吕燕的身份登录企业应用平台,完成当月应付账款管理系统月末结账工作。通过完成本任务,使学生能够了解采购与应付账款管理系统期末业务处理的内容及操作步骤。

知识链接

一、采购管理系统月末结账的注意事项

(1) 采购部门应当完成当月的采购业务后,可以进行采购管理系统的月末结账工作。

(2) 结账前用户应检查本会计月工作是否已全部完成,只有在当前会计月份所有工作全部完成的前提下，才能进行月末结账，否则会遗漏某些业务。

（3）月末结账之前一定要进行数据备份，否则数据一旦发生错误，将造成无法挽回的后果。

（4）不允许跳月结账，只能从结账的第一个月逐月结账；不允许跳月取消结账，只能从最后一个月逐月取消。

（5）上月未结账，本月单据可以正常操作，不影响日常业务处理，但本月不能结账。

（6）月末结账为独享功能，与系统中所有功能的操作互斥，即在操作本功能前，应确定其他功能均已退出；在网络环境下，要确定本系统所有的网络用户退出了所有功能。

二、应付账款管理系统月末结账的规则

在应付账款管理系统中，如果当月业务已全部处理完毕，就需要执行月末结账功能，只有月末结账后，才可以开始下月工作。应付账款管理系统进行月末结账需要遵循以下规则。

（1）应付账款管理系统与采购管理系统集成使用，应在采购管理系统结账后，才能对应付账款管理系统进行结账处理。

（2）当选项中设置审核日期为单据日期时，本月的单据（发票和应付单）在结账前应该全部审核。当选项中设置审核日期为业务日期时，截止到本月末还有未审核单据（发票和应付单），照样可以进行月结处理。

（3）如果本月的付款单还有未审核的，不能结账。

（4）当选项中设置月结时必须将当月单据以及处理业务全部制单，则月结时若检查当月有未制单的记录时不能进行月结处理。当选项中设置月结时不用检查是否全部制单，则无论当月有无未制单的记录，均可以进行月结处理。

（5）如果是本年度最后一个期间结账，最好将本年度进行的所有核销、转账等处理全部制单，并且将本年度外币余额为0的单据的本币余额结转为0。

（6）如果本月的前一个月没有结账，则本月不能结账。

（7）一次只能选择一个月进行结账。

任务实施

本任务主要进行采购与应付账款管理系统的期末业务处理。

1. 采购管理系统月末结账

（1）在企业应用平台"业务工作"子菜单下，执行"供应链"→"采购管理"→"月末结账"命令，打开"月末结账"对话框。

（2）单击结账月份"1月份"所对应行的"选择标记"栏，系统显示"选中"标志。

（3）单击"结账"按钮，弹出"采购管理"对话框，系统提示"月末结账完毕"信息，如图6-44所示。单击"确定"按钮，"是否结账"一栏显示"已结账"字样。单击"退出"按钮，退出结账窗口。

图6-44 "采购管理"对话框

提示 ① 为了保证采购管理系统的暂估余额表和存货系统的暂估余额表数据一致，建议在月末结账前将未填单价、金额的采购入库单填入单价和金额。

② 月末结账后，已结账月份的入库单、采购发票不可修改、删除。

③ 采购管理系统月末结账后，才能进行应付账款管理系统的月末结账。

2. 应付账款管理系统月末结账

（1）在应付账款管理系统中，执行"期末处理"→"月末结账"命令，打开"月末处理"窗口，在"1月"的"结账标志"栏双击鼠标，单击"下一步"按钮。

（2）打开"月末处理"提示窗口，系统显示各种处理类型均已完成，单击"完成"按钮，系统提示"1月份结账成功"，单击"确定"按钮。

【项目总结】

本项目涉及的是用友 ERP 供应链的第一部分——采购管理系统，由于本书的案例设计为采购与应付账款管理系统集成使用，在本项目中主要介绍了采购与应付账款管理系统的启用、基础信息的录入、系统参数的设置、基本科目设置、结算科目设置、期初数据的启用、采购订单、到货单、发票的填写、采购发票的结算、采购与应付账款管理系统的月末结账工作等。通过本项目任务的操作完成了模拟企业采购与应付账款管理系统的初始设置、日常业务处理、期末业务处理。

【项目实训】

实训十　采购与应付账款管理系统应用

一、系统的初始设置

龙兴股份有限公司从 2014 年 1 月 1 日启动采购与应付账款管理系统，初始设置资料如下。

1. 基础信息

（1）存货分类，如表 6-10 所示。

表 6-10　应付账款期初余额情况

存货类别编码	存货类别名称
01	男装
02	女装

（2）计量单位组及计量单位，如表 6-11 所示。

表6-11 计量单位组及计量单位

计量单位组编号	计量单位组名称	计量单位组类别	计量单位编号	计量单位名称
01	无换算关系	无换算率	01	件
			02	套

(3) 存货档案，如表6-12所示。

表6-12 存货档案

存货编码	存货名称	计量单位	所属分类	税率（%）	存货属性	参考成本（元）
2001	男装	件	01	17	外购、内销	100.00
2002	男裤	件	01	17	外购、内销	150.00
2003	女套装	套	02	17	外购、内销	38.00

(4) 仓库档案，如表6-13所示。

表6-13 仓库档案

仓库编码	仓库名称	所属部门	负责人	计价方式
1	男装库	采购部	孙燕燕	移动平均法
2	女装库	采购部	孙燕燕	移动平均法

(5) 收发类别，如表6-14所示。

表6-14 收发类别

收发类别编码	收发类别名称	收发标志	收发类别编码	收发类别名称	收发标志
1	入库	收	2	出库	发
11	采购入库	收	21	销售出库	发
12	产成品入库	收	22	材料领用出库	发
13	其他入库	收	23	其他出库	发

(6) 采购类型，如表6-15所示。

表6-15 采购类型

采购类型编码	采购类型名称	入库类别	是否默认值
01	商品采购	采购入库	是

(7) 采购发票单据编号为手工编号。

(8) 本单位开户银行。

编码——01；名称——工商银行北京分行中关村分理处；账号——108316587962。

(9) 应付账款管理相关科目。

基本科目设置：应付科目为2202，预付科目为1123，采购科目为1401，采购税金科目为2221010。

结算方式科目设置：现金结算对应1001，现金支票对应100201，转账支票对应100201。

2. 期初数据

(1) 采购模块期初数据。2013年12月24日，采购部收到五爱服装市场提供的男装200件，暂估价为每件100元，商品已验收入材料库，至今尚未收到发票。

(2) 应付账款期初数据，如表6-16所示。

表6-16 应付账款期初数据   单位：元

单据名称	方向	开票日期	票号	供应商	采购部门	科目编码	货物名称	数量	含税单价	价税合计
采购专用发票	正	11.10	C100	广州服装	供应科	2202	男裤	20	150	3 000

二、系统本期业务处理

资料：

(1) 2014年1月2日，向五爱市场询问男裤价格，对方报价110元/件，觉得价格合理，随后向公司上级主管提出请购请求，请购数量为150件。

(2) 2014年1月3日上级主管同意向五爱市场订购男裤150件，单价110元/件，要求到货日期为1月5日。

(3) 2014年1月4日收到所订购的男裤150件。

(4) 2014年1月4日将所收到的货物验收入男装库。当天收到该笔货物的专用发票一张。

(5) 业务部门将采购发票交给财务部门，财务部门确认此业务所涉及的应付账款。

(6) 2014年1月5日向广州服装市场购买女套装350件，单价为50元/套，验收入女装库。同时收到专用发票一张，票号ZY85011，立即以支票（ZP02155669988）形式支付货款。

(7) 2014年1月7日向五爱服装批发市场购买男装300件，单价为105元，验收入男装库。同时收到专用发票一张，票号为ZY8013357。另外，在采购的过程中，发生了一笔运费200元，税率为7%，收到相应的运费发票一张，票号为56788998。

(8) 通过转账支票支付订购男裤150件，单价110元/件的货税款。

三、系统期末业务处理

资料：

(1) 对采购管理系统进行期末结账工作。

(2) 对应付账款管理系统进行期末结账工作。

销售与应收账款管理系统应用

【项目导入】

鹏达公司从2014年1月1日起使用销售与应收账款管理系统模块。通过销售与应收账款管理系统模块的启用,达到掌握此模块系统初始化、日常业务处理及月末处理的操作的目的。同时要求理解销售管理、应收账款管理、总账系统间的数据传递关系,并最终实现企业与客户之间业务往来账款的核算与管理。

【学习目标】

1. 了解销售管理与应收账款管理系统的基本功能;
2. 掌握销售与应收账款管理系统初始化的内容、方法和步骤;
3. 熟练掌握销售与应收账款管理系统日常业务处理的主要内容和操作方法;
4. 掌握应收账款系统与总账系统组合时应收账款系统的基本功能和操作方法;
5. 熟悉应收账款系统账簿查询的作用和基本方法。

【项目实施】

任务1 销售与应收账款管理系统初始设置

 任务解析

销售管理主要是针对企业的销售部门的相关业务进行管理。企业销售部门是企业与市场连接的桥梁,其主要职能是为客户和最终用户提供服务,从而使企业获得利润,实现其经济和社会价值。应收账款是指企业在正常经营活动中,由于销售商品、产品或提供劳务而应向购货或接受劳务的单位或个人收取的款项,包括应向购货的客户或接受劳务的客户收取的价款及垫付的有关费用。应收账款项既包括因销售而形成的应收账款和应收票据，又包括企业在购货中形成的预付账款，还包括企业在销售、购货以外的其他经营活动中形成的其他应收账款、应收预付款，如存出保证金，应收的各种赔款、罚款等。通过完成本任务，使学生了解销售与应收账款管理系统在企业核算方面所起的作用，能够根据企业实际情况及未来发展需要进行有效的销售、应收账款管理系统的初始设置，为后续的日常业务处理和期末业务处理做好充分的准备。

 **知识链接**

一、销售管理系统

销售管理系统主要提供对企业销售业务全流程的管理。销售管理系统支持以销售订单为核心的业务模式，支持普通批发销售、零售、委托代销业务、直运销售业务、分期收款销售和销售调拨等多种类型的销售业务，能够满足不同用户的需求，用户可以根据实际情况构建自己的销售管理平台。

1. 销售管理系统的主要功能

（1）有效管理客户。对客户进行分类管理，维护客户档案，制定针对客户的价格政策，建立长期稳定的销售渠道。

（2）根据市场需求信息，进行产品销售预测。

（3）编制销售计划。销售计划的编制是按照客户订单、市场预测情况和企业生产情况，对一定时期内企业的销售品质、各品种的销售量与销售价格做出安排。企业也可以根据某个部门或某个业务员制订销售计划。

（4）销售订单管理。根据客户的订单数量，输入、修改、查询、审核销售订单，了解订单的执行或未执行情况。

（5）销售物流管理。根据销售订单填制或生成销售发货单，并根据销售发货单生成销售出库单，在库存管理系统办理出库。

（6）销售资金流管理。依据销售发货单开具销售发票，发票审核后即可确认收入、形成应收账款，在应收账款管理系统中可以查询和制单，并据此收款。

（7）销售计划管理。以部门、业务员、存货、存货类及其组合为对象，考核销售的计划数与定额数的完成情况，并进行考核评定。

（8）价格政策。系统能够提供历次售价、最新成本加成和按价格政策定价等三种价格依据；同时，按价格政策定价时，支持商品促销价，可以按客户定价，也可以按存货定价，按存货定价时还支持按不同自由项定价。

（9）信用管理。系统提供了针对信用期限和信用额度两种管理制度，同时，既可以针对客户进行信用管理，又可以针对部门、业务员进行信用额度和信用期限的管理。如果超过信用额度，可以逐级向上审批。

（10）远程应用。可以对销售订单、销售发票、发货单、现收款单等进行远程输入、查询。

（11）批次与追踪管理。对于出库跟踪入库属性的存货，在销售开单时，可以手工选择明细的入库记录，并提供先进先出、后进先出两种自动跟踪的方法。

2. 销售管理系统的业务流程分析

ERP 技术为实现解决销售问题提供了强大的工具。它以高效处理信息问题见长，与科学的销售理念相结合并应用于销售物流系统，将有效地解决销售中的问题，从而大大提高销售效率。在 ERP 系统中，通过配置程序选择要配置的产品以完成订单输入，用"条件技术"来管理复杂的价格方案。如果需要生产产品，订单确定的订货要求就会传递给生产系统。销售业务流程如图 7-1 所示。

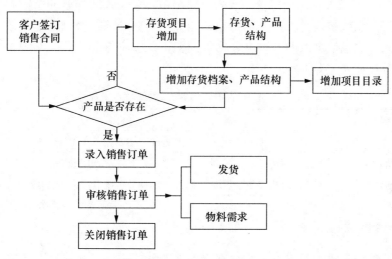

图 7-1 销售业务流程

3. 销售管理系统与其他系统的主要关系

销售管理系统既可以单独使用，也可以与拥有 ERP-U8 管理系统的库存管理、存货核算、采购管理、应收账款管理等系统集成使用。销售管理系统与其他系统的主要关系如图 7-2 所示。

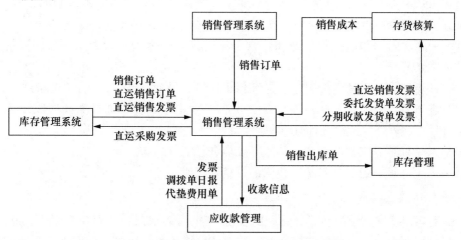

图 7-2 销售管理系统与其他系统的主要关系

4. 销售管理系统的初始设置要求

销售管理系统初始设置的主要内容包括销售管理系统的建账、基础信息设置以及期初余额录入等工作。

（1）销售管理系统的建账。这里的销售管理系统的建账工作只需启动对应的子系统并设置系统选项即可。

（2）基础信息设置。由于销售管理系统与采购管理及应收系统集成使用，大部分基础信息设置的内容在总账及采购与应付账款系统均已设置完成。此处仅需对销售类型及销售管理系统中的系统参数进行设置即可。

（3）期初余额录入。在销售管理系统中，期初余额录入同样是非常重要的环节，它标志着销售管理系统初始化工作全部结束，相关的参数和期初数据不能修改、删除。期初数据的录入一般包括录入期初数据、执行期初记账或审核等步骤，其中，期初数据的录入内容及顺序如表7-1所示。

表7-1 销售管理系统期初数据的录入内容

内容	说明
期初发货单	已发货、出库，但未开票，通过"期初发货单"录入
期初委托代销发货单	已发货未结算的数量，通过"期初委托代销发货单"录入
期初分期收款发货单	已发货未结算的数量，通过"期初分期收款发货单"录入

二、应收账款管理系统

应收账款管理系统主要实现企业与客户之间业务往来账款的核算与管理，在应收账款管理系统中，以销售发票、费用单、其他应收单等原始单据为依据，记录销售业务及其他业务所形成的往来款项，处理应收账款项的收回、坏账、转账等情况，提供票据处理的功能，实现对应收账款的管理。

1. 应收账款管理系统的主要功能

（1）系统初始化设置。包括系统参数设置、单据类型设置、账龄区间的设置、坏账初始设置及期初余额录入等。

（2）日常处理。包括应收单据和收款单据的录入、审核、核销、转账、汇兑损益、坏账、制单处理等。

（3）单据查询。包括各类单据、详细核销信息、报警信息、凭证等内容的查询。

（4）账表管理。包括总账、明细账、余额表等多种账表查询功能和应收账款分析、收款账龄分析、欠款分析等统计分析功能。

（5）其他处理。包括对核销、转账等处理进行恢复的功能。

（6）期末处理。包括月末结账和取消月结等功能。

2. 应收账款管理系统的两种应用方案

根据对客户往来款项的核算和管理的程度不同，系统提供了"详细核算"和"简单核算"两种应用方案。不同的应用方案，其系统功能、产品接口、操作流程等均不相同。

详细核算应用方案的功能主要包括记录应收账款项的形成（包括由商品交易金额或非商品交易所形成的所有的应收项目）、处理应收项目的收款及转账情况、对应收票据进行记录和管理、随应收项目的处理过程自动生成凭证并传递给总账系统、对外币业务及汇兑损益进行处理以及提供针对多种条件的各种查询和分析。

简单核算应用方案的功能，主要包括接收销售系统的发票、对其进行审核以及对销售发票进行制单处理并传递给总账系统。

3. 应收账款管理系统的业务处理流程

应收账款管理系统的业务处理流程如图7-3所示。

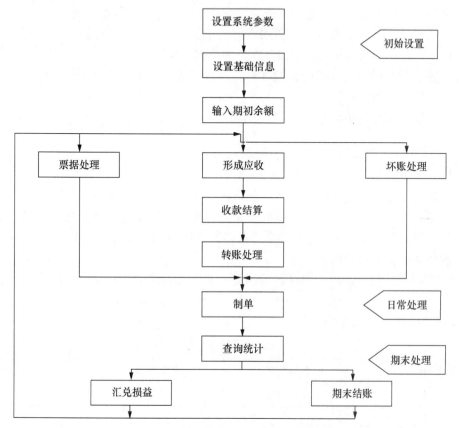

图7-3　应收账款管理系统的业务处理流程

4. 应收账款管理系统与其他系统的主要关系

应收账款管理系统与其他系统的主要关系如图7-4所示。

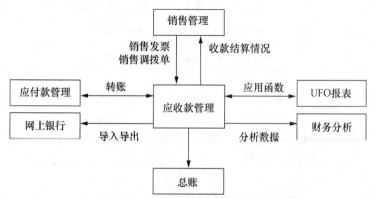

图7-4　应收账款管理系统与其他系统的主要关系

5. 应收账款管理系统的初始设置要求

由于初次使用应收账款管理系统，需要对该系统进行初始设置，确定使用哪些单据处理应收业务和各个业务类型的凭证科目，将正式启用账套前的所有应收业务数据录入到系统中，便于日后进行日常业务处理。

在应用应收账款管理系统之前，应该对现有的数据资料进行整理，以便能够及时、顺利、准确地运用该系统。为便于系统初始化，应该准备如下数据和资料。

（1）有业务往来的所有客户的详细资料，包括：客户名称、地址、联系电话、开户银行、信用额度、最后的交易情况以及客户的分类方式等。

（2）用于销售的所有存货的详细资料，包括存货的名称、规模型号、价格、成本等数据以及存货的分类方式。

（3）定义好发票、应收单的格式。

任务实施

本任务主要进行销售与应收账款管理系统的初始化操作。分别完成销售与应收账款系统初始参数设置；设置科目；坏账准备设置；账龄区间设置、报警级别设置、设置本单位开户银行、录入期初余额并与总账系统进行对账；账套备份等工作。

本次任务的主要资料如下。

（1）启动销售管理系统，并设置销售管理系统初始参数。允许手工修改销售专用发票号。

（2）销售类型如表7-2所示。

表7-2 销售类型

销售类型编码	销售类型名称	出库类别	是否默认值
01	批发销售	销售出库	是

（3）应收账款管理系统初始设置参数，如表7-3所示。

表7-3 应收账款管理系统初始设置

项目	参数	项目	参数
应收账款核销方式	按单据	单据审核日期依据	单据日期
控制科目依据	按客户	受控科目制单方式	明细到单据
销售科目依据	按存货	坏账处理方式	应收余额百分比法

基本科目设置：应收科目1122，预收科目2203，销售收入科目6001，税金科目22210102。

控制科目设置：按客户设置，应收科目1122，预收科目2203。

产品科目设置：按商品设置，销售收入和销售退回科目6001，应交增值税22210102。

结算方式科目设置：现金支票、转账支票科目1002。

坏账准备设置：提取比率1%，坏账准备期初余额为1200，坏账准备科目1231，对方科目660206管理费用——其他费用。

应收账款期初余额如表7-4所示。

表7-4　应收账款期初余额情况　　　　　　　　　　　　　　　单位：元

单据名称	方向	开票日期	票号	客户	销售部门	科目编码	货物名称	数量	无税单价	价税合计
销售专用发票	正	12.20	1208	光明灯具	销售科	1122	整流器	4 000	20	93 600
销售专用发票	正	12.25	1222	大地监控	销售科	1122	监控器	120	500	70 200

根据以上资料，完成销售管理系统和应收账款管理系统的初始设置。

一、销售管理系统的初始化

1. 销售管理系统的启用与注册

（1）执行"开始"→"程序"→"用友ERP-U8"→"企业应用平台"命令，以账套主管李明的身份注册进入企业应用平台。在"操作员"文本框中可以输入操作员编码，也可以输入操作员姓名。此处输入编码001，密码1，选择666账套，操作日期为2014年1月1日。

（2）单击"确定"按钮，进入企业应用平台窗口。

（3）在窗口左侧的"工作列表"中选择"基础设置"标签。

（4）执行"基本信息"命令，打开"基本信息"对话框。

（5）执行"系统启用"命令，打开"系统启用"对话框。

（6）选中"销售管理"系统前的复选框，弹出"日历"对话框。

（7）选择启用会计期间。时间为"2014年1月1日"。系统弹出提示"是否启用当前系统"窗口。

（8）单击"是"按钮，确认并完成销售管理系统的启用。

2. 设置销售管理系统初始参数

允许手工修改销售专用发票号。

在企业应用平台中，打开"基础设置"选项卡，执行"单据设置"→"单据编号设置"命令，打开"单据编号设置"对话框。选择"编号设置"选项卡，执行"销售管理"→"销售专用发票"命令，单击对话框右上方的"修改"按钮，选中"手工改动，重号时自动重取（T）"复选框，如图7-5所示。单击"保存"按钮，保存设置，再单击"退出"按钮。

3. 销售类型

销售类型是用户自定义销售业务的类型，其目的在于可以根据销售类型对销售业务数据进行统计和分析。操作步骤如下：

执行"业务"→"销售类型"命令,打开"销售类型"窗口,按资料输入销售类型。全部销售类型的设置结果如图 7-6 所示。

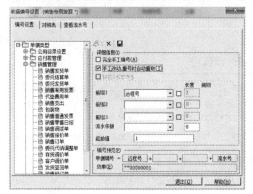

图 7-5 "编号设置"选项

图 7-6 "销售类型"窗口

二、应收账款管理系统的初始化

应收账款管理系统与销售管理系统在联用的情况下,存在着数据传递关系。因此,启用销售管理系统的同时,应该启用应收账款管理系统。应收账款管理系统参数设置和初始设置,都是系统的初始化工作,应该在处理日常业务之前完成。如果应收账款管理系统已经进行了日常业务处理,则其系统参数和初始设置就不能随便修改。

1. 应收账款管理启用与注册

(1) 进入企业应用平台。

(2) 在窗口左侧的"工作列表"中选择"基础设置"。

(3) 执行"基本信息"命令,打开"基本信息"对话框。

(4) 执行"系统启用"命令,打开"系统启用"对话框。

(5) 选中"应收账款管理"系统前的复选框,弹出"日历"对话框。

(6) 选择启用会计期间。时间为"2014 年 1 月 1 日"。系统弹出提示"是否启用当前系统"窗口。

(7) 单击"是"按钮,确认并完成应收账款管理系统的启用。

2. 应收账款管理系统账套参数设置

(1) 执行"企业应用平台"→"财务会计"→"应收账款管理"命令。

(2) 在系统菜单下,执行"设置"→"选项"命令,打开"账套参数设置"对话框。

(3) 打开"常规"选项,单击"编辑"按钮,使所有参数处于可修改状态,按要求设置系统参数,如图 7-7 所示。按照任务要求修改"凭证"选项中的设置。

(4) 单击"确定"按钮,保存应收账款管理系统的参数设置。

(5) 执行"初始设置"→"基本科目设置"命令,根据任务要求对应收账款管理系统的基本科目、控制科目、产品科目、结算方式、坏账准备进行设置。

3. 应收账款管理系统期初余额录入

(1) 在应收账款管理系统中,执行"设置"→"期初余额"命令,进入"期初余额

—查询"窗口。

(2) 单击"确定"按钮，进入"期初余额明细表"窗口。

(3) 单击"增加"按钮，打开"单据类别"对话框。

(4) 选择单据名称为"销售发票"，单据类型为"销售专用发票"，然后单击"确定"按钮，进入"销售专用发票"窗口。

(5) 修改开票日期为"2013-12-20"，录入发票号"78987"，在"客户名称"栏录入"001"，或单击"客户名称"栏的参照按钮，选择"光明灯具"，系统自动带出客户相关信息；在"税率"栏录入"17"，在"科目"栏录入"1122"，或单击"科目"栏参照按钮，选择"1122 应收账款"；在"货物编号"栏录入"004"，或单击"货物编号"栏的参照按钮，选择"电子整流器"；在"数量"栏录入"4000"，在"无税单价"栏录入"20"，如图7-8 所示。

 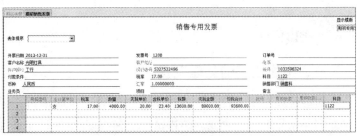

图7-7 "账套参数设置"对话框　　　　　图7-8 "销售专用发票"窗口

(6) 单击"保存"按钮。以此方法继续录入第2张销售专用发票。

> **提示**　在初次使用应收账款系统时，应将启用应收账款系统时未处理完的所有客户的应收账款、预收账款、应收票据等数据录入到本系统。当进入第二年度时，系统自动将上年度未处理完的单据转为下一年度的期初余额。在下一年度的第一会计期间里，可以进行期初余额的调整。

4. 应收账款系统与总账系统的对账

(1) 在"期初余额明细表"窗口中，单击"对账"按钮，打开"期初对账"窗口，如图7-9 所示。

科目		应收期初		总账期初		差额	
编号	名称	原币	本币	原币	本币	原币	本币
1122	应收账款	163,800.00	163,800.00	163,800.00	163,800.00	0.00	0.00
2203	预收账款	0.00	0.00	0.00	0.00	0.00	0.00
	合计		163,800.00		163,800.00		0.00

图7-9 "期初对账"窗口

(2) 单击"退出"按钮退出。

任务2　销售与应收账款管理系统本期业务处理

鹏达公司已经成功启用了销售管理和应收账款管理系统,并且完成销售与应收系统的初始设置工作。通过销售管理核算员朱百刚与会计吕燕的共同配合完成本任务。在操作中使学生能够准确填写销售订单、销售发货单、销售专用发票、办理销售结算、确认销售应收货款。

知识链接

一、销售业务的处理流程

销售管理系统的日常业务包括普通销售、直运销售、分期收款销售、零售日报、账表查询等业务类型。企业的销售活动一般是从与客户签订合同开始的。合同签订后或者根据合同收取定金（或预收款）并由计划部门安排生产,到规定交货期按合同结算并开出提货单供客户提货；或者按合同金额收款并开出收款凭证和提货单。如果是采用延期付款方式进行的销售则需用户开具商业票据或记录客户的有关信息及合同付款期以备日后进行结算。在进行业务处理的同时根据有关单据登记产品的销售收入、销售成本、销售费用、销售税金及附加和应收账款等明细账。必要时根据销售记录编制销售收入汇总表、销售费用汇总表、销售税金及附加汇总表和应收账款账龄分析表等。其业务处理流程如图7-10所示。

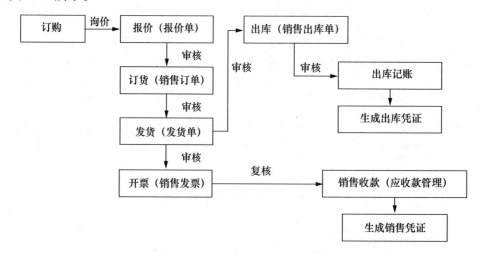

图7-10　销售业务的处理流程

二、销售出库业务类型及处理方式

在企业日常业务处理中,销售出库业务根据开票情况通常大致可分为三种情况:先出库后开票、先开票后出库和出库开票同时。

(1) 当期出库后期开票:这是一种比较常见的销售模式。这种情况可以先将销售出库单录入,选择销售类型为分期收款发出类型或委托代销类型,当期进行审核,在存货核算中生成凭证。等以后期间开发票再做审核勾稽核销处理。这种处理,可能会导致财务和业务按会计期间对账时出现财务和业务数据统计不一致,并且违背了收入与成本配比原则等会计原则。

(2) 当期开票后期出库:开票后做正常出库处理,可以视同第一种情况处理,只是货物还放在企业的仓库中,客户还没有提货而已。采用这种方式,必须有相关的提货单据做保障,在盘点的时候作为抵减的依据,否则会影响实际库存和软件的账面库存的一致性。

(3) 当期开票当期销售:这是最简单的一种情况,在销售模块中,把销售出库单与销售发票手工录入或者通过其他单据关联生成之后,先审核销售出库单,审核完成后再审核销售发票,审核销售发票要选择勾稽该张销售出库单,分别选择后审核成功。然后在存货核算模块中对其进行出库成本核算,核算完成后对销售出库单和销售发票分别生成相关的凭证。

任务实施

本任务主要进行销售与应收账款管理系统的日常业务处理。分别完成销售订单、销售发货单等普通采购业务单据的录入、审核;录入或生成销售发票,并按要求修改销售发票编号;进行销售结算;收到销售款项或确认应收账款;在总账系统查看有关凭证。

本次任务的主要资料如下。

(1) 2014 年 1 月 11 日,大地监控设备经销公司打算订购监控器 120 台,出价为 420 元/台,要求本月 15 日发货。本公司报价为 560 元/台。12 日,本公司与大地监控器材公司协商,对方同意监控器销售单价为 520 元/台,但订货数量减为 80 台。本公司确认后于 1 月 14 日发货(产成品库),并以现金代垫运费 180 元。次日开具销售专用发票,发票号为 ZY20140111,货款尚未收到。

(2) 2014 年 1 月 11 日,收到光明灯具公司签发并承兑的商业承兑汇票一张(NO.20140111),面值为 17 550 元,到期日为 2014 年 3 月 2 日。

(3) 2014 年 1 月 23 日,收到银行通知,收到光明灯具公司以银行汇票方式支付购买 1 500 支整流器,货税款及代垫费用款 41 000 元。

(4) 2014 年 1 月 24 日,发现 2014 年 1 月 23 日所填制的收到光明灯具公司销售 1 500 支整流器的货税款 41 000 元应为 42 120 元。

(5) 2014 年 1 月 27 日,收到大地监控设备经销公司交来转账支票一张,支付监控器的货税款及代垫费用款 48 000 元。

(6) 2014 年 1 月 28 日,发现 2014 年 1 月 27 日所填制的收到大地监控设备经销公司交来转账支票款 48 000 元有错误,需要删除该张收款单。

（7）2014年1月31日，将2014年1月11日收到的光明灯具公司签发并承兑的商业承兑汇票（NO. 20140111）到银行贴现，贴现率为6%，并办理结算手续。

（8）2014年1月31日，经三方同意将（第1笔业务）形成的应向大地监控设备经销公司收取的货税款及代垫费用款48 852元转为向光明灯具公司的应收账款。

（9）审核本月收款单并制单。

根据以上资料，完成采购管理系统和应付账款管理系统的日常业务处理。

1. 第1笔业务的处理

本笔业务属于本期发生的业务，需要填制或生成报价单、销售订单、销售发货单、销售出库单、销售专用发票，进行代垫运费的处理；在应收账款管理系统中审核应收单并制单。操作步骤如下。

（1）销售管理系统填制报价单、销售订单，生成销售发货单。

① 在销售管理系统中，执行"销售报价"→"销售报价单"命令，打开"销售报价单"窗口。

② 单击"增加"按钮，输入表头信息。业务类型为"普通销售"，销售类型为"批发销售"，日期修改为"2014年1月11日"，客户是"大地监控设备经销公司"，税率为17%。表体中的存货为电子监控器，数量120只，报价为560元/只。单击"保存"和"审核"按钮，如图7-11所示。

③ 执行"销售订货"→"销售订单"命令，打开"销售订单"窗口。

④ 单击"增加"按钮，再单击"生单"按钮，选择"报价"，系统自动显示订单参照报价单过滤窗口。选择1月11日的大地监控设备经销公司的报价单，选中标志为Y，同时选择下半部的存货电子监控器，选中标志为Y，如图7-12所示。

图7-11 "销售报价单"窗口

图7-12 选择报价单

⑤ 系统根据报价单自动生成一张销售订单。修改订单与报价单不一致的信息，如日期为2014-01-12，无税单价为520，数量为80。信息确认后单击"保存"按钮，再单击"审核"按钮，如图7-13所示。

⑥ 执行"销售发货"→"发货单"命令，打开发货单窗口。

⑦ 单击"增加"按钮，系统自动显示"参照生单"窗口。

⑧ 在"参照生单"管理窗口中，单击"过滤"按钮，系统显示复核条件的销售订单。单击选中销售订单和存货（出现Y），如图7-14所示。

项目 7 销售与应收账款管理系统应用

图 7-13 销售订单

图 7-14 销售订单过滤

⑨ 单击"确定"按钮，系统自动参照销售订单生成销售发货单，修改发货日期为 14 日，输入发货仓库为"产成品库"。单击"保存"按钮，再单击"审核"按钮，如图 7-15 所示。

图 7-15 "发货单"窗口

⑩ 单击"退出"按钮，退出"发货单"窗口。

提示 ① 销售报价单只能手工输入。

② 销售报价单没有审核前，可以单击"修改"按钮进行修改；如果已经审核，则必须先取消审核，然后才能修改。

（2）销售专用发票。

① 在销售管理系统中，执行"销售开票"→"销售专用发票"命令，打开"销售专用发票"窗口。

② 单击"增加"按钮，系统自动弹出"参照生单"窗口。默认业务类型为"普通销售"，可以重新选择。

③ 设置过滤条件，单击"过滤"按钮，系统根据过滤条件显示符合条件的全部单据。

④ 在显示的发货单记录中选择客户为"大地监控"，或者选择日期为"2014 年 1 月 14 日"的发货单，在所选择单据前单击，出现"Y"表示选择成功。

⑤ 选择存货信息。系统自动显示该发货单的存货信息，选择需要开具发票的存货，在其前面单击，出现"Y"表示选择成功，选择完毕，单击"确定"按钮。

⑥ 系统根据所选择的发货单和存货自动生成一张销售专用发票。修改发票日期和发票号，确认后单击"保存"按钮，如图 7-16 所示。

⑦ 单击"复核"按钮，保存销售专用发票的信息。

⑧ 执行"代垫费用"→"代垫费用单"命令，打开"代垫费用单"窗口。

⑨ 单击"增加"按钮，输入代垫费用及其相关内容，如图 7-17 所示。

图7-16 "销售专用发票"窗口

图7-17 "代垫费用单"窗口

⑩ 单击"保存"按钮,再单击"审核"按钮审核。

(3)应收账款管理系统审核应收单并制单。

① 在企业应用平台,打开"业务工作"选项卡,执行"财务会计"→"应收账款管理"→"应收单据处理"→"应收单据审核"命令,系统自动弹出"条件过滤选择"对话框,设置过滤条件。

② 单击"确定"按钮。选择需要审核的应收单据,包括运费单据和应收单据,在记录的"选择"处单击,出现"Y"表示选择成功。

③ 单击"审核"按钮,系统弹出"本次审核成功单据2张"信息提示对话框。

④ 执行"制单处理"命令,系统自动打开单据过滤窗口。设置单据过滤条件,选择"发票制单"和"应收单制单",单击"确定"按钮。

⑤ 单击"全选"按钮,在需要制单的两个记录前的"选择标志"栏分别填"1"和"2",表示选择1的单据生成一张凭证,选择2的单据生成另一张凭证。

⑥ 选择凭证类别为"转账凭证",单击"制单"按钮,系统根据所选择的应收单自动生成两张转账凭证,分别单击"保存"按钮,系统显示"已生成"标志。单击"下一张"按钮,在第2行科目名称栏输入"1001",修改凭证类别为"付款凭证"。再单击"保存"按钮,如图7-18和图7-19所示。

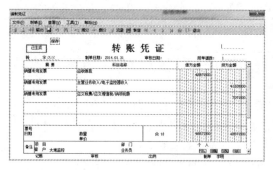
图7-18 "转账凭证"对话框

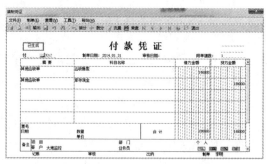
图7-19 "付款凭证"对话框

⑦ 执行"单据查询"→"凭证查询"命令,可以查询根据应收单生成的转账凭证。查询完毕,单击"退出"按钮。

2. 第2笔业务的处理

(1)在应收账款管理系统中,执行"票据管理"命令,打开"票据查询"对话框。

（2）单击"过滤"按钮，进入"票据管理"窗口。

（3）单击"增加"按钮，打开"票据增加"窗口。

（4）在"收到日期"栏选择"2014-01-11"；单击"结算方式"栏的下三角按钮，选择"商业承兑汇票"，在"票据编号"栏录入"20140111"，在"承兑单位"栏录入"001"，或单击"出票人"栏的参照按钮，选择"光明灯具公司"；在"金额"栏录入"17550"，在"出票日期"栏选择"2014-01-11"，在"到期日"栏选择"2014-03-02"，在"摘要"栏录入"收到商业承兑汇票"，如图 7-20 所示。

（5）单击"保存"按钮，返回"票据管理"窗口。

提示 ① 由票据生成的收款单不能修改。

② 商业承兑汇票不能有承兑银行，银行承兑汇票必须有承兑银行。

3．第 3 笔业务的处理

（1）在应收账款管理系统中，执行"收款单据处理"→"收款单据录入"命令，打开"收款单"窗口。

（2）单击"增加"按钮。修改开票日期为"2014-01-23"，在客户栏录入"001"，或单击"客户"栏参照按钮，选择"光明灯具公司"，在结算方式栏录入"3"，选择银行汇票，在金额栏录入 41000，在摘要栏录入收到货款，如图 7-21 所示。

图 7-20 "商业汇票"窗口

图 7-21 "收款单"窗口

（3）单击"保存"按钮。

4．第 4 笔业务的处理

（1）在应收账款管理系统中，单击"收款单据处理"→"收款单据录入"，进入收款单窗口。

（2）单击"下张"按钮，找到要修改的收款单，在要修改的收款单中，单击"修改"按钮，将金额修改为"42120"。

（3）单击"保存"按钮，再单击"退出"按钮。

5．第 5 笔业务的处理

（1）在应收账款管理系统中，执行"收款单据处理"→"收款单据录入"命令，打开"收款单"窗口。

（2）单击"增加"按钮。修改开票日期为"2014-01-27"，在客户栏录入"03"，或单击"客户"栏参照按钮，选择"上海邦立公司"，在结算方式栏录入"202"，选择"转账支票"，在金额栏录入"48000"，在摘要栏录入收到货款及运费，如图 7-22 所示。

图 7-22 "收款单"窗口

(3)单击"保存"按钮。

6. 第 6 笔业务的处理

(1)在应收账款管理系统中,执行"收款单据处理"→"收款单据录入",打开收款单窗口。

(2)单击"下张"按钮,找到要删除的收款单。

(3)单击"删除"按钮,系统提示"单据删除后不能恢复,是否继续"。

(4)单击"是"按钮。

7. 第 7 笔业务的处理

(1)在应收账款管理系统中,打开"票据管理"对话框。

(2)单击"确定"按钮,进入"票据管理"窗口。

(3)在票据管理窗口中,单击选中 2014 年 1 月 11 日填制的商业承兑汇票,如图 7-23 所示。

图 7-23 "票据管理"窗口

图 7-24 "票据贴现"对话框

(4)单击"贴现"按钮,打开"票据贴现"对话框。

(5)在"贴现率"栏录入"6",或单击"结算科目"栏的参照按钮,选择"100201 工行存款",如图 7-24 所示。

(6)单击"确定"按钮,系统弹出"是否立即制单"信息提示框。

(7)单击"是"按钮,生成贴现的记账凭证,单击"保存"按钮,如图 7-25 所示。

(8)单击"退出"按钮退出。

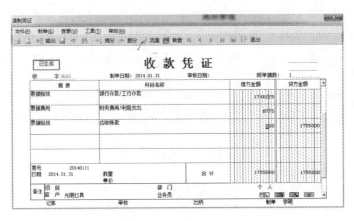

图 7-25 贴现记账凭证

提示 ① 如果贴现净额大于余额,系统将自动将其差额作为利息,不能修改;如果贴现净额小于票据余额,系统将自动将其差额作为费用,不能修改。

② 票据贴现后,将不能对其进行其他处理。

8. 第 8 笔业务的处理

(1) 在应收账款管理系统中,执行"转账"→"应收冲应收"命令,打开"应收冲应收"对话框。

(2) 在"转出户"栏录入"002",或单击"转出户"栏的参照按钮,选择"大地监控设备经销公司",再在"转入户"栏录入"001",或单击"转入户"栏参照按钮,选择"光明灯具公司"。

(3) 单击"过滤"按钮,在第二行"并账金额"栏录入"48672",再在第三行"并账金额"栏录入"180",如图 7-26 所示。

(4) 单击"确定"按钮,出现"是否立即制单"提示,单击"否"按钮,单击"取消"按钮退出。

(5) 在应收账款管理系统中,执行"制单处理"命令,打开"制单查询"对话框。

(6) 分别选中"转账制单"和"并账制单"前的复选框,如图 7-27 所示。

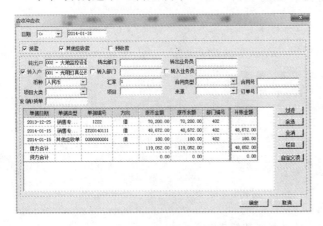

图 7-26 "应收冲应收"对话框

图 7-27 "制单查询"对话框

（7）单击"确定"按钮，打开"制单"标签，单击"全选"按钮，再单击"凭证类别"栏的参照按钮，选择"转账凭证"，如图7-28所示。

图7-28 "并账制单"窗口

（8）单击"制单"按钮，出现第1张记账凭证，单击"保存"按钮，保存第1张记账凭证。

（9）单击"退出"按钮退出。

9. 审核本月收款单并制单

（1）在应收账款管理系统中，执行"收款单据处理"→"收款单据审核"命令，打开"结算单过滤条件"对话框。

（2）单击"确定"按钮，进入"收付款单列表"窗口。

（3）单击"全选"按钮，再单击"审核"按钮，系统弹出"本次审核成功单据[1]张"的信息提示框。

（4）单击"确定"按钮，在"审核人"栏出现了审核人的签字。

（5）单击"退出"按钮退出。

提示 在票据保存后由系统制单生成了一张收款单，这张收款单应在审核后再生成记账凭证，才完成了应收账款转为应收票据的核算过程。

（6）在应收账款管理系统中，执行"制单处理"命令，打开"制单查询"对话框。

（7）选中"收付款单制单"前的复选框。

（8）单击"确定"按钮，打开"收付款单制单"窗口，单击"全选"按钮。

（9）单击"制单"按钮，出现第一张记账凭证，修改凭证类别为"转账凭证"，单击"保存"按钮，保存第二张记账凭证，如图7-29所示。

（10）单击"退出"按钮退出。

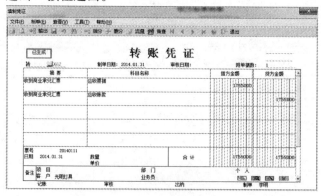

图7-29 生成的转账凭证生成

任务3 销售与应收账款管理系统期末业务处理

任务解析

鹏达公司已将2014年1月的日常业务处理完毕。1月31日,以核算员朱百刚的身份登录企业应用平台,完成当月销售管理系统月末结账工作;同时,以会计吕燕的身份登录企业应用平台,完成当月应收账款管理系统月末结账工作。通过完成本任务,使学生能够了解销售与应收账款管理系统期末业务处理的内容及操作步骤。

知识链接

一、销售管理系统的期末业务处理

(1)销售部门应当在完成当月的销售业务后,才可以进行销售管理系统的月末结账工作。

(2)结账前用户应检查本会计月工作是否已全部完成,只有在当前会计月份所有工作全部完成的前提下,才能进行月末结账,否则会遗漏某些业务。

(3)月末结账之前一定要进行数据备份,否则数据一旦发生错误,将造成无法挽回的后果。

(4)不允许跳月结账,只能从结账的第一个月逐月结账;不允许跳月取消结账,只能从最后一个月逐月取消。

(5)上月未结账,本月单据可以正常操作,不影响日常业务处理,但本月不能结账。

(6)月末结账为独享功能,与系统中所有功能的操作互斥,即在操作本功能前,应确定其他功能均已退出;在网络环境下,要确定本系统所有的网络用户退出了所有功能。

二、应收账款管理系统的期末业务处理

在应收账款管理系统中,如果当月业务已全部处理完毕,就需要执行月末结账功能,只有月末结账后,才可以开始下月工作。应收账款管理系统进行月末结账需要遵循以下规则。

(1)应收账款管理系统与销售管理系统集成使用,应在销售管理系统结账后,才能对应收账款管理系统进行结账处理。

(2)当选项中设置审核日期为单据日期时,本月的单据(发票和应收单)在结账前应该全部审核。当选项中设置审核日期为业务日期时,如果截止到本月末还有未审核单据(发票和应收单),照样可以进行月结处理;如果还有合同结算单未审核,仍然可以进行月结处理;如果本月的收款单还有未审核的,不能结账。

(3)当选项中设置月结时必须将当月单据以及处理业务全部制单,则月结时若检查当月有未制单的记录时不能进行月结处理。当选项中设置月结时不用检查是否全部制单,

则无论当月有无未制单的记录,均可以进行月结处理。

(4)如果是本年度最后一个期间结账,最好将本年度进行的所有核销、坏账、转账等全部制单处理,并且将本年度外币余额为 0 的单据的本币余额结转为 0。

任务实施

本任务主要进行销售与应收账款管理系统的期末业务处理。

(1)2014 年 1 月 30 日,将 1 月 29 日形成的向光明灯具公司收取的应收账款 48 852元(其中货款 48 672 元,代垫运费 180 元)转为坏账。

(2)2014 年 1 月 31 日,收到银行通知(银行汇票),收回已作为坏账处理的应向光明灯具公司收取的应收账款 48 852 元。

(3)查询 1 月份的销售专用发票。

(4)查询 1 月份的收款单。

(5)进行应收账款项的欠款分析。

(6)应收账款管理系统月末结账。

(7)销售管理系统月末结账。

根据以上资料,完成销售管理系统和应收账款管理系统的期末业务处理。

1. 第 1 笔业务的处理

(1)在应收账款管理系统中,执行"坏账处理"命令,打开"坏账发生"对话框。

(2)将日期修改为"2014-01-30";在"客户"栏录入"001",或单击"客户"栏的参照按钮,选择"光明灯具公司",如图 7-30 所示。

(3)单击"确定"按钮,进入"坏账发生单据明细"窗口。

(4)在"本次发生坏账金额"栏第 2 行录入"48672",再在第 3 行录入"180",如图 7-31 所示。

图 7-30 "坏账发生"对话框

图 7-31 "坏账发生单据明细"窗口

(5)单击"确定"按钮,出现"是否立即制单"提示,单击"是"按钮,生成发生坏账的记账凭证,修改凭证类别为"转账凭证",单击"保存"按钮,如图 7-32 所示。

(6)单击"退出"按钮退出。

2. 第 2 笔业务的处理

(1)在应收账款管理系统中,执行"收款单据处理"→"收款单据录入"命令,进入"收款单"窗口。

(2)单击"增加"按钮。在"客户"栏录入"001",或单击"客户"栏的参照按钮,选择"光明灯具公司";在"结算方式"栏录入"3",或单击"结算方式"栏的参照按钮,选择"银行汇票";在"金额"栏录入"48852";在"摘要"栏录入"已作坏账处理的应收账款又收回"。

(3) 单击"保存"按钮,如图7-33所示。

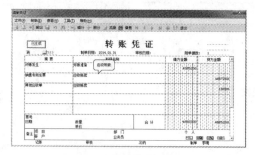

图7-32 发生坏账转账凭证

图7-33 "收款单"窗口

(4) 单击"退出"按钮退出。

(5) 在应收账款管理系统中,执行"坏账处理"→"坏账收回"命令,打开"坏账收回"对话框。

(6) 在"客户"栏录入"001",或单击"客户"栏的参照按钮,选择"光明灯具公司",单击"结算单号"栏的参照按钮,选择"07"结算单,如图7-34所示。

(7) 单击"确定"按钮,系统提示"是否立即制单",单击"是"按钮,生成一张收款凭证,单击"保存"按钮,如图7-35所示。

图7-34 设置坏账收回信息

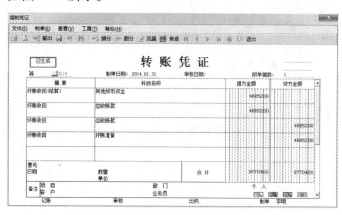

图7-35 收回坏账凭证

(8) 单击"退出"按钮退出。

提示 ① 在录入一笔坏账收回的款项时,应该注意不要把该客户的其他收款业务与该笔坏账收回业务录入到一张收款单中。

② 坏账收回时,制单不受系统"方向相反分录是否合并"选项控制。

3. 查询1月份填制的所有销售专用发票

(1) 在应收账款管理系统中,单击"单据查询"→"发票查询",打开"发票查询"对话框。

(2) 单击"发票类型"栏的下三角按钮,选择"销售专用发票"。

(3) 单击"确定"按钮,进入"发票查询"窗口,如图7-36所示。

单据日期	单据类型	单据编号	客户	币种	汇率	原币金额	原币余额	本币金额	本币余额
2013-12-25	销售专…	1222	大地监控设备经销公司	人民币	1.000	70,200.00	70,200.00	70,200.00	70,200.00
2013-12-31	销售专…	1208	光明灯具公司	人民币	1.000	93,600.00	93,600.00	93,600.00	93,600.00
合计						163,800.00	163,800.00	163,800.00	163,800.00

图7-36 "发票查询"窗口

(4) 单击"退出"按钮退出。

提示 在发票查询功能中可以分别查询"已审核""未审核""已核销"及"未核销"的发票。还可以按"发票号""单据日期""金额范围"或"余额范围"等条件进行查询。

4. 查询1月份填制的所有收款单

(1) 在应收账款管理系统中,执行"单据查询"→"收付款单查询"命令,打开"收付款单查询"窗口,选择单据类型为"收款单"。

(2) 单击"确定"按钮,打开"收付款单查询"窗口,如图7-37所示。

(3) 单击"退出"按钮退出。

提示 在"收付款单"查询窗口中,也可以分别单击"查询""详细""单据"及"凭证"等按钮,查询到相应的内容。

5. 应收账款项的欠款分析

(1) 在应收账款管理系统中,执行"账表管理"→"统计分析"→"欠款分析"命令,打开"欠款分析"对话框。

(2) 选中"包含发货单未到立账日已开票审核"复选框,如图7-38所示。

选择打印	单据日期	单据类型	单据编号	客户	币种	汇率	原币金额	原币余额	本币金额	本币余额
	2014-01-11	收款单	0000000006	光明灯具公司	人民币	1.00000000	17,550.00	17,550.00	17,550.00	17,550.00
	2014-01-23	收款单	0000000003	光明灯具公司	人民币	1.00000000	42,120.00	42,120.00	42,120.00	42,120.00
合计							59,670.00	59,670.00	59,670.00	59,670.00

图7-37 "收付款单查询"窗口   图7-38 "欠款分析"对话框

（3）单击"确定"按钮，进入"欠款分析"窗口，如图7-39所示。
（4）单击"退出"按钮退出。

提示 欠款分析是分析截止到一定日期，客户、部门或业务员的欠款金额，以及欠款的组成情况。

6. 销售管理系统月末结账

（1）在企业应用平台"业务工作"选项卡下，执行"供应链"→"销售管理"→"月末结账"命令，打开"月末结账"对话框。

（2）单击结账月份"1月份"所对应行的"选择标记"栏，系统显示"选中"标志。

（3）单击"结账"按钮，系统提示"月末结账完毕！"单击"确定"按钮，"是否结账"一栏显示"已结账"字样。单击"退出"按钮退出结账窗口，如图7-40所示。

图7-39 "欠款分析"窗口　　　　图7-40 销售管理系统月末结账

提示 ① 月末结账后，已结账月份的入库单、采购发票不可修改、删除。
② 采购管理系统月末结账后，才能进行应付账款管理系统的月末结账。

7. 应收账款管理系统月末结账

（1）在应收账款管理系统中，执行"期末处理"→"月末结账"命令，打开"月末处理"对话框。

（2）双击一月份"结账"标志栏，如图7-41所示。

（3）单击"下一步"按钮，出现月末处理的情况表，如图7-42所示。

 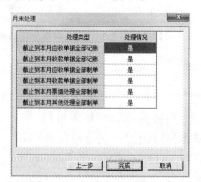

图7-41 "月末处理"对话框　　　　图7-42 月末处理的情况表

（4）单击"完成"按钮，系统弹出"1月份结账成功"信息提示框。
（5）单击"确定"按钮。

提示 ① 如果当月业务已经全部处理完毕，应进行月末结账。只有当月结账后，才能开始下月的工作。

② 进行月末处理时，一次只能选择一个月进行结账，前一个月未结账，则本月不能结账。

【项目总结】

本项目涉及的是用友ERP供应链销售管理系统，由于本书的案例设计为销售与应收账款管理系统集成使用，在本项目中主要介绍了销售与应收账款管理系统的启用、基础信息的录入、系统参数的设置、基本科目设置、结算科目设置、期初数据的启用、销售订单、发货单、发票的填写、销售发票的结算、销售与应收账款管理系统的月末结账工作等。通过本项目任务的操作完成了模拟企业销售与应收账款管理系统的初始设置、日常业务处理、期末业务处理。

【项目实训】

实训十一 销售与应收账款管理系统应用

一、初始设置

龙兴股份有限公司从2014年1月1日启动销售与应收账款管理系统，初始设置资料如下。

（1）设置销售发票单据编号为手工编号。
（2）销售类型，如表7-5所示。

表7-5 销售类型

销售类型编码	销售类型名称	出库类别	是否默认值
01	批发	销售出库	是
02	零售	销售出库	否

（3）应收账款管理相关科目

基本科目设置：应收科目为1122，预收科目为2203，销售收入科目为6001，应交增值税科目为22210102。

结算方式科目设置：现金结算对应1001，现金支票对应100201，转账支票对应100201。

（4）应收账款期初余额，如表7-6所示。

表 7-6　应收账款期初余额情况　　　　　　　　　　　单位：元

单据名称	方向	开票日期	票号	客户	销售部门	科目编码	货物名称	数量	含税单价	价税合计
普通发票	正	10.25	0123	家和服装	销售一部	1122	男裤	996 条	100	99 600
销售专用发票	正	11.10	000456	祥和服装	销售二部	1122	女套装	1 000 套	57.50	57 500
其他应收单	正	11.10		祥和服装	销售二部	1122	代垫运费			500

二、系统本期业务处理

（1）2014 年 1 月 14 日，家和服装拟购买男装 50 件，向销售一部了解价格。销售一部报价为 260 元/件。

（2）2014 年 1 月 15 日，家和服装同意订购 50 件，并要求发货日期为 2014 年 1 月 16 日。

（3）2014 年 1 月 16 日，销售一部从男装库向家和服装发出其所订货物。并据此开具专用销售发票（ZY20140116）一张。

（4）2014 年 1 月 17 日，销售一部将销售发票交财务部门，财务部门结转此业务的收入。

（5）2014 年 1 月 18 日，销售二部向千顺服装出售女套装 60 套，报价为 168 元/套，成交价为报价的 90%，货物从女装库发出。

（6）2014 年 1 月 19 日，根据千顺服装出售女套装开出专用发票一张（ZY20140617），同时收到客户以支票（ZP011499）所支付的全部货款。

（7）收到家和服装以转账支票支付 15 日所购男装货税款。

三、系统本期业务处理

（1）对销售管理系统进行期末结账工作。
（2）对应收账款管理系统进行期末结账工作。

项目 8

会计报表编制

【项目导入】

北京鹏达公司，2014 年 1 月的全部经济业务均已完成并且记账，月末财务人员根据用友 ERP-U8 管理软件中的会计报表管理系统（即 UFO 报表管理系统，UFO 是 Users Friend Office 的缩写。UFO 报表管理系统是用友软件集团有限公司开发的电子表格软件）编制企业的各种报表。利用本系统完成如下任务：设计报表格式、编制报表公式，从总账系统或其他业务系统中提取有关的会计数据，自动生成各种会计报表，并能对报表的正确性进行审核、汇总，生成各种分析图，并按预定的格式输出各种会计报表。

【学习目标】

(1) 了解 UFO 报表管理系统的主要功能及操作流程；
(2) 掌握 UFO 报表管理系统的基本概念；
(3) 熟练掌握固定报表和变动报表格式设计、公式编辑及图表处理等基本应用；
(4) 理解报表管理功能，熟练掌握报表模板的应用，学会编制不同的会计报表；
(5) 学会编制自定义的会计报表，具备报表公式编辑和图表分析的能力；
(6) 能够利用报表模板编制资产负债表、利润表和现金流量表的能力。

【项目实施】

任务 1　会计报表初始设置

任务解析

本任务要求了解 UFO 报表管理系统的操作流程及主要功能，掌握 UFO 报表管理系统的基本要素。学会根据不同报表的格式定义不同的会计报表，通过报表尺寸、组合单元、表格画线、文字编辑、设置关键字等格式设计的操作方法,掌握会计报表公式设置和函数应用。

**知识链接**

一、UFO 报表管理系统的主要功能及操作流程

1. 报表管理系统的主要功能

UFO 报表管理系统的主要功能有以下几点。

(1) 文件管理功能。提供了各类文件管理功能,并且能够进行不同的文件格式及文本文件、*.MDB 文件、*.DBF 文件、EXCEL 文件、LOTS1-2-3 文件的转换;提供标准财务数据的"导入"和"导出"功能,可以和其他流行财务软件交换数据。

(2) 格式管理功能。提供了丰富的格式设计功能,如设组合单元、画表格线(包括斜线)、调整行高和列宽等,能够满足各种表格的制作。

(3) 数据处理功能。UFO 报表管理系统能将最多达 99999 张相同格式的报表统一在一个报表格式文件中管理,并且在每张表页之间建立有机的联系,使数据查找方便而迅速。

(4) 提供了排序、审核、舍位平衡、汇总功能;提供了绝对单元公式和相对单元公式,方便、迅速地定义计算公式;提供了种类丰富的函数,可以从账务、应收、应付、工资、固定资产、销售、采购、库存等其他模块中提取数据,生成财务报表。

(5) 图表管理功能。根据报表数据,可定义、生成并输出图表;可以制作包括直方图、立体图等 10 种图式的分析图表;可以编辑图表位置、大小、标题、字体、颜色等,并打印输出图表。

(6) 报表输出。报表和图形可以显示或打印或转换输出。

(7) 二次开发功能。提供批命令和自定义菜单,自动记录命令窗口输入的多个命令,可以将有规律性的操作过程编制成批命令文件;提供好自定义菜单功能,综合利用批命令可以在短时间内开发出本企业的专用系统。

2. 报表管理系统的业务处理流程

UFO 报表管理系统的业务处理流程如图 8-1 所示。

3. UFO 报表管理系统与其他子系统的主要关系

编制会计报表是每个会计期末重要的工作之一,从一定意义上说编制完会计报表是一个会计期间工作完成的标志。在报表管理系统中,会计报表的数据来源一般有总账系统的账簿和会计凭证、其他报表、人工直接输入等,还可以从应收、应付、工资、固定资产、销售、采购、库存等系统中提取数据,生成财务报表。

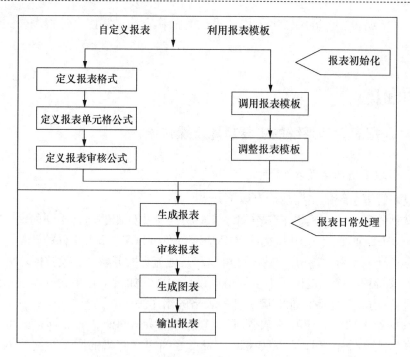

图8-1 UFO报表管理系统的业务处理流程

二、UFO报表管理系统的基本概念

1. 格式状态和数据状态

UFO报表管理系统将报表制作分为两大部分来处理，即报表格式、公式设计工作与报表数据处理工作。这两部分的工作是在不同状态下进行的。

（1）格式状态。在报表格式状态下进行有关格式设计的操作，例如，表尺寸、行高列宽、单元属性、单元风格、组合单元、关键字、定义报表的单元格公式（计算公式）、审核公式及舍位平衡公式。在格式状态下所看到的是报表格式，报表的数据全部隐藏；在格式状态下所做的操作对本报表所有的表页都发生作用；在格式状态下不能进行数据的录入、计算的操作。

（2）数据状态。在报表的数据状态下管理报表的数据，例如，输入数据、增加或删除表页、审核、舍位平衡、制作图形、汇总、合并报表。在数据状态下不能修改报表的格式，看到的是报表的全部内容，包括格式和数据。

报表工作区的左下角有一个"格式/数据"按钮，单击这个按钮可以在格式状态和数据状态之间切换。

2. 单元

单元是做成报表的最小单位。单元名称由所在行、列标识。例如，C8表示第3列第8行的那个单元。单元类型有数值单元、字符单元、表格单元3种。

（1）数值单元。用于存放报表的数据，在数据状态下输入。数值单元的内容可以直接输入或由单元中存放的单元公式运算生成。建立一个新表时，所有单元的类型默认为数值型。

（2）字符单元。字符单元也是报表的数据，也在数据状态下输入。字符单元的内容可以直接输入，也可由单元公式生成。

（3）表样单元。表样单元是报表的格式，是定义的一个没有数据的空表所需的所有文字、符号或数字。一旦单元被定义为表样，那么在其中输入的内容对所有的表页都有效。表样单元只能在格式状态下输入和修改。

3. 组合单元

组合单元由相邻的两个或多个单元组成，这些单元必须是同一种单元类型（表样、数值、字符），UFO报表管理系统在处理报表时将组合单元视为一个单元。组合单元的名称可以用区域的名称或区域中的任何一个单元的名称来表示。

4. 区域

区域由一张表页上的相邻单元组成，自起点单元至终点单元是一个完整的长方形矩形阵。在UFO报表管理系统中，区域是二维的，最大的区域是整个表页，最小的区域是一个单元。例如，A6到C10的长方形区域表示为A6：C10，起点单元与终点单元用"："连接。

5. 表页

一个UFO报表管理系统最多可容纳99999张表页，一个报表中的所有表页具有相同的格式，但其中的数据不同。表页在报表中的序号在表页的下方以标签的形式出现，称为"页标"。页标用"第1页"～"第99999页"表示，当前表的第2页，可以表示为@2。

6. 二维表和三维表

确定某一数据位置的要素称为"维"。在一张有方格的纸上填写一个数字，这个数的位置可以通过行（横轴）和列（纵轴）来描述，那么这个表就是二维表。

如果将多个相同的二维表叠在一起，并要从多个二维表中找到一个数据，则需增加一个要素，即表页号（Z轴）。这一叠表称为一个三维表。

如果多个不同的三维表放在一起，要从多个三维表中找到一个数据，又需增加一个要素，即表名。三维表的表间操作即为"四维运算"。因此，在UFO报表管理系统中要确定一个数据的所有要素为：<表名><列><行><表页>，如利润表第2页的C5单元，表示为"利润表"→C5@2。

7. 固定区及可变区

固定区指组成一个区域的行数和列数是固定的数目。可变区是组成一个区域的行数或列数是不固定的数字，可变区的最大行数或最大列数是在格式设计中设定的。在一个报表中只能设置一个可变区。

有可变区的报表称为可变表。没有可变区的报表称为固定表。

8. 关键字

关键字是一种特殊的单元，可以唯一标志一个表页，用于在大量表页中快速选择表页。例如，一个资产负债表的表文件可以放一年12个月的资产负债表（甚至多年的多张表），要对某一张表页的数据进行定位，要设置一些定位标志，在UFO报表管理系统中称为关键字。

三、报表格式设计

UFO报表管理系统具有强大的格式管理功能。用户可能根据需要自行设计报表格式，采用一次设置，长期有效的工作方式，可实现整个报表中的所有表页格式都是相同的。

固定报表是指报表行数和列数的数量固定不变，在格式状态下设计。主要包括设置表尺寸，定义行高和列宽、区域画线，设置单元格属性和单元格风格，定义组合单元格，设置关键字等。

1. 设置表尺寸

设置表尺寸主要是设置报表的行数和列数，定义报表的大小。

2. 区域画线

一般情况下，报表输出时没有任何表格线。为了满足查询和打印的需要，在选定的目标区域画上表格线。

3. 设置单元属性和单元风格

设置单元属性和单元风格即对单元类型、数据格式、对其方式、字体、字号、颜色及边框样式等内容的设置，其中单元类型在新建报表时都是系统默认的，也可根据用户的需要重新设置。

4. 定义组合单元

组合单元是把几个单元作为一个单元来使用，所有针对单元的操作对组合单元均有效。一般输入时为了输入标题、编制单位、日期及货币单位等内容在一个单元可能容纳不下的信息而进行设置。

5. 设置关键字

设置关键字主要用于报表取数，包括单位名称、单位编号、年、月、日、季及自定义关键字，用户可自行设置，且设置合适的关键字是决定一张报表取数正确与否的关键。

四、报表公式的定义

报表公式指的是报表或报表数据单元的计算方法，用户可以有效地利用 UFO 报表管理系统提供的多种函数定义报表公式，由计算机自动根据已定义的报表公式自动从总账系统或其他业务系统中提取数据，并生成会计报表，正确合理地编辑报表公式能节约时间，提高工作效率。

报表公式可以分为计算公式和非计算公式。计算公式即单元的取数和单纯的统计、计算公式。非计算公式包括审核公式、舍位平衡公式和图形公式等。

1. 计算公式

计算公式可以直接定义在报表单元中，这样的公式称为"单元公式"。UFO 报表管理系统允许在报表中的每个数值型、字符型的单元内，写入代表一定运算关系的公式，用来建立表内各单元之间、报表与报表之间或报表系统与其他系统之间的运算关系。描述这些运算关系的表达式，称为单元公式。单元公式在"格式"状态下定义，在报表中选择要定义公式的单元，输入"＝"按钮，或在工具栏中按"Fx"按钮，或执行"数据"→"编辑公式"菜单命令可以直接定义计算公式。账务取数函数的基本格式为：

函数名（"科目编码"，会计时间，［"方向"］，［"账套"］，［会计年度］，［"编码1"］，［"编码2"］……）

参数说明如下:

① 科目编码。也可以是科目名称,如果是科目名称,则不能重名,且必须用双引号将科目括起来。

② 会计时间。可以是"年""季""月"变量,也可以是具体数字表示的年、季、月。

③ 方向。为科目的记账方向,如"借"或"贷"。

④ 账套。为数字,默认时系统的默认数据来源为第一账套。

⑤ 编码1|编码2。与科目编码的核算账类有关,可以去科目的辅助账取数,如部门编码、项目编码等,如无辅助核算则省略。

常用的账务取数函数如表8-1所示。

表8-1 常用账务取数函数

函数名	中文函数名	函数定义
DFS	对方科目发生	取对方科目发生数
FS	发生	取某科目本期发生数
JE	净额	取某科目借、贷方发生净额
LFS	累计发生	取某科目累计发生额
QC	期初	取某科目期初数
QM	期末	取某科目期末数
SDFS	数量对方科目发生	取对方科目数量发生数
SFS	数量发生	取某科目本期数量发生数
SJE	数量净额	取某科目借、贷方数量发生净额
SLFS	数量累计发生	取某科目累计数量发生额
SQC	数量期初	取某科目数量期初数
SQM	数量期末	取某科目数量期末数

例如,在资产负债表中的"货币资金"期初数的单元输入公式:

=QC("1001",月,,,,,)+QC("1002",月,,,,,)+QC("1012",月,,,,,)

其含义是:货币资金期初数的数值来源于账务系统默认账套中"库存现金"科目、"银行存款"科目和"其他货币资金"科目当月期初数之和。

2. 审核公式

在经常使用的各类财经报表中的每个数据都有明确的经济含义,并且各个数据之间一般都有一定的钩稽关系。如在一个报表中,小计等于各分项之和;而合计又等于各个小计之和等。在实际工作中,为了确保报表数据的准确性,经常用这种报表之间或报表之内的钩稽关系对报表进行钩稽关系检查。一般来讲,这种检查称为数据的审核。

UFO报表管理系统对此特意提供了数据的审核公式,它将表示数据之间的钩稽关系用公式表示出来,称之为审核公式。

3. 舍位平衡公式

目前,我国对外报表中的金额单位都是"元"。因此在规模较大的单位中,会计报表的数据都是比较大，阅读报表时就显得比较麻烦，所以一些单位常常希望将报表中的数据货币单位由"元"改为"千元"或"万元"，以方便阅读。这时报表上原来的数据平衡关系就可能被破坏，因此需要重新进行调整，使之保持数据间的平衡关系。

例如，原始报表数据平衡关系为 D5 + E5 = F5，在未转换之前，D5 的值为 15237.23，E5 的值为 1543.31，F5 的值为 16780.54，此时该表页是符合平衡关系的。但在转换为"万元"表之后，D5 的值变为 1.52，E5 的值变为 0.15，F5 的值变为 1.68，这时原先的平衡关系被打破，即 1.52 + 0.15 = 1.67 ≠ 1.68。

任务实施

一、设计鹏达公司的利润表

报表格式设计要求如下。

标题"利润表"：黑体小三号。"会企 02 表和单位：元"：宋体四号。表间项目：第一行宋体 14 加粗，其他宋体 14。表尾：仿宋小四。

报表格式设计的操作步骤如下。

（1）首先引入"666 北京鹏达公司"账套，然后以账套主管"李明"的身份登录企业应用平台。

（2）在"业务工作"窗口中单击"财务会计"→"UFO 报表"，打开报表管理系统。

（3）调用"文件"菜单下的"新建"功能，建立一个空白的报表格式。

（4）单击"格式"菜单下的"表尺寸"，在"行数"和"列数"栏分别输入 20 和 4，单击"确认"按钮既可以形成一张只有 20 行 4 列格式的新表，如图 8-2 所示。

（5）选中需要画线的区域，单击"格式"菜单下的"区域画线"，选择"网线"，如图 8-3 所示。

图 8-2 UFO 报表格式

图 8-3 "区域画线"对话框

图 8-4 "组合单元"对话框

（6）选取 A1：D1 区域，单位"格式"菜单下的"组合单元"，在随后弹出的"组合单元"对话框中单击"整体组合"，如图 8-4 所示。将该区域合并成一个整体，输入报表名称"利润表"。

（7）在 A4、B4、C4、D4 单元内分别输入"项目""行次""本月数""本年累计"，

在 A5 单元输入"主营业务收入",其余以此类推。

(8)分别选择标题所在的组合单元 A1:D1、区域 A4:D20,单击"格式"菜单下"单元格属性",弹出"单元格属性"对话框,如图 8-5 所示。选择"字体图案"标签,确认字体为"宋体"字号为"14"。选择"对齐"标签,设置对齐方式"居中"。

(9)分别选择 A3、B3 单元,单击"数据"菜单下的"关键字/设置"项,弹出"设置关键字"对话框,如图 8-6 所示。分别选择"单位名称""年""月",将三个关键字都加入。

至此,一张自定义的利润表格式已经形成,如图 8-7 所示。下一步只要调用报表公式,就可以编制一份完整的利润表了。

图 8-5 "单元格属性"对话框

图 8-6 "设置关键字"对话框

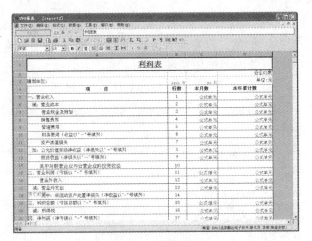

图 8-7 利润表格式

二、设计货币资金表

根据鹏达公司的账套,自定义报表格式,设计如表 8-2 所示的货币资金表。

表 8-2 货币资金表

单位名称:新阳光股份有限公司　　2011 年 1 月 31 日　　单位:元

会计科目	行次	期初数	期末数
库存现金	1		
银行存款	2		
其他货币资金	3		
合计			

制表人:学生本人

1. 报表格式设计

报表格式包括设置表尺寸、定义行高和列宽、区域画线、设置单元格属性、设置单元格风格、定义组合单元格、设置关键字等。

(1) 进入"UFO 报表"窗口，创建一张空白表，单击"格式/数据"切换按钮，进入"格式"操作界面。

(2) 选择"格式"→"表尺寸"选项，打开对话框，设置货币资金表的为行数"8"，列数"4"，单击"确定"按钮。

(3) 选择所有单元，单击"格式"→"行高"选项，进入"行高"对话框，设置货币资金表的行高为"15"，单击"确定"按钮；单击"格式"→"列宽"选项，进入"列宽"对话框，设置货币资金表的列宽为"38"，单击"确定"按钮。

(4) 选择第 1 行，单击"格式"→"组合单元"选项，弹出"组合单元"对话框，选择"整体组合"；以此类推，合并第 2 列、第 8 列；选择"A3：D7"区域，单击"格式"→"区域画线"选项，进入"区域画线"对话框，选择"网线"，单击"确认"按钮。

(5) 输入文字，单击"格式"→"单元属性"选项，进入"单元格属性"对话框，选择"字体图案"标签，设置字体、字号（标题文字设置为黑体，26；其他文字设置为黑体，16）；选择"对齐"标签，设置对齐方式（除第 2、8 行是垂直居下外，其他全部是水平居中、垂直居中），单击"确定"按钮。

(6) 选择第 2 行，单击"数据"→"关键字"→"设置"选项，进入"设置关键字"对话框，选择"单位名称"选项，单击"确定"按钮。以此类推，在依次选择"年""月""日"选项。

(7) 选择第 2 行，单击"数据"→"关键字"→"偏移"选项，进入"定义关键字偏移"对话框，设置"年"为 –150；"月"为 –110；"日"为 –60，单击"确定"按钮，如图 8-8 所示（注：向左偏移为负数，向右偏移为正数）。

(8) 保存报表。执行"文件"→"保存"命令，进入"另存为"对话框，选择保存位置，输入文件名"货币资金表"，选择文件类型为". rep 报表文件"，单击"确定"按钮，如图 8-9 所示。

图 8-8 "定义关键字偏移"对话框

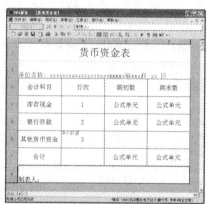

图 8-9 "货币资金表"文件

提示 ① 报表新建时，所有单元的单元属性均默认为"数值"单元。但在格式状态下输入内容后，单元属性则默认为"表样"单元。

② 如果关键字的位置设置错误，可以执行"数据"→"关键字"→"取消"命令，取消后再重新设置。

③ 每张报表可以同时定义多个关键字，但每一个关键字在一张表页中只能定义一次。

④ UFO 报表管理系统共提供了 6 种关键字，它们是"单元名称""单位编号""年""季""月""日"。除此之外，UFO 报表管理系统还增加了一个自定义关键字，当定义名称为"周"和"旬"时有特殊意义，可以用于业务函数中代表取数日期。

⑤ 关键字的显示位置在格式状态下设置，关键字的值则在数据状态下录入，每个报表可以定义多个关键字。

2. 货币资金表公式的定义

（1）进入企业应用平台，进入"UFO 报表"窗口，打开 1 月份已完成格式设计的货币资金表。

（2）单击"格式/数据"切换按钮，进入"格式"状态的操作界面，选择 C4 单元，单击"数据"→"编辑公式"→"单元公式"选项，在打开的对话框中将报表项目"库存现金"的单元公式定义为"QC（"1001"，月,,,,,,,,,）"，如图 8-10 所示。

（3）选择"函数向导"按钮，打开"函数向导"对话框，选择"函数分类"中的"用友账务函数"，选择"函数名"中的"期初（QC）"，单击"下一步"按钮，如图 8-11 所示。

图 8-10 "定义公式"对话框

图 8-11 "函数向导"对话框

（4）在打开的"用友账务函数"对话框中，单击"参照"按钮，如图 8-12 所示。在打开的对话框中依次选择：科目"1001"（库存现金），期间"月"，其他项目默认；单击"确定"按钮，完成账务函数的录入，如图 8-13 所示。以此类推，以此录入 C5、C6、C7、D4、D5、D6、D7 单元公式。

图 8-12 "用友账务函数"对话框图

图 8-13 "账务函数"对话框

提示 账务函数一般在编辑单元公式中运用,在使用编辑单元公式时,可以直接使用函数。如果不愿意记忆一连串的名字、参数、括号等复杂格式,可以使用"函数向导"按钮,在函数向导对话框的指导下一步一步完成函数的设置,其他常用函数也可使用 UFO 报表管理系统的命令和程序编辑输入函数名并直接使用。

 任务2 报表数据处理

 任务解析

通过完成本任务,使学生学会生成报表数据、审核报表数据和舍位平衡操作等工作,数据处理工作必须在数据状态下进行。报表数据处理一般是针对某一特定表页进行的,因此,在数据处理时还要熟练掌握表页的操作,例如表页的增加、删除等。

知识链接

一、报表数据处理

报表数据处理主要包括生成报表数据、审核报表数据和舍位平衡操作等工作。数据处理工作必须在数据状态进行。处理时计算机会根据已定义的单元公式、审核公式和舍位平衡公式自动进行取数、审核及舍位等操作。

报表数据处理一般是针对某一特定的表页进行的,因此在数据处理时还涉及表页的操作,如增加、删除、插入、追加等。

报表的数据包括报表单元的数值和字符,以及游离于单元之外的关键字。数值单元只能生成数字,而字符单元既能生成数字又能生成字符。数值单元和字符单元可以由公式生成,也可以由键盘输入。关键字则必须由键盘输入。

1. 报表数据的生成

报表系统在"格式"状态下定义的表头、表体、表尾以及报表公式等完成后,可以通过单击"格式"按钮,由格式状态转为数据状态,计算机会自动计算出相应报表的数据,生成所需要的报表,或者通过"报表重算功能",也可以生成报表数据。

2. 报表审核

当报表系统处于数据处理状态时,在表页计算执行完毕之后,用鼠标选取"数据"菜单下的"审核"功能,系统将按审核公式逐条审核表内的关系。当报表数据不符合钩稽关系时,显示 MESSAGE 后的信息,记录该提示信息后按任意键继续审核其余的公式。

例如:执行资产负债表的审核,如果发现单元 D39 与 H39 的实际数据不等,则系统会弹出一提示框,提示信息为"期末资产总计不等于期末负债及所有者权益总计"。按照记录的提示信息修改报表数据,重新进行审核,直到不出现任何提示信息为止,此时

则表示该报表各项钩稽关系正确。

每当对报表数据进行修改或重新计算后，都应该进行审核，以保证报表各项钩稽关系正确。

3. 舍位平衡

当本期报表编制完毕，需要对报表进行舍位平衡操作时，可以按照以下要求操作：确保报表处于数据处理状态，用鼠标选取"数据"菜单下的"舍位平衡"项，系统将按照所定义的舍位关系对指定区域的数据进行舍位操作，并按照平衡公式对舍位后的数据进行平衡调整，将舍位平衡后的数据存入指定的新表或他表中。

报表经舍位后，重新调整平衡关系的公式称为舍位平衡公式。其中，进行进位的操作叫做舍位，舍位后调整平衡关系的操作叫平衡调整。当报表数据生成之后，应对报表进行审核，以检查报表各项数据钩稽关系的准确性。

二、表页管理

在现实的会计报表运用过程中，每期的会计报表所依据的报表格式和计算公式基本一致，只是会计期间有所不同而已。为了便于用户的阅读和取数，通常将那些不同期间、相同类型的会计报表叠放在同一报表文件中，形成一个三维表来进行管理。同时，表页数和表页内容会随着会计期间的增加而不断增加。对表页的管理也就构成了日常报表管理的重要内容。

1. 增加表页

在 UFO 报表管理系统中增加表页有插入表页和追加表页两种方式，插入表页是指在当前表页前面增加新的表页；追加表页是指在最后一张表页后边增加新的表页。新增表页操作时在"数据"状态下进行，并自动沿用"格式"状态下设计的报表格式，通过直接录入关键字即可显示报表数据，常用于相同类型，不同期间的会计报表。

2. 表页重算

当完成报表的格式设计并完成关键字的录入之后，便可以计算指定账套并指定报表时间的报表数据。表页重算即按指令重新演算，是在"数据"状态下进行的。

3. 删除表页

删除表页是指将报表文件中的某张或多张表页从报表文件中删除，删除表页的类型有两种：一种是直接输入表页号进行删除；另一种是输入删除条件进行删除。在 UFO 报表管理系统中，删除表页是在"数据"状态下进行，被删除的数据不能恢复。

4. 表页排序

表页排序是指按照一定的规则对报表文件中表页进行排序整理，在"数据"状态下进行，可以按照关键字的值或按报表中任何一个单元的值重新排列表页。

5. 数据透析

在 UFO 报表系统中，正常情况下只能看到一张表页。利用数据透析功能可以对各个表页的数据进行对比分析，把多张表页的多个区域的数据显示在一张报表中。

三、数据汇总

报表数据汇总是指对不同形式的报表数据按要求进行叠加、汇总到一张报表中的过程，可分为表页汇总和可变区汇总两种汇总方式。

1. 表页汇总

表页汇总是把整个报表的数据进行立体方向的叠加，汇总数据可以存放在本报表的最后一张表页或生成一个新的汇总报表。汇总是既可以汇总报表中所有的表页，也可只汇总符合指定条件的表页。

2. 可变区汇总

可变区汇总是指将指定表页的可变区数据进行平面方向的叠加，并把汇总数据存放在本页可变区的最后一行或最后一列上。

四、报表模板

目前 UFO 报表管理系统提供了 33 个行业的标准财务报表模板，包括最新的《现金流量表》，既有自定义模板，又有根据单位的实际需要定制的模板。

最常用的是编制资产负债表和利润表模板。选择任一种报表模板即建立一张标准格式的会计报表。用户可以根据自己的实际情况进行修改，从而最大限度地减轻用户编制报表的工作量。

利用报表模板可以迅速建立一张符合需要的财务报表。另外，对于一些本企业常用的报表模板中没有提供的报表，在自定义完这些报表的版式和公式后，可以将其定义为报表模板，以后可以直接调用。

任务实施

一、生成货币资金表数据

沿用任务 1 中的“货币资金表”，生成货币资金表数据，完成之后以原名保存。操作步骤如下。

货币资金表

单位名称：北京鹏达公司　　2014 年 1 月 30 日

会计科目	行次	期初数	期末数
库存现金	1	10800.00	12800.00
银行存款	2	1000000.00	1012200.00
其他货币资金	3		
合计		1010800.00	1025000.00

制表人：

图 8-14 “货币资金表”数据

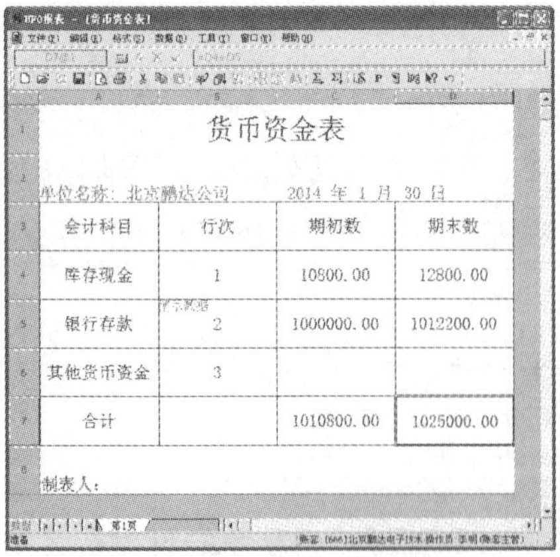

（1）单击“格式 / 数据”按钮，进入“数据”状态，单击“数据”→“关键字”→“录入”选项，进入“录入关键字”对话框，在“单位名称”“年”“月”“日”文本框中依次录入“北京鹏达公司”“2014”“1”“31”。

（2）单击“确定”按钮，系统提示“是否要重算第 1 页”，单击“是”按钮，系统打开计算报表数据，计算完毕，如图 8-14 所示。

（3）保存报表。单击“文件”→“保存”选项，即完成货币资金表的编制。

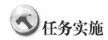

> **提示** 如果在所有的表页中没有本期的报表表页，则需要先在本报表中插入新表页，可以单击"编辑"菜单下的"插入｜表页"功能项，系统提示需要输入"插入的表页数量"，输入为1时，表示只插入一个新表页，单击"确认"按钮，则一张新表页随即被插入此报表中；接着用户需要输入关键字的值，可以调用"数据"菜单下的"关键字｜录入"功能，输入本表页所对应的年、月、日等关键字的值，系统提示"是否重算本表页"，选择"是"按钮，本期的报表既可编制完成。

二、利用报表模板编制资产负债表

（1）进入"UFO报表"窗口，创建一张空表，单击"格式／数据"切换按钮，进入"格式"状态的操作界面。

（2）选择"格式"→"报表模板"选项，打开"报表模板"对话框，选择所在行业为"2007年新会计制度科目"，财务报表为"资产负债表"，如图8-15所示。

（3）单击"确认"按钮，系统弹出"模板格式覆盖本表格式！是否覆盖？"提示对话框，系统调出UFO报表管理系统提供的资产负债表格式（注：若公式有默认，可以自行调整。如本模板中"存货"计算公式有省却，应在公式中调增"生产成本"数据）。

（4）单击"格式／数据"切换按钮，进入"数据"状态。选择关键字所在单元，单击"数据"→"关键字"→"录入"选项，进入"录入关键字"对话框，在"年""月""日"文本框中依次录入"2014""1""31"。

（5）单击"确定"按钮，系统提示"是否要重算第1页"，单击"是"按钮，系统开始计算报表数据，计算完毕后的显示如图8-16所示。

图8-15 "报表模板"对话框

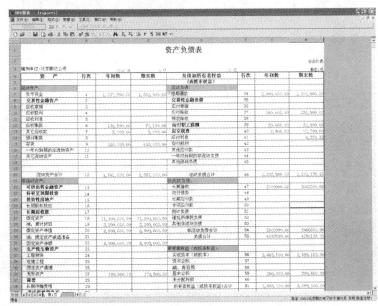

图8-16 "资产负债表"数据窗口

（6）保存报表。单击"文件"→"保存"选项，进入"另存为"对话框，选择保存位置,输入文件名"资产负债表",选择文件类型".rep"(报表文件),或".xls"(Excel 文件),单击"确定"按钮,即完成资产负债表的编制。

三、追加表页方式编制资产负债表

(1)进入"企业应用平台"窗口,启动 UFO 报表管理系统。进入"UFO 报表"窗口,打开 1 月份的资产负债表。

(2)进入"数据"状态的操作界面,选择"编辑"→"追加"→"表页"选项,打开"追加表页"对话框,输入追加表页数"1",单击"确认"按钮。

(3)打开"第 2 页"表页,选择关键字所在单元,单击"格式"→"关键字"→"录入"选项,进入"录入关键字"对话框,在"年""月""日"文本框中依次录入"2014""2""28"。

(4)单击"确定"按钮,系统提示"是否要重算第 2 页",单击"是"按钮,系统开始计算报表数据,计算完毕,显示 2 月的数据。

(5)保存报表。单击"文件"→"保存"选项。

提示 ① 根据报表模板编制报表时,若公式有默认,可以自行调整。若在基础档案设置中有新增会计科目,则必须修改报表公式,在对应项目的报表公式中添加新增会计科目编码,以确保报表数据的正确性。

② 每月编制报表前首先应将当月业务处理完毕(既包括日常业务的处理也包括期末摊、提、结转业务的处理并结转),编制季度和年度报表也应按此原则处理。

四、对资产负债表进行报表审核和舍位平衡的操作

1. 报表审核

(1)在格式状态下选中 D42,单击"数据"菜单中的"编辑公式/审核公式",系统弹出"审核公式"对话框。

(2)在公式编辑框中输入"D42=H42 MESS 期末资产总计不等于期末负债及所有者权益总计!"(资产期末数的单元为 D42,负债及所有者权益期末合计数的单元为 H42),单击"确定"按钮,即可以完成 D42 单元格审核公式定义,如图 8-17 所示。

(3)单击状态栏上的"数据"菜单返回到数据状态,调用"数据"菜单下的"审核"选项,系统弹出提示窗口。如果屏幕下显示"审核正确"字样,说明审核通过;否则显示如图 8-18 所示的内容,说明需要进一步调整账务数据重新审核。

图 8-17 "审核公式"对话框

图 8-18 审核未通过提示信息

2. 舍位平衡

（1）在报表处于格式设计状态时，调用"数据"菜单下的"编辑公式/舍位公式"功能进入到"舍位平衡公式"对话框，如图8-19所示。

（2）菜单状态栏上的"数据"返回到数据状态，调用"数据"菜单下的"舍位平衡"系统返回到报表数据窗口，屏幕上显示舍位平衡之后的数据。

图8-19 "舍位平衡公式"对话框

（3）舍位平衡公式编辑完毕，检查无误后单击"完成"按钮，系统将保存此次舍位平衡公式的设置，按Esc键或单击"取消"按钮将放弃此次操作。

 提示 ①"舍位平衡公式"界面中的"舍位表名"是指舍位后报表的名称，它和当前报表文件名不能相同，存放地点默认在当前目录下；"舍位范围"是指需要进行舍位的区域；"舍位位数"可输入1~8位，舍位位数为1时，区域中的数据除以10，舍位位数为2时，区域中的数据除以100，以此类推；"平衡公式"是指舍位后有关项目间的平衡关系。

②舍位平衡公式按如下规则书写。

- 倒序写，首先写最终运算结算，然后一步一步向前推。
- 每个公式一行，各公式之间用逗号隔开，最后一个公式后不用写逗号。
- 公式中只能使用"+"或"-"符号，不能使用其他运算符号及函数。
- 等号左边只能为一个单元（不带页号和表名）。
- 一个单元只允许在等号右边出现一次。

任务3 会计报表输出

 任务解析

通过完成本任务，使学生了解会计报表输出的基本方式有哪些，熟练掌握会计报表输出的具体操作流程，包括屏幕查询、网络传送、打印输出和磁盘输出等形式。学会正确输出会计报表的具体操作。

知识链接

一、报表输出

报表输出一般有报表查询、打印输出、网络传送等形式。

报表屏幕输出和打印，输出时可以针对报表格式输出，也可以针对某一特定表页输出。输出报表格式须在格式状态下操作，而输出表格须在数据状态下操作，输出表页时，格式和报表数据一起输出。

输出表页数据时会涉及表页的相关操作,例如,表页排序、查找、透视等。屏幕输出时可以对报表的显示风格、显示比例加以设置。打印报表之前可以在预览窗口预览,打印时还可以进行页面设置和打印设置等操作。

1. 报表查询

报表查询是报表系统应用的一项重要工作。在报表系统中,可以对当前正在编制的报表予以查询,也可以对历史的报表进行迅速的查询。在进行报表查询时,一般以整张报表页的形式输出,也可以将多张表页的局部内容同时输出,后者称为表页的透视。查找表页可以以某关键字或某单元为查询依据。

2. 打印输出

打印报表是指将编制出来的报表以纸介质的形式表现出来。打印输出是将报表进行保存、报送有关部门不可缺少的一种报表输出方式。但在打印之前必须在报表系统中做好打印的有关设置,以及报表打印的格式设置。并确认打印机已经与主机正常连接,打印报表之前可以在预览窗口进行预览。

3. 网络传送

网络传送方式是通过计算机网络将各种报表从一个工作站传递到另一个或几个工作站的传输方式。使用计算机网络进行报表传输,可在各自的计算机上方便、快捷地查看相关报表,这样大大提高了会计数据的时效性和准确性,又有很好的安全性,并且可以节省报表报送部门大量的人力、物力和财力。随着计算机网络的日益普及、网络传输方式的优势越来越明显,正在逐步取代其他方式的传输。

将报表生成网页 HTML 文件,可以把报表发布在企业内部网或互联网上,实现数据共享。

二、图表功能

报表数据生成之后,为了对报表数据进行直观的分析和了解,方便对数据的对比、趋势和结构分析,可以利用图形对数据进行显示,使用户能够直观地得到数据的大小或变化情况。UFO 报表管理系统提供了直方图、圆饼图、折线图、面积图等 4 大类共 10 种格式的图表。图表是利用报表文件中的数据生成的,可以在图表窗口只以图表的形式存在,也可以以对象的方式插入到报表中。只有打开报表文件后,才能打开有关的图表。因此,它的存在依附于源数据所在的报表文件。

图表是利用报表文件中的数据生成的,图表与报表数据存在着密切的联系,报表数据发生变化时,图表也随之变化,报表数据删除后,图表也随之消失。

◆ 任务实施

沿用任务 2 生成数据的"货币资金表",进行图表处理。操作步骤如下。

(1) 单击"格式/数据"切换按钮,进入"格式"状态的操作界面,单击"编辑"→"追加"→"行"选项,打开"追加行"对话框,输入追加行数量"15",单击"确定"按钮。

(2) 单击"格式/数据"切换按钮,进入"数据"状态的操作界面,选项选择

A3：D7 区域，单击"工具"→"插入图表对象"选项，打开"区域作图"对话框，选择"立体成组直方图"，单击"确认"按钮，如图 8-20 所示。

（3）保存报表。单击"文件"→"另存为"选项，进入"另存为"对话框，选择保存位置，输入文件名"货币资金表–图表"，选择文件类型".rep"，单击"确定"按钮，如图 8-21 所示。

图 8-20 "区域作图"对话框

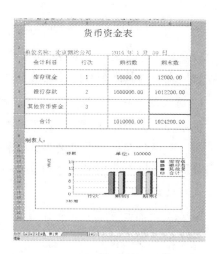

图 8-21 "货币资金表-图表"文件

 提示 创建图表的基本步骤如下所示：选择创建图表所需要的数据→插入图表对象，选择图形类型→根据系统提示生成报表。

任务4 现金流量表编制

 任务解析

本任务主要是理解编制现金流量表的目的和作用，掌握现金流量表的编制方法，即学会使用项目核算法和项目辅助核算法，并理解两种编制方法的区别。

 知识链接

现金流量是某一段时期内企业现金流入和流出的数量。现金流量表是反映企业在一定会计期间现金和现金等价物流入和流出的报表。它是以现金为基础编制的财务状况变动表。

一、现金流量表的编制目的

现金流量表中的"现金"是由库存现金、银行存款、其他货币资金和现金等价物几部分组成。编制现金流量表的目的，是为了向会计报表使用者提供企业一定期间内现金流入和流出的信息，便于报表使用者了解和评价企业获取现金的能力，并据以预测企业未来的现金流量，为其决策提供有力的依据。

现金流量表完全以现金的收支为基础，是对资产负债表和利润表的重要补充，为报表使用者的决策提供更为有用的现金信息。

二、现金流量表的编制方法

现金流量表反映的是企业一定时期内现金和现金等价物流入和流出的信息，是以现金收付实现制为基础编制的，目前在用友软件中编制现金流量表主要有以下两种方法。

1. 通过项目档案中设置项目辅助核算

把现金、银行存款、其他货币资金三个科目都设为项目核算→在项目档案中增加项目大类、项目分类、项目目录→进行相关的设置→填制凭证，输入相关项目的数据→到项目辅助账模块查询相关项目的数据→在 UFO 报表系统中编制公式取三个科目对应项目的发生合计数。

2. 在会计科目中指定现金流量科目

具体操作方法如下。

（1）设置现金流量科目。设置现金流量科目的目的就是告诉计算机系统，哪些科目是与现金流量有关的科目，以便于系统在数据处理时正确地归集。其设置的基本过程为：启动基础设置中的"会计科目"设置窗口，选择"编辑"菜单中"指定科目"级联菜单，在弹出的"指定科目"窗口中将现金、银行存款和其他货币资金指定为现金流量科目，需要注意的是，所能指定的现金流量科目必须是最末级科目。

（2）设置现金流量科目控制选项。在凭证填制时如何保证与现金流量表有关的经济业务能够正确地录入现金流量项目，需要对凭证填制设置控制选项。其基本设置方法为：启动总账设置中的"选项"窗口，在"凭证控制"中选中"现金流量科目必录现金流量项目"选项，这样在填制凭证涉及现金流量科目时必须将信息录入到现金流量项目中，否则凭证不能保存，这样就避免了数据信息的遗漏。

（3）修改现金流量项目。在用友财务软件项目档案中内设了现金流量项目，但其所设内容仅从现金流量表项目的角度进行了设置，未能有效地考虑到现金流量业务的实际特点，并不能满足业务处理的要求，如发生从银行提取现金或将现金存入银行的业务，在填制凭证时将无法正确向现金流量项目进行归集，因此必须增加一项现金内部变动的项目来归集这类业务，具体增加内容为：增加项目分类"06 非现金流量"，增加项目目录"23 非现金流量"。

（4）凭证填制。在凭证填制时，涉及现金流量科目时，必须将现金流量信息正确地记录到现金流量项目中，这样可将现金流量的归集处理工作分解到日常凭证填制中，可以有效地减轻期末业务的工作量。

为方便录入，可以在"项目档案"→"项目目录"→"维护"中"指定现金流量取数关系"，就是指录入凭证时依据凭证中的科目及金额方向自动获取现金流量项目。

在凭证填制时，将现金流量录入现金流量项目后，就可以通过系统提供的查询功能随时了解现金流量的变化,系统提供了两种查询方式,一是"现金流量明细表"查询,这种查询能够显示每笔业务的现金流量和每一现金流量项目的累计现金流量;另一种是"现金流量统计表"查询,这种查询按现金流量表结构方式显示选定期间的现金流量情况。查询时可选择"包含未记账凭证",这样不论是否记账均可查询现金流量,极大地方便了用户对信息的需求。

(5)UFO现金流量表定义。在完成上述设置后,就可以启用用友 UFO 报表管理系统来编制现金流量表,UFO 报表系统提供了现金流量表模板,但该模板考虑现金流量表编制方法的不同,并未给出取数公式,需要用户自行定义。在这里可以应用用友账务函数中的现金流量项目函数来定义取数公式,该函数的基本格式为:XJLL([〈起始日期〉,〈截止日期〉],〈方向〉,〈项目编码〉,[〈账套号〉],[〈会计年度〉],[〈是否包含未记账〉],[〈会计期间〉])。

在定义公式时,考虑到现金流量表编制的灵活性,"起始日期""截止日期""账套号""会计年度"均采用默认值,而"会计期间"将其设置为"月",目的是可实现月度现金流量表的编制,将"是否包含未记账凭证"设定为包含未记账凭证,即"y",这样可满足现金流量表随时编制的要求。

3. 第二种方法的优点

在会计科目中指定现金流量科目日常操作使用更加简单。如取现业务无须录入现金流量,可以指定现金流量取数关系,UFO 报表公式编制可以利用现金流量函数;首次建账初始设置更加简单。

任务实施

使用项目核算方法编制现金流量表的具体操作如下。

一、基础设置

1. 指定现金流量科目

只有指定了现金流量科目,系统才会判断哪些科目发生的金额是需要记入现金流量表中。

(1)执行"基础设置"→"基础档案"→"财务"→"会计科目"命令,进入"会计科目"窗口中,单击"编辑"菜单中的"指定科目",如图 8-22 所示。

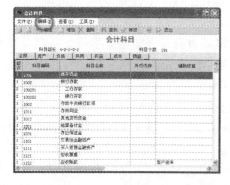

图 8-22 "会计科目"窗口

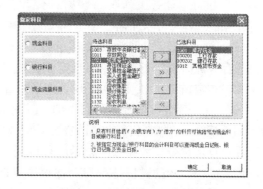

图 8-23 "指定科目"对话框

(2)选择"现金流量科目",在待选科目列表中双击需要进行现金流量分配的科目(如"库存现金""银行存款"等现金科目、银行科目和"其他货币资金"等现金等价物科目),或是单击">"按钮,使之出现在已选科目列表中,单击"确定"按钮完成,如图8-23所示。

2. 设置现金流量项目

系统根据建账时选择的行业类型内置了现金流量项目,但是也提供新增、修改、删除功能,允许客户在此基础上进行现金流量项目的设置。

(1)执行"基础设置"→"基础档案"→"财务"→"项目目录"命令,进入"项目档案"对话框。在"项目大类"处选择"现金流量项目",选择"项目目录"标签,单击"维护"按钮,如图8-24所示。

图8-24 "项目档案"对话框

(2)进入到项目目录维护界面。可以使用"增加""删除"按钮对项目进行维护。除此之外,还可以进行科目和现金流量项目关系的定义,定义好关系后,填制凭证时系统自动按此关系分配现金流量,不需另外进行手工选择。先选择相应的项目记录,然后再点击"定义取数关系"按钮,弹出定义取数关系对话框。单击"增加"按钮后增加一行记录,取数方式只有"取凭证数"唯一的一种,数据源处填入相应的科目内容,选择金额方向,如果有几个科目相应增加几行记录,完成后单击"确定"按钮退出,如图8-25所示。

3. 与现金流量有关选项设置

(1)执行"业务工作"→"财务会计"→"总账"→"设置"→"选项"命令,打开总账的"选项"对话框,如图8-26所示。

(2)在"凭证"标签下,如果选择"现金流量科目必录现金流量项目"选项,则系统在保存凭证时会检查是否录入现金流量项目;如果没有录入,则系统会自动弹出现金流量项目指定窗口,必须录入了现金流量项目后才允许保存凭证。

(3)在"现金流量参照科目"选项卡中可选择"现金流量科目"和"对方科目"项,如凭证为,借:现金1001,贷:其他业务收入6051。当选择了"现金流量科目"时,在进行流量分配的界面中显示的科目是1001。当选择了"对方科目",在进行流量分配的界面中显示的科目是6051。建议平时选择"对方科目",这样有利于定义科目和现金流量项目的对应关系,并自动按此关系分配现金流量。

图 8-25 "定义取数关系"对话框

图 8-26 "选项"设置对话框

二、凭证指定

1. 凭证中的现金流量项目指定

进行完基础设置后,在制作每张凭证时需要进行现金流量的指定。

(1) 在输入凭证分录后,单击"流量"按钮,弹出现金流量录入界面进行分配。

(2) 直接单击保存按钮,如果事先进行了取数关系定义,那么系统自动填入现金流量项目,没有任何提示;如果没有事先进行取数关系定义,那么系统会弹出现金流量录入界面要求用户进行分配。

2. 修改已指定的现金流量项目

财务费用下的利息收入,其金额为借方红字,系统自动分配的是现金流出的负数,需要将其修改为现金流入的正数。

执行"业务工作"→"财务会计"→"总账"→"设置"→"选项"命令,将"现金流量参照科目"选项改为"现金流量科目"后,再在凭证录入界面中调出该张凭证,单击"流量"按钮进入现金流量录入修改界面。单击"删除"按钮,将原分配记录删除后,再点击"增加"按钮,手工去分配该张凭证的流量,分配完成后单击"确定"按钮退出(也可在"现金流量查询及修改"界面进行修改)。修改完成后再将"现金流量参照科目"选项改为"对方科目",如图 8-27 所示。

图 8-27 凭证"现金流量录入修改"对话框

三、期初录入

当年中启用时，如果需要现金流量查询表中提供当前年度，且启用日期之前的现金流量数据，就需要将现金流量启用日期之前的累计数在此补录。

执行"业务工作"→"财务会计"→"总账"→"现金流量表"→"期初录入"命令，进入"现金流量期初录入"窗口，如图 8-28 所示。具体操作步骤如下。

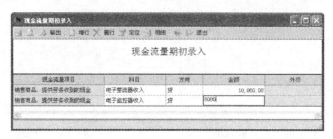

图 8-28 "现金流量期初录入"窗口

（1）用鼠标单击"增加"按钮，屏幕增加一条新的期初明细，可顺序输入各项内容。

（2）如果需要修改某个数据，将光标移到要进行修改的数据上，直接输入正确数据即可。

（3）要删除某一期初明细时，将光标移到要删除的期初明细上，单击"删除"按钮，经确认后即可。

（4）在输入现金流量项目、科目时，按按钮或 F2 可参照输入，也可手工直接录入。

（5）当单击"明细"进行录入时，其金额、外币、数量由"明细"窗口中录入的金额、外币、数量汇总值计算得出。

（6）当不需要针对当前现金流量项目跟踪科目及辅助项时，则科目可以不必录入。

（7）系统默认期初数据录入的日期为系统登录日期，作为现金流量明细表查询中期初数据的日期显示。

四、现金流量查询

1. 现金流量凭证查询

执行"业务工作"→"财务会计"→"总账"→"现金流量表"→"现金流量凭证查询"命令，选择"现金流量查询及修改"标签，如图 8-29 所示。

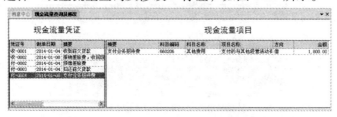

图 8-29 "现金流量查询及修改"窗口

使用本功能可以按照已记账、未记账和全部凭证，或按已填流量项目、未填流量项目等不同的查询范围查看现金流量凭证。并可以对已分配的现金流量进行修改。左边显示现金流量凭证表，右边显示与左边凭证对应的现金流量项目。在左边的现金流量凭证表中选择要修改的现金流量凭证，单击“修改”按钮显示“现金流量表修改”窗口，在窗口提示中修改。

2. 现金流量明细表

执行“业务工作”→“财务会计”→“总账”→“现金流量表”→“现金流量明细表”命令，进入“现金流量明细表”窗口，如图8-30所示。

3. 现金流量统计表

执行“业务工作”→“财务会计”→“总账”→“现金流量表”→“现金流量统计表”命令，进入“现金流量统计表”窗口，如图8-31所示。

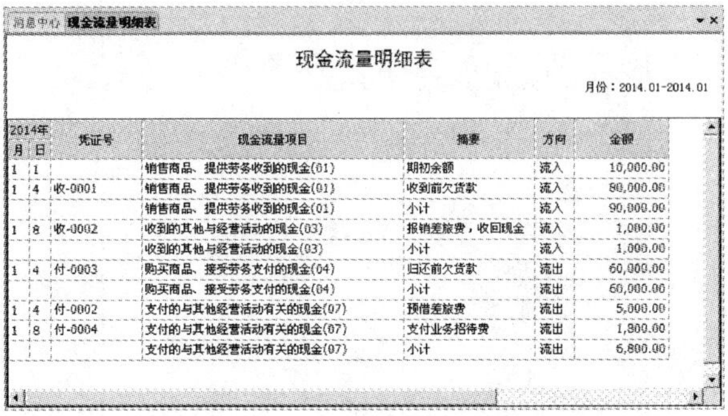

2014年 月	日	凭证号	现金流量项目	摘要	方向	金额
1	1		销售商品、提供劳务收到的现金(01)	期初余额	流入	10,000.00
1	4	收-0001	销售商品、提供劳务收到的现金(01)	收到前欠货款	流入	80,000.00
			销售商品、提供劳务收到的现金(01)	小计	流入	90,000.00
1	8	收-0002	收到的其他与经营活动的现金(03)	报销差旅费，收回现金	流入	1,000.00
			收到的其他与经营活动的现金(03)	小计	流入	1,000.00
1	4	付-0003	购买商品、接受劳务支付的现金(04)	归还前欠货款	流出	60,000.00
			购买商品、接受劳务支付的现金(04)	小计	流出	60,000.00
1	4	付-0002	支付的与其他经营活动有关的现金(07)	预借差旅费	流出	5,000.00
1	8	付-0004	支付的与其他经营活动有关的现金(07)	支付业务招待费	流出	1,800.00
			支付的与其他经营活动有关的现金(07)	小计	流出	6,800.00

图8-30 “现金流量明细表”窗口

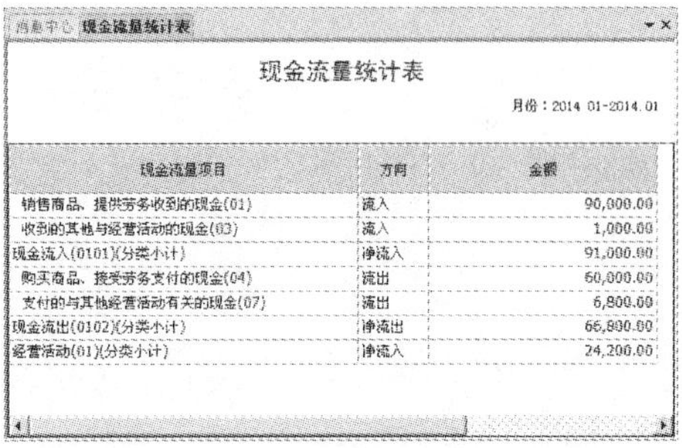

现金流量项目	方向	金额
销售商品、提供劳务收到的现金(01)	流入	90,000.00
收到的其他与经营活动的现金(03)	流入	1,000.00
现金流入(0101)(分类小计)	净流入	91,000.00
购买商品、接受劳务支付的现金(04)	流出	60,000.00
支付的与其他经营活动有关的现金(07)	流出	6,800.00
现金流出(0102)(分类小计)	净流出	66,800.00
经营活动(01)(分类小计)	净流入	24,200.00

图8-31 “现金流量统计表”窗口

五、制作现金流量表

执行“业务工作”→“财务会计”→“UFO报表”命令，进入UFO报表系统。单击新建按钮新建一张空白报表，单击“格式”菜单下的“报表模板”，弹出模板选择界面。选择“2007年新会计制度科目”和“现金流量表”。

单击“确定”按钮完成模板的选择，生成“现金流量表”文件，如图8-32所示。

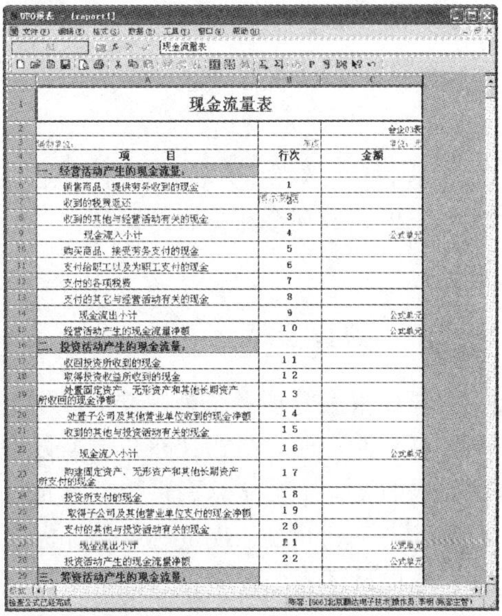

图8-32 “现金流量表”文件

单击C列中未设置公司的单元格，进行公式设置。例如，选中C6，再单击工具栏上的按钮，弹出公式向导界面。单击“函数向导”按钮，弹出函数向导界面。在左边的函数分类中选择“用友账务函数”，右边的函数名中选择“现金流量项目累计金额”或“现金流量项目金额”，双击该函数名，弹出账务函数录入界面。

会计期间有"月""季""年"的选择，根据所做报表期间不同进行选择，注意流入、流出方向，选择相应的现金流量项目编码，单击"确认"按钮后退出，如图 8-33 所示。

公式已生成，单击"确认"按钮退出。

在报表中进行时间关键字的设置，并将编制单位填写完整。单击报表左下角的"格式"两字，将报表从格式状态转换为"数据"状态。单击"数据"菜单下的"关键字"下的"录入"，进行年、月的录入。录入完后单击"确认"按钮退出，系统提示"是否重算第*页"，单击"是"按钮，重算后得出该月份的现金流量金额，如图 8-34 所示。

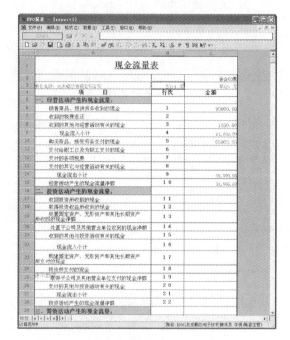

图 8-33　报表单元格"定义公式"对话框　　　图 8-34　"现金流量表"报表

单击 ![按钮] 按钮，系统弹出路径选择界面，选择相应的路径，输入文件名，单击"另存为"即完成现金流量表的制作。

【项目总结】

UFO 报表管理系统是用友 ERP-U8 会计软件中相对独立的表格式数据处理系统，主要具有文件管理、格式管理、数据处理、图表管理和打印输出等功能。实现通过报表取数公式的设置直接从总账系统和其他业务系统中自动提取数据，能方便、快捷地完成资产负债表、利润表、现金流量表等标准类报表的编制任务。

本项目任务主要学习了自定义报表及常用资产负债表、利润表、现金流量表的编制方法。其中，着重介绍了如何利用报表模板编制会计报表及报表公式的编辑。特别强调，会计报表数据的正确与否，关键在于报表公式的设置和关键字应用。

项目8 会计报表编制

通过本项目训练，可理解 UFO 报表管理系统完成会计报表编制的工作内容及操作流程，掌握利用 UFO 报表管理系统完成企业常用报表编制的操作技能。

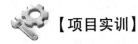

【项目实训】

实训十二 编制一张货币资金报表

1. 资料

表尺寸为 8 行 4 列：第 1 行行高为 8mm，第 2～7 行行高 6mm。A 列、C 列、D 列列宽为 30mm，B 列列宽为 20mm；单元 A1：D1 为一个组合单元；A8：D8 为一个组合单元。关键字 1："单位名称"放在 A2 单元，"制表日期"放在 A7 单元；关键字 2："年"放在 B7 单元；关键字 3："月"放在 C7 单元；关键字 4："日"放在 D7 单元。

表样文字为：货币资金表（A1 单元）、项目（A3 单元）、行次（B3 单元）、期初数（C3 单元）、期末数（D3 单元）、现金（A4 单元）、1（B4 单元）、银行存款（A5 单元）、2（B5 单元）、合计（A6 单元）、3（B6 单元）、制表人（A8 单元）。

2. 要求

（1）在草纸上绘制一张如上要求的资金报表，以便形成一个整体认识。然后调用 UFO 报表管理系统，按上述要求进行编制，并录入相关的单元公式。

（2）字体、字号自行选择，以美观大方为准。

（3）账套初始选择"2014 年的 666 账套"，"单位名称"栏录入为"百灵电子技术有限公司"。

（4）重算报表数据，并保存报表文件，名称为"百灵电子资金表"。

实训十三 利用报表模板编制"资产负债表"和"利润表"

1. 资料

使用项目 3 的技能实训资料。

2. 要求

（1）在完成项目 3 的"168"账套的操作之后，调用股份制行业的资产负债表模板，编制"111"账套 2014 年 1 月 31 日的"资产负债表"。

（2）调用股份制行业的利润表模板，编制"168"账套 2014 年 1 月 31 日的"利润表"。

实训十四 自定义利润表

如表 8-3 所示，生成 2014 年 1 月的利润表。要求：
（1）将表题"利润表"设置为"黑体、22 号、居中"。
（2）编制单位和年、月应设为关键字。
（3）表体中文字设置为"宋体、12 号"。
（4）将所生成的利润表保存出来，命名为"（学生姓名）利润表.rep"。

表 8-3 利润表

企业 02 表

编制单位：　　　　　　　　　　　　　　年　　月　　　　　　　　　　　　　单位：元

项目	本期金额	上期金额
一、营业收入		
减：营业成本		
营业税金及附加		
销售费用		
管理费用		
财务费用		
资产减值损失		
加：公允价值变动收益		
投资收益		
二、营业利润		
加：营业外收入		
减：营业外支出		
三、利润总额		
减：所得税费用		
四、净利润		

会计软件综合实训项目

实训要求：百家电器有限公司为中型商业，公司决定于2014年12月1日起实施会计信息化，请根据企业给定的基本信息和业务资料，采用用友ERP-U8（V8.72）软件进行会计业务处理，试进行系统初始设置、日常业务处理和期末业务处理，并编制会计报表。

第一部分 企业基本信息

一、企业概况

企业名称：百家电器有限公司（以下简称"百家电器"）
地址：北京市中关村66号
邮编：100001
法定代表人：韩大伟
联系电话和传真均为：01036547555
纳税人识别号：011345783927911
企业开户银行：中国工商银行北京支行，账号：32401202198321

二、企业采用的会计政策和核算方法

1. 流动资产核算部分

（1）公司会计核算以人民币为记账本位币。
（2）公司库存现金限额为5 000元。
（3）交易性金融资产按照取得时的公允价值作为初始确认金额，相关交易费用在发生时计入当期损益。在资产负债表日，交易性金融资产按照公允价值进行后续计量且不扣除将来处置该金融资产时可能发生的交易费用，交易性金融资产的公允价值变动计入当期损益。
（4）周转材料采用实际成本计价核算，摊销采用一次转销法。
（5）库存商品的收发按实际成本计价核算，发出库存商品的实际单位成本按全月一次加权平均法计算。
（6）期末，存货按成本与可变现净值孰低原则进行计价。如果由于存货毁损、全部或部分陈旧过时或销售价格低于成本等原因，使存货成本高于可变现净值的，则按单个存货项目计提存货跌价损失准备。

2. 非流动资产核算部分

（1）公司采用年限平均法计提固定资产折旧。

（2）公司对使用寿命有限的无形资产，以其成本扣除预计残值后的金额，在预计的使用年限内采用直接法进行摊销。专利权使用寿命10年。

3. 税金及附加核算部分

（1）增值税。公司为增值税的一般纳税人，税率为17%。公司在采购与销售过程中所支付的运费，可根据运输部门的发票，以7%的扣除率计算增值税的进项税额予以扣除。

（2）企业所得税。公司的企业所得税税率为25%。

（3）个人所得税。公司职工应负担的个人所得税由公司代扣代缴。

（4）其他税金及附加。公司营业税税率为5%；城市维护建设税按流转税额的7%计算；教育费附加按流转税额的3%计算。

4. 其他

（1）计算中要求精确到小数点后两位，尾差按业务需要进行调整。

（2）公司执行中华人民共和国财政部制定的《企业会计准则（2007）》。

（3）根据借款合同，公司短期借款、长期借款利息均按月支付。

第二部分　业务资料

一、基本核算

1. 账套信息

（1）账套号：777；账套名称：百家电器有限公司；启用日期：2014年12月1日。

（2）单位信息。单位名称：百家电器有限公司；单位简称：百家电器；纳税人识别号：011345783927911。

（3）核算类型。

企业类型：商业；行业性质：2007新会计制度科目；账套主管：demo；按行业性质预置科目。

基础信息：存货、客户分类、供应商不分类、无外币核算。

编码方案：科目编码4222；部门22；收发类别121；其他采用系统默认。

数据精度：采用系统默认。

2. 设置操作员及权限

设置操作员及权限，见附表1-1。

附表1-1　操作员及权限

操作员编号	操作员姓名	工作职责	系统权限
201	梁得力		账套主管
202	刘二佳	财务主管	公用目录设置、总账管理、薪资管理、固定资产管理、应收账款管理、应付账款管理
203	韩大伟	业务主管	公用目录设置、公共单据、采购管理、销售管理、库存管理、存货核算

3. 系统启用

启用总账、应收、应付、固定资产、薪资、采购、销售、库存、存货，启用日期统一为 2014 年 12 月 1 日。

4. 基础档案

(1) 部门档案,见附表 1-2。

附表 1-2 部门档案

部门编码	部门名称	部门编码	部门名称
01	综合管理部	0401	销售一部
02	财务部	0402	销售二部
03	采购部	05	仓管部
04	销售部		

(2) 人员类别,见附表 1-3。

附表 1-3 人员类别

分类编码	分类名称
1001	管理人员
1002	行政人员
1003	销售人员
1004	采购人员
1005	仓储人员

(3) 人员档案,见附表 1-4。

附表 1-4 人员档案

人员编号	人员姓名	性别	行政部门	人员类别	是否业务员
001	韩大伟	男	综合管理部	管理人员	是
002	刘小倩	女	综合管理部	行政人员	是
003	梁得力	女	财务部	管理人员	是
004	刘二佳	女	财务部	行政人员	是
005	刘小伟	男	采购部	采购人员	是
006	薄小乐	男	采购部	采购人员	是
007	金明	男	销售部	销售人员	是
008	张小天	男	销售部	销售人员	是
009	李文革	男	销售部	销售人员	是
010	战霄霄	男	销售部	销售人员	是
011	陈默	男	仓管部	管理人员	是

(4) 地区分类,见附表 1-5。

附表 1-5 地区分类

分类编码	分类名称
01	北方
02	南方

(5) 客户分类,见附表1-6。

附表1-6 客户分类

分类编码	分类名称
01	批发商
02	代理商
03	零散客户

(6) 客户档案,见附表1-7。

附表1-7 客户档案

客户编号	客户简称	所属分类码	所属地区	税号	开户银行	银行账号	分管部门	分管业务员
0101	白天鹅电器	01	02	110100123456789	工行海淀支行	11007654321	销售部	金明
0102	小商电器公司	01	01	110200123456789	建行海淀支行	21007654321	销售部	张小天
0201	安宁电器公司	02	02	360200123456789	中行海淀支行	36007654321	销售部	金明
0202	家美电器公司	02	02	210200123456789	建行白塔支行	21006654322	销售部	张小天
0301	零散客户	03	01					

(7) 供应商档案,见附表1-8。

附表1-8 供应商档案

供应商编号	供应商简称	所属地区	税号	开户银行	银行账号	分管部门	分管业务员
001	东北物资公司	01	560200123456789	工行城建支行	21021234567	采购部	刘小伟
002	广州电器公司	02	560100123456789	中行广州支行	41021234567	采购部	薄小乐
003	九洲电器公司	01	340200123456789	建行北京支行	34021234567	采购部	刘小伟

(8) 存货分类及存货档案设置。

① 计量单位,01:台,无换算率,见附表1-9。

附表1-9 计量单位

计量单位编号	计量单位名称	计量单位组编号	换算率
01	台	01	无换算率

② 存货分类和存货档案，见附表1-10。

附表1-10　存货分类和存货档案

存货分类	存货编码	存货名称	计量单位	属性
01 库存商品	0001	抽油烟机	台	外购、内销
	0002	炉灶	台	外购、内销
	0003	微波炉	台	外购、内销
02 劳务类	001	运输费	元	外购、应税劳务

（9）结算方式，见附表1-11。

附表1-11　结算方式

编号	结算名称
1	现金支票
2	转账支票
3	商业承兑汇票
4	银行承兑汇票

（10）银行档案，银行编码：05；银行名称：中国工商银行北京支行；账号长度：14位。

（11）本单位开户银行，见附表1-12。

附表1-12　开户银行

编号	银行账号	开户银行
001	32401202198321	中国工商银行北京支行

（12）凭证类别，采用记账凭证方式。

（13）仓库档案，见附表1-13。

附表1-13　仓库档案

仓库编码	仓库名称	计价方式	是否货位管理
01	厨房家电库	移动平均法	否

（14）收发类别，见附表1-14。

附表1-14　收发类别

一级编码及名称	二级编码及名称	一级编码及名称	二级编码及名称
1　入库	101　采购入库	2　出库	201　销售出库
	102　采购退货		202　销售退货
	103　盘盈入库		203　盘亏出库
	104　调拨入库		204　调拨出库
	105　产成品入库		205　领料出库
	106　其他入库		206　其他出库

（15）采购类型和销售类型，见附表1-15。

附表1-15　采购和销售类型

采购类型	名称	出入库类别	销售类型	名称	出入库类别
	01 厂家进货	采购入库		01 批发零售	销售出库
	02 代理商进货	采购入库		02 销售退回	销售退货
	03 采购退回	采购退货			

(16) 费用项目，见附表1-16。

附表1-16　费用项目

费用项目编码	费用项目名称	费用项目分类
01	运输费	无分类
04	业务招待费	无分类

(17) 单据格式。

① 在以下单据格式中增加件数、换算率等栏目：采购订单、到货单、采购入库单、材料出库单、销售订单、销售发货单、库存期初。

② 在以下单据格式中增加货位、货位编码等栏目：采购入库单、销售出库单、库存期初。

③ 在以下单据格式中减少单价、金额栏目：库存期初。

5. 各模块系统参数设置

(1) 固定资产，见附表1-17。

附表1-17　固定资产

控制参数	参数设置
折旧信息	本账套计提折旧 折旧方法：平均年限法（一） 折旧汇总分配周期：1个月 当（月初已计提月份＝可使用月份－1）时，将剩余折旧全部提足
编码方式	资产类别编码方式：2112 固定资产编码方式：按"类别编码＋部门编码＋序号"自动编码 卡片序号长度为3
财务接口	与账务系统进行对账 对账科目： 　固定资产对账科目：固定资产（1601） 　累计折旧对账科目：累计折旧（1602）
补充参数	业务发生后立即制单 月末结账前一定要完成制单登账业务 固定资产默认入账科目：1601 累计折旧默认入账科目：1602 减值准备默认入账科目：1603

① 资产类别，见附表1-18。

附表 1-18 资产类别

类别编码	类别名称	使用年限	净残值率	计提属性	折旧方法	卡片样式
01	房屋及建筑物	30	2%	正常计提	平均年限法（一）	通用样式
011	行政楼	30	2%	正常计提	平均年限法（一）	通用样式
012	仓储楼	30	2%	正常计提	平均年限法（一）	通用样式
02	机器设备	10	3%	正常计提	平均年限法（一）	通用样式
03	运输设备	6	4%	正常计提	平均年限法（一）	通用样式
04	办公设备	5	3%	正常计提	平均年限法（一）	通用样式

② 部门及对应折旧科目，见附表 1-19。

附表 1-19 部门及对应折旧科目

部门	对应折旧科目
综合管理部、财务部、采购部	管理费用——折旧费
销售部	销售费用——折旧费
生产一部、生产二部、仓管部	制造费用——折旧费

③ 增减方式的对应入账科目，见附表 1-20。

附表 1-20 增减方式的对应入账科目

增加方式	对应入账科目	减少方式	对应入账科目
直接购入	银行存款—工行北京支行（100201）	出售	固定资产清理（1606）
投资者投入	实收资本（4001）	捐赠转出	固定资产清理（1606）
在建工程转入	在建工程（1604）		

（2）薪资系统。

① 工资类别：多个工资类别。

② 从工资中代扣个人所得税。

③ 工资类别设置，见附表 1-21。

附表 1-21 工资类别设置

类别编码	类别名称
001	在职人员
002	退休人员

工资类别为"在职人员"和"退休人员"，并且在职人员分布在各个部门，而退休人员只属于综合管理部门。

④ "在职人员"需增加的工资项目，见附表 1-22。

附表 1-22 "在职人员"增加的工资项目

工资项目名称	类型	长度	小数	增减项
基本工资	数字	8	2	增项
职务补贴	数字	8	2	增项
津贴	数字	8	2	增项
交通补贴	数字	8	2	增项

续表

工资项目名称	类型	长度	小数	增减项
医疗保险	数字	8	2	减项
养老保险	数字	8	2	减项
缺勤扣款	数字	8	2	减项
缺勤天数	数字	8	2	其他

⑤ 银行名称为"商业银行"。账号长度为 14 位，录入时自动带出的账号长度为 8 位。

⑥ 在职人员档案，见附表 1-23。

附表 1-23　在职人员档案

人员编号	人员姓名	性别	行政部门	人员类别	银行账号
001	韩大伟	男	综合管理部	管理人员	10011020088001
002	刘小倩	女	综合管理部	行政人员	10011020088002
003	梁得力	女	财务部	管理人员	10011020088003
004	刘二佳	女	财务部	行政人员	10011020088004
005	刘小伟	男	采购部	采购人员	10011020088005
006	薄小乐	男	采购部	采购人员	10011020088006
007	金明	男	销售部	销售人员	10011020088007
008	张小天	男	销售部	销售人员	10011020088008
009	李文革	男	销售部	销售人员	10011020088009
010	战霄霄	男	销售部	销售人员	10011020088010
011	陈默	男	仓管部	管理人员	10011020088011

（3）设置采购管理系统参数。

① 允许超订单到货及入库。

② 专用发票默认税率为 17%。

（4）设置库存管理系统参数。

① 有组装拆卸业务。

② 有委托代销业务。

③ 由库存生成销售出库单。

④ 不允许超可用量出库。

⑤ 出入库检查可用量。

⑥ 有最高最低库存控制。

⑦ 其他设置由系统默认。

（5）设置存货核算系统参数。

① 核算方式：按仓库核算。

② 暂估方式：单到回冲。

③ 销售成本核算方式：按销售发票。

④ 委托代销成本核算方式：按普通销核算。

⑤ 零出库成本按手工输入。

⑥ 结算单价与暂估单价不一致时需要调整出库成本。
⑦ 其他设置由系统默认。
存货科目设置，见附表 1-24。

附表 1-24　存货科目设置

仓库名称	存货科目
厨房家电库	库存商品

（6）销售管理系统参数。
① 有委托代销业务。
② 有零售日报业务。
③ 报价不含税。
④ 新增发货单参照订单生成。
⑤ 新增退货单参照发货、新增发票参照发货单生成。
⑥ 其他设置由系统默认。
（7）应收账款管理系统参数设置和初始设置。
① 应收系统选项，见附表 1-25。

附表 1-25　应收系统选项

项目	参数	项目	参数
应收账款核销方式	按单据	单据审核日期依据	单据日期
控制科目依据	按客户	受控科目制单方式	明细到单据
产品销售科目依据	按存货	坏账处理方式	应收账款余额百分比法

② 初始设置。
基本科目设置，应收科目：应收账款；预收科目：预收账款；销售收入：主营业务收入；税金科目：销项税额；银行承兑科目：应收票据；商业承兑科目：应收票据。
控制科目设置：按客户设置；产品科目设置：按商品设置。
（8）应付系统参数设置和初始设置。
① 应付系统选项，见附表 1-26。

附表 1-26　应付系统选项

项目	参数	项目	参数
应付账款核销方式	按单据	单据审核日期依据	单据日期
控制科目依据	按供应商	受控科目制单方式	明细到单据
采购科目依据	按存货	汇总损益方式	月末处理

② 初始设置。
基本科目设置，应付科目：应付账款；预付科目：预付账款；采购科目：原材料；采购税金：进项税额；银行承兑科目：应付票据；商业承兑科目：应付票据。
结算方式科目设置：现金支票、转账支票科目为银行存款。

二、会计科目及期初余额

（1）会计科目设置情况，见附表 1-27。

附表1-27 会计科目表

科目编码	科目名称	余额方向	计量单位	辅助账类型	账页格式
1001	库存现金	借		日记账	金额式
1002	银行存款	借			金额式
100201	工行存款	借		日记账、银行账	金额式
100202	中行存款	借		日记账、银行账	金额式
1012	其他货币资金	借			金额式
101206	存出投资款	借			金额式
1101	交易性金融资产	借			金额式
1121	应收票据	借			金额式
112101	商业承兑汇票	借		客户往来	金额式
112102	银行承兑汇票	借		客户往来	金额式
1122	应收账款	借		客户往来	金额式
1123	预付账款	借		供应商往来	金额式
1221	其他应收款	借			金额式
122101	备用金	借			金额式
122102	应收个人款	借			金额式
1231	坏账准备	贷			金额式
1405	库存商品	借			金额式
140501	抽油烟机	借	台		数量金额式
140502	炉灶	借	台		数量金额式
140503	微波炉	借	台		数量金额式
1411	周转材料	借			金额式
141101	纸箱	借	个		数量金额式
141102	泡沫箱	借	个		数量金额式
1503	可供出售金融资产	借			金额式
1511	长期股权投资	借			金额式
1601	固定资产	借			金额式
1602	累计折旧	借			金额式
1606	固定资产减值准备	贷			金额式
1701	无形资产	借			金额式
1702	累计摊销	贷			金额式
1703	无形资产减值准备	贷			金额式
1711	商誉	借			金额式
2001	短期借款	贷			金额式
2201	应付票据	贷			金额式
220101	商业承兑汇票	贷		供应商往来	金额式
220102	银行承兑汇票	贷		供应商往来	金额式
2202	应付账款	贷		供应商往来	金额式
2205	预收账款	贷		客户往来	金额式
2211	应付职工薪酬	贷			金额式
221101	工资	贷			金额式
221102	应付福利费	贷			金额式

续表

科目编码	科目名称	余额方向	计量单位	辅助账类型	账页格式
2221	应交税金	贷			金额式
222101	应交增值税	贷			金额式
22210101	进项税额	贷			金额式
22210102	已交税金	贷			金额式
22210103	转出未交增值税	贷			金额式
22210104	销项税额	贷			金额式
22210105	转出多交增值税	贷			金额式
222102	未交增值税	贷			金额式
222103	应交所得税	贷			金额式
222104	应交城市维护建设税	贷			金额式
222105	应交个人所得税	贷			金额式
222106	教育费附加	贷			金额式
2241	其他应付账款	贷			金额式
2601	长期借款	贷			金额式
260101	借款本金	贷			金额式
260102	借款利息	贷			金额式
4001	实收资本	贷			金额式
4002	资本公积	贷			金额式
400201	资本溢价	贷			金额式
4101	盈余公积	贷			金额式
410101	法定盈余公积	贷			金额式
4103	本年利润	贷			金额式
4104	利润分配	贷			金额式
410401	未分配利润	贷			金额式
5001	生产成本	借			金额式
500101	基本生产成本	借		项目核算	金额式
50010101	直接材料	借		项目核算	金额式
50010102	直接人工	借		项目核算	金额式
50010103	制造费用	借		项目核算	金额式
5101	制造费用	借			金额式
510101	工资及福利费	借		项目核算	金额式
510102	折旧	借		项目核算	金额式
510103	办公费	借		项目核算	金额式
510104	水电费	借		项目核算	金额式
510105	修理费	借		项目核算	金额式
510103	其他	借		项目核算	金额式
6001	主营业务收入	贷			金额式
600101	抽油烟机	贷	台		金额式
600102	炉灶	贷	台		金额式
6401	主营业务成本	借			金额式
640101	抽油烟机	借	台		金额式
640102	炉灶	借	台		金额式

续表

科目编码	科目名称	余额方向	计量单位	辅助账类型	账页格式
6405	营业税金及附加	借			金额式
6601	销售费用	借			金额式
660101	工资及福利费	借		部门核算	金额式
660102	折旧	借		部门核算	
660103	办公费	借		部门核算	
660104	水电费	借		部门核算	
660105	修理费	借		部门核算	
660106	其他	借		部门核算	
6602	管理费用	借			金额式
660201	工资及福利费	借		部门核算	金额式
660202	办公费	借		部门核算	金额式
660203	差旅费	借		部门核算	金额式
660204	折旧费	借		部门核算	金额式
660205	水电费	借		部门核算	
660206	修理费	借		部门核算	
660207	其他	借		部门核算	金额式
6603	财务费用	借			金额式
660301	利息支出	借			金额式
660302	手续费	借			金额式
6801	所得税费用	借			金额式

（2）期初余额，见附表1-28。

附表1-28 总账期初余额表 单位：元

科目名称	年初余额	累计借方	累计贷方	期初余额
1001 库存现金	12 076.00	1 096 713.20	1 097 813.20	10 976.00
1002 银行存款	1 402 336.00	18 909 246.00	17 690 500.00	2 621 082.00
100201 工行存款	997 946.00	18 909 246.00	17 690 500.00	2 216 692.00
100202 中行存款	404 390.00	0.00	0.00	404 390.00
1012 其他货币资金	0.00	1 600 000.00	1 200 000.00	400 000.00
101206 存出投资款	0.00	1 600 000.00	1 200 000.00	400 000.00
1101 交易性金融资产	78 000.00	0.00	66 000.00	12 000.00
1121 应收票据	589 600.00	4 820 800.00	4 820 400.00	590 000.00
112101 商业承兑汇票				
112102 银行承兑汇票	589 600.00	4 820 800.00	4 820 400.00	590 000.00
1122 应收账款	2 531 000.00	17 207 900.00	17 333 700.00	2 405 200.00
1123 预付账款	360 000.00	1 360 000.00	1 360 000.00	360 000.00
1221 其他应收款	8 800.00	1 760 000.00	1 760 000.00	8 800.00
122101 备用金	6 000.00	1 760 000.00	1 760 000.00	6 000.00
122102 应收个人款	2 800.00	0.00	0.00	2 800.00
1231 坏账准备	12 680.00	0.00	0.00	12 680.00
1405 库存商品	1 305 000.00	22 992 000.00	22 857 000.00	1 440 000.00

续表

科目名称	年初余额	累计借方	累计贷方	期初余额
140501 抽油烟机	528 000.00	9 840 000.00	9 600 000.00	768 000.00
台数	220	4 100	4 000	320
140502 炉灶	537 000.00	7 980 000.00	8 040 000.00	477 000.00
台数	358	5 320	5 360	318
140503 微波炉	240 000.00	5 172 000.00	5 217 000.00	195 000.00
台数	400	8 620	8 695	325
1411 周转材料	87 594.00	898 806.00	704 000.00	282 400.00
141101 纸箱	87 594.00	898 806.00	704 000.00	282 400.00
个	220	2 246	1 760	706
141102 泡沫箱				
1503 可供出售金融资产	640 630.00	239 820.00	478 900.00	401 550.00
1511 长期股权投资	6 090 216.00	84 168 380.00	83 336 372.00	6 922 224.00
1601 固定资产	11 620 000.00	0.00	0.00	11 620 000.00
1602 累计折旧	4 845 028.00	0.00	633 000.00	5 478 028.00
1606 固定资产减值准备				
1701 无形资产	280 000.00	0.00	0.00	280 000.00
1702 累计摊销	26 001.80	26 001.80	32 000.00	32 000.00
1703 无形资产减值准备				
1711 商誉				
2001 短期借款	1 200 000.00	0.00	800 000.00	2 000 000.00
2201 应付票据	509 500.00	0.00	0.00	509 500.00
220101 商业承兑汇票	509 500.00	0.00	0.00	509 500.00
220102 银行承兑汇票				
2202 应付账款	2 105 512.00	28 720 200.00	28 006 368.00	1 391 680.00
2205 预收账款				
2211 应付职工薪酬	426 646.8	1 368 637.20		
221101 工资	346 646.80	1 263 879.20	1 017 232.40	100 000.00
221102 应付福利费	80 000.00	104 758.00	104 758.00	80 000.00
2221 应交税金	304 043.40	37 610 683.62	37 557 944.22	251 304.00
222101 应交增值税	0.00	32 497 934.00	32 497 934.00	0.00
22210101 进项税额	0.00	16 248 966.00	16 248 966.00	0.00
22210102 已交税金	0.00	4 088 298.00	4 088 298.00	0.00
22210103 转出未交增值税	0.00	4 088 298.00	4 088 298.00	0.00
22210104 销项税额	0.00	4 036 186.00	4 036 186.00	0.00
22210105 转出多交增值税	0.00	4 036 186.00	4 036 186.00	0.00
222102 未交增值税	106 932.00	4 036 186.00	4 088 298.00	159 044.00
222103 应交所得税	181 616.42	915 834.00	805 901.20	71 683.62
222104 应交城市维护建设税	7 484.00	79 108.92	82 758.00	11 133.08
222105 应交个人所得税	4 742.38	47 716.04	47 585.04	4 611.38
222106 教育费附加	3 268.60	33 904.66	35467.98	4 831.92
2241 其他应付账款	248 840.00	297 540.00	198 700.00	150 000.00
2601 长期借款	600 000.00	600 000.00	920 000.00	920 000.00
260101 借款本金	400 000.00	400 000.00	920 000.00	920 000.00

续表

科目名称	年初余额	累计借方	累计贷方	期初余额
260102 借款利息	200 000.00	200 000.00	0.00	0.00
4001 实收资本	13 000 000.00	0.00	0.00	13 000 000.00
4002 资本公积	595 400.00	0.00	0.00	595 400.00
400201 资本溢价	595 400.00	0.00	0.00	595 400.00
4101 盈余公积	586 000.00	0.00	0.00	586 000.00
410101 法定盈余公积	586 000.00	0.00	0.00	586 000.00
4103 本年利润	0.00	22 346 768.00	24 048 808.00	1 702 040.00
4104 利润分配	545 600.00	0.00	0.00	545 600.00
410401 未分配利润	545 600.00	0.00	0.00	545 600.00
6001 主营业务收入	0.00	173 052 640.00	173 052 640.00	0.00
600101 抽油烟机	0.00	85 463 040.00	85 463 040.00	0.00
台数	0	22 256	22 256	0
600102 炉灶	0.00	87 589 600.00	87 589 600.00	0.00
台数	0	31 282	31 282	0
6401 主营业务成本	0.00	100 337 400.00	100 337 400.00	0.00
640101 抽油烟机	0.00	53 414 400.00	53 414 400.00	0.00
台数	0	22 256	22 256	0
640102 炉灶	0.00	46 923 000.00	46 923 000.00	0.00
台数	0	31 282	31 282	0
6405 营业税金及附加	0.00	138 226.00	138 226.00	0.00
6601 销售费用	0.00	5 703 754.00	5 703 754.00	0.00
660101 工资及福利费	0.00	5 703 754.00	5 703 754.00	0.00
660102 折旧				
660103 办公费				
660104 水电费				
660105 修理费				
660106 其他				
6602 管理费用	0.00	3 089 873.00	3 089 873.00	0.00
660201 工资及福利费	0.00	317 905.20	317 905.20	0.00
660202 办公费				
660203 差旅费				
660204 折旧费	0.00	1 298 662.60	1 298 662.60	0.00
660205 水电费				
660206 修理费				
660207 其他	0.00	1 473 305.20	1 473 305.20	0.00
6603 财务费用	0.00	97 600.00	97 600.00	0.00
660301 利息支出	0.00	96 000.00	96 000.00	0.00
660302 手续费	0.00	1 600.00	1600.00	0.00
6801 所得税费用	0.00	838 516.00	838 516.00	0.00

(3) 辅助账期初数据。

① 应收票据科目——银行承兑（112102）期初数据，见附表1-29。

附表 1-29 应收票据期初余额 单位：元

客户	单据名称	开票日期	销售部门	方向	货物名称	原币税率	原币价税合计
白天鹅电器	销售专用发票	11.05	销售一部	正	炉灶	0	590 000

② 应收账款科目（1122）期初数据，见附表 1-30。

附表 1-30 应收账款期初余额 单位：元

客户	单据名称	开票日期	销售部门	方向	货物名称	原币税率	原币价税合计
白天鹅电器	销售专用发票	11.05	销售一部	正	微波炉	0	580 000
小商电器公司	销售专用发票	11.10	销售一部	正	抽油烟机	0	590 000
安宁电器	销售专用发票	11.11	销售二部	正	抽油烟机	0	327 600
安宁电器	销售专用发票	11.08	销售二部	正	炉灶	0	600 000
家美电器	销售专用发票	11.09	销售二部	正	炉灶	0	307 600

③ 其他应收账款科目——备用金（122101）期初数据，见附表 1-31。

附表 1-31 其他应收账款——备用金期初余额 单位：元

部门编码	部门	方向	累计借方余额	累计贷方余额	金额
101	办公室	借	1 760 000	1 760 000	6 000

④ 其他应收账款科目——应收个人款（122102）期初数据，见附表 1-32。

附表 1-32 其他应收账款——应收个人款期初余额 单位：元

部门编码	个人	方向	累计借方余额	累计贷方余额	金额
采购部	薄小乐	借	0	0	2 800

⑤ 预付账款科目（1123）期初数据，见附表 1-33。

附表 1-33 预付账款期初余额 单位：元

供应商	单据名称	开票日期	采购部门	方向	货物名称	原币税率	原币价税合计
东北物资	采购专用发票	11.25	采购部	正	微波炉	0	360 000

⑥ 应付票据科目——商业承兑汇票（220101）期初数据，见附表 1-34。

附表 1-34 应付票据期初余额 单位：元

供应商	单据名称	开票日期	采购部门	方向	货物名称	原币税率	原币价税合计
广州电器	采购专用发票	11.25	采购部	正	微波炉	0	509 500

⑦ 应付账款科目（2202）期初余额，见附表1-35。

附表1-35　应付账款期初余额　　　　　　　　　　单位：元

供应商	单据名称	开票日期	采购部门	方向	货物名称	原币税率	原币价税合计
东北物资公司	采购专用发票	11.25	采购部	正	抽油烟机	0	189 760
广州电器公司	采购专用发票	11.28	采购部	正	炉灶	0	792 320
九洲电器公司	采购专用发票	11.30	采购部	正	炉灶	0	409 600

⑧ 固定资产原始卡片，见附表1-36。

附表1-36　固定资产原始卡片　　　　　　　　　　单位：元

卡片编号	00001	00002	00003	00004	00005
固定资产编号	01101001	0120501001	0202001	0402001	0302011
固定资产名称	1号楼	2号楼	吊车	电脑	货车
类别编号	011	012	02	04	03
类别名称	行政楼	仓储楼	机器设备	办公设备	运输设备
部门名称	综合管理部	销售部	仓管部	销售部	销售部
增加方式	在建工程转入	在建工程转入	直接购入	直接购入	直接购入
使用状况	在用	在用	在用	在用	在用
使用年限	30年	30年	20年	5年	10年
折旧方法					
开始使用日期	2011-10-08	2008-01-05	2009-05-01	2012-05-01	2008-07-06
原值	5 000 000.00	4 500 000.00	90 000.00	30 000.00	2 000 000.00
净残值率	2%	2%	3%	3%	4%
累计折旧	2 148 028.00	1 055 000.00	1 275 000.00	200 000.00	800 000.00
对应折旧科目	管理费用——折旧费	销售费用——折旧费	管理费用——折旧费	管理费用——折旧费	销售费用——折旧费

（4）销售管理期初余额。

① 2014年11月19日，向安宁电器公司发出微波炉50台，价格为565元/台，由厨房家电库发出。

② 2014年11月28日，向家美电器公司发出抽油烟机20台，价格为3 500元/台，由厨房家电库发出。

（5）采购管理期初余额。无。

（6）库存系统、存货核算系统期初数，见附表1-37。

附表1-37　库存系统、存货核算系统期初数　　　　　　单位：元

仓库名称	存货名称	数量（台）	单价	金额
厨房家电库	抽油烟机	320	2 400.00	768 000.00
厨房家电库	炉灶	318	1 500.00	477 000.00
厨房家电库	微波炉	325	600.00	195 000.00

三、企业日常业务及期末业务

根据下面材料，完成相关操作。所有涉及的采购及销售业务均为无税单价，所有的

采购及销售业务税金均为17%。

（1）12月1日，采购部刘小伟向供货商东北物资公司订购抽油烟机100台，单价2 560元，计划到货日期为12月5日。

（2）12月1日，公司购进笔记本电脑10台，单价5 000元。电脑由采购部使用，款项用中国工商银行北京支行转账支票支付。

（3）12月2日，安宁电器打算订购微波炉100台，出价650元/台。要求本月15日发货，本公司报价为760元/台。

（4）12月2日，销售员金明借差旅费，财务部付现金500元。

（5）12月3日，采购部刘小伟向公司财务部申请货款509 500元用于偿还广州电器，经总经理同意后，财务部开具商业银行转账支票一张，金额为509 500元整。

（6）12月3日，本公司与安宁电器协商，微波炉销售单价改为740元，数量不变。本公司拟于12月13日发货。

（7）12月4日，销售一部以工商银行存款支付产品广告宣传费3 000元。

（8）12月5日，向东北物资公司提出采购请求，请求采购炉灶100台，报价1 560元/台。

（9）12月5日，东北物资公司同意采购请求，但要求修改采购价格。经协商，本公司同意对方提出的订购价格：炉灶单价1 720元。并正式签订订货合同，要求本月7日到货。

（10）12月5日，收到东北物资公司发来的100台抽油烟机和专用发票，发票号ZY20141205，以现金支票支付款项。

（11）12月6日，收回白天鹅电器转账支票一张1 170 000元用于支付前欠货款，财务确认入账。

（12）12月7日，收到东北物资公司发来的炉灶和专用发票，发票号ZY20141207。发票载明炉灶100台，单价1 720元。经检验质量全部合格，办理入库手续。财务部确认该笔存货成本和应付账款项，尚未付款。

（13）12月10日，家美电器有意向本公司订购炉灶150台、抽油烟机180台，本公司报价分别为2 010元和3 250元。

（14）12月12日，家美电器公司同意本公司的报价，并决定追加订货，炉灶追加50台，抽油烟机追加20台，需要分批开具销售发票。本公司同意对方的订货要求。

（15）12月13日自厨房家电库发出安宁电器订购的微波炉100台，本公司以现金代垫运费500元。次日开具销售专用发票，发票号为ZY20141214。

（16）12月16日，按销售订单发货给家美电器公司炉灶和抽油烟机各200台，本公司支付运杂费200元（现金支票XJ20121216）。

（17）12月17日，给家美电器公司开具两张销售专用发票，发票号分别为ZY20141216和ZY20141217。已收到对方开具1 230 840元的银行承兑汇票（NO.20141217）。

（18）12月19日，销售员金明报销12月2日预支的差旅费650元。

（19）12月20日，支付本月各部门的水电费用：综合管理部1 660元；财务部896元；采购部460元；销售一部720元；销售二部1 800元；仓管部2 680元。

（20）12月22日，提取现金5 000元备用。

（21）12月25日，经三方协商，将小商电器的应收账款590 000元转为安宁电器的应收账款。

（22）12月26日，应收安宁公司100台微波炉货税款转为坏账处理。

（23）12月29日，家美电器根据其公司销售情况，跟本公司结算2014年11月9日的应收账款项307 600元，并以转账支票方式进行现结，一次性付清结算款。

（24）12月31日，计提1月份固定资产折旧。

（25）12月31日，财务检查本期已入库未结算的入库单，并对其进行暂估处理。暂估价参照存货期初数据表。

（26）12月31日，在职人员工资数据如附表1-38所示。

附表1-38　在职人员工资数据　　　　　　　　　单位：元

人员编号	人员姓名	基本工资	津贴	缺勤天数
001	韩大伟	3 000	800	
002	刘小倩	2 300	700	
003	梁得力	1 800	600	
004	刘二佳	2 300	600	3
005	刘小伟	1 500	500	
006	薄小乐	1 500	600	
007	金明	1 800	700	
008	张小天	1 600	800	6
009	李文革	1 500	700	
010	战霄霄	1 700	600	
011	陈默	1 500	400	2

其中：采购人员和销售人员的交通补贴为500元，其他人员的交通补贴为250元；职务补贴按"基本工资"的10%计算，医疗保险按"基本工资"的2%计算，养老保险按"基本工资"的3%计算；缺勤扣款：（基本工资/30）*缺勤天数*60%；个人所得税按"应发合计"扣除"3 500"元后计税。

（27）12月31日，手动核销应收应付账款业务。

（28）12月31日，计提坏账准备。

（29）12月31日，预提短期借款利息，年利率为6%。

（30）12月31日，月末财务对当月发出商品的成本进行结转。

（31）12月31日，结转本月期间损益（要求利用期间损益转账定义方法实现自动结转，生成收入、支出两张凭证）。

（32）12月31日，在UFO报表中，利用报表模板编制12月31日资产负债表和12月份利润表，并录入关键字取数。

会计软件实践技能考核项目与标准

序号	实践考核项目	考核要点	考核方法	考核标准
1	会计信息化系统建设方案设计	（1）可行性论证 （2）软硬件配置方式 （3）人员配备与培训 （4）试运行与管理	察看学生设计的方案	系统项目是否齐全 内容是否符合要求 方案是否具有可行性
2	会计软件的安装	（1）安装前的准备 （2）安装 IIS （3）安装 SQL Server 2000 （3）安装用友 ERP-U8 软件	观察学生安装情况；检查学生安装软件是否成功	能在规定时间内熟练地、正确地完成软件安装
3	系统初始设置	（1）建立与修改账套 （2）引入与输出账套 （3）操作员及权限管理 （4）基础设置	采用综合性的系统初始设置模拟业务，上机测试是否完成相应的设置	能在规定时间内熟练地进行账套建立、设置操作员、进行权限分工、基础设置和数据的引入与输出等操作
4	总账系统初始设置	（1）总账系统控制参数设置 （2）设置会计科目 （3）设置凭证类别 （4）设置银行结算方式 （5）录入期初余额及试算	采用综合性的总账初始设置模拟业务，上机测试是否完成相应的设置	能在规定时间内熟练地进行总账控制参数设置、会计科目设置、凭证类别设置、结算方式设置、录入期初余额等操作
5	总账系统日常业务处理	（1）填制与修改凭证 （2）凭证删除、凭证查询 （3）凭证审核与记账 （4）出纳管理 （5）银行对账 （6）辅助账设置与管理 （7）账簿查询与打印	采用成套的总账日常模拟业务或实际业务，上机测试是否完成相应的设置	能在规定时间内熟练地填制与修改凭证、作废与删除凭证、审核凭证、记账、登记支票簿、银行对账、辅助账设置与管理、账证簿的查询与输出等操作
6	总账系统期末业务处理	（1）定义转账凭证 （2）生成转账凭证 （3）对账 （4）结账及取消结账	采用模拟的企业期末会计业务，通过上机测试观看学生进行相关操作的正确性与熟练程度	能在规定时间内熟练地完成转账凭证定义，能正确生成转账凭证，能正确进行对账和结账等操作

续表

序号	实践考核项目	考核要点	考核方法	考核标准
7	薪资管理系统业务处理	（1）薪资管理系统建立工资账套，账套选项的修改 （2）建立工资类别 （3）人员附加信息的设置 （4）工资项目的设置 （5）薪资管理系统计算公式的设置 （6）薪资管理系统工资数据的录入、筛选和定位 （7）工资数据的替换处理 （8）工资数据的计算汇总 （9）薪资管理系统工资数据的个人所得税扣缴的处理 （10）银行代发工资文件格式设置和输出处理 （11）薪资管理系统工资分摊类型的设置 （12）分摊工资并生成凭证的处理 （13）薪资管理系统期末结账与反结账的处理 （14）薪资管理系统账表和凭证的查询与管理	以实际企业薪资管理系统数据为例，通过上机测试考查学生进行薪资管理系统初始设置、常规业务和期末业务处理的能力；给出项目化的业务练习题，让学生独立自主完成完整的操作处理	在规定时间内能按正确顺序完成业务处理，并正确理解业务处理流程
8	固定资产系统应用	（1）固定资产系统初始设置 （2）固定资产系统本期业务处理 （3）固定资产系统期末业务处理	以企业实际固定资产系统数据为例，通过上机测试学生进行固定资产系统设置、常规业务和期末业务处理的能力	能在规定时间内熟练地进行固定资产系统的初始设置、日常业务处理和期末业务处理等操作
9	采购管理、应付账款管理系统业务处理	（1）采购管理系统、应付管理系统的业务控制选项设置 （2）采购管理系统、应付管理系统初始数据录入 （3）单货同到的采购业务处理 （4）单到货未到采购业务处理 （5）现付采购业务处理 （6）业务系统传过来的采购发票和应付账款信息处理 （7）付款业务、应付单业务、应付票据、单据核销、应付转账、制单等常规业务处理 （8）采购系统、应付账款管理系统月末结账处理注意事项	以实际企业应收账款系统数据为例，通过上机测试观看学生进行应收账款系统设置、常规业务和期末业务处理的能力；给出足量的业务练习题，让学生自行判断业务流程，选择正确的系统完成相关单据录入	在规定时间内能按正确顺序完成业务处理，并正确理解数据流程

续表

序号	实践考核项目	考核要点	考核方法	考核标准
10	销售管理、应收款管理系统、业务处理	(1) 销售管理、应收账款管理系统的业务控制选项设置 (2) 销售管理系统、应收管理系统初始数据录入 (3) 先发货后开票的销售业务处理 (4) 开票直接发货的销售业务处理 (5) 现收的销售业务处理 (6) 业务系统传过来的销售发票和应收账款信息处理 (7) 收款业务、应收单业务、应收票据、单据核销、应收转账、汇兑损益、坏账、制单等常规业务处理 (8) 应收账款管理系统月末结账处理注意事项 (9) 销售管理、应收账款管理系统月末业务处理	以实际企业应收账款系统数据为例，通过上机测试观看学生进行应收账款系统设置、常规业务和期末业务处理的能力；给出足量的业务练习题，让学生自行判断业务流程，选择正确的系统完成相关单据录入	在规定时间内能按正确顺序完成业务处理，并正确理解数据流程
11	会计报表编制	(1) 会计报表格式的表尺寸、组合单元、表格线及报表项目的设置 (2) 会计报表单元属性、行高与列宽的设置 (3) 会计报表关键字的设置 (4) 会计报表单元公式、审核公式和舍位平衡公式的定义 (5) 套用报表模板生成会计报表的处理 (6) 会计报表数据的生成及保存 (7) 会计报表表页的插入和追加处理 (8) 插入会计报表图表对象的处理	以企业实际的相关数据为例，通过学生上机练习和测试考查其自定义报表及常用资产负债表、利润表和现金流量表的编制方法；通过项目训练让学生独立完成会计报表编制的工作内容，掌握操作技能	在规定时间内独立自主地完成会计报表的编制并生成相应的数据（自定义与套用报表模板），并正确理解编制会计报表的基本流程

参考文献

[1] 张冬梅. 电算会计项目化教程[M]. 北京：电子工业出版社，2012.

[2] 王剑盛，田晓凤. 会计电算化实务[M]. 3版. 北京：科学出版社，2013.

[3] 王新玲，赵彦龙，蒋晓燕. 新编用友ERP财务管理系统实验教程[M]. 北京：清华大学出版社，2009.

[4] 王忠孝，隋冰. 新编会计信息化[M]. 大连：大连理工大学出版社，2014.

[5] 孙百鸣. 财务软件应用技术[M]. 北京：中国农业出版社，2007.

[6] 欧阳斌，肖月华. 会计电算化[M]. 北京：清华大学出版社，2013.

[7] 张莉莉. 企业财务业务一体化实训教程[M]. 北京：清华大学出版社，2013.

[8] 王钊，王命达. 用友ERP-U8.72财务软件实务操作[M]. 北京：人民邮电出版社，2010.

[9] 王新玲，汪刚. 会计信息系统实验教程[M]. 北京：清华大学出版社，2013.

[10] 武新华，李防，杨平，等. 用友ERP-U8财务软件实用教程[M]. 北京：机械工业出版社，2011.

[11] 武新华，肖霞，等. 用友ERP-U8财务软件应用实务[M]. 北京：清华大学出版社，2007.

[12] 赵建新，宋郁，周宏. 新编用友ERP供应链管理系统实验教程[M]. 北京：清华大学出版社，2009.